Julius Ernst Wilhelm Stinde

Frau Buchholz im Orient

Julius Ernst Wilhelm Stinde

Frau Buchholz im Orient

ISBN/EAN: 9783743304802

Hergestellt in Europa, USA, Kanada, Australien, Japan

Cover: Foto ©ninafisch / pixelio.de

Manufactured and distributed by brebook publishing software
(www.brebook.com)

Julius Ernst Wilhelm Stinde

Frau Buchholz im Orient

Frau Buchholz

im

Orient.

Von

Julius Stinde.

Berlin 1888.
Verlag von Freund & Jeckel.
(Carl Freund.)

Den Landsleuten im Orient

mit deutschem Gruße

gewidmet

vom Verfasser.

Inhalt.

An Bord des „Gwalior“.
19. Februar 1888.

Theuerste Erika!

An Sie, liebste Erika, wende ich mich, Sie haben ein
fühlendes Herz; Sie werden meine Partei nehmen, wenn ich
selbst ein Spiel der Haifische oder sonstiger Naturereignisse
geworden bin und meinen Mund nicht mehr öffnen kann.
Die guten Freundinnen sagen hinterher natürlich: „Der Buchholzen ist recht geschehen, warum begab sie sich in um-
kommende Gefahren und riß ihren Mann mit hinein?“ Daß
sie aber die Hauptschuld tragen, davon wollen sie nichts hören;
und doch ist dem so!

Zum Stillesitzen bin ich noch lange nicht verbraucht genug, das wissen Sie, Erika; mache ich mir aber zu schaffen,
dann heißt es: „Wenn Schwiegermütter sich doch nur nicht
in Alles hineinmischen wollten!“ Betti, anstatt mir dankbar
zu sein, daß ich von Zeit zu Zeit ein halbes Auge in ihre
Häuslichkeit werfe, giebt mir zu verstehen, sie wirthschafte
von alleine viel besser, und Emmi beschuldigt mich, ich verzöge
ihre Kinder, wo ich doch nur milde entschädigend die Enkel
gegen väterliche Strenge in Schutz nehme. So wird man
allmälig unter dem Vorwande, ein ruhiges, sorgenloses Dasein
führen zu sollen und es bequem zu haben, herausgegrault.
Wer aber rüstig ist und munter, der sträubt sich, in Watte
gewickelt, in den Schubkasten gelegt zu werden.

Mein Karl rieth mir zu Zerstreuung. Theater und dergleichen zieht ihn jedoch ebensowenig andauernd an, wie mich. Glücklicherweise hat die Polizeileutnanten durch ihre Mila einen ungemeinen Wissensdrang bekommen und wo bildende Vorträge gehalten werden, steigen die Beiden hin. Die machte mich auf diese Zeitverkürzung aufmerksam. Ich ließ mich verleiten und kann nur sagen, wenn es manchmal auch recht langweilig war, im Allgemeinen hatte man doch seinen Spaß daran. Namentlich interessirte mich das Kolonial-Politische, ganz besonders Afrika, welches sehr in Mode ist. Eines Abends sagte ich, ohne viel dabei zu denken: „Dieses Land möchte ich mir einmal ansehen und dann die Reise beschreiben." — „Haben Sie denn Jemand, der Ihnen dabei hilft?" fragte die Polizeileutnanten. — „Wofo?" — „Na, das italienische Reisebuch hätten Sie ohne Dr. Stinde doch nicht fertig gebracht." — „Da sind Sie total falsch berichtet," entgegnete ich. „Wenn Einer das Buch verdorben hat, war er es. Ihm fehlt das Ideale, das stand oft genug in den Kritiken und ist mir hinterher aufgemutzt. Diesmal schreibe ich allein."

„Sie wollten wirklich?" — „Versteht sich."

„Noch glaube ich nicht daran." — „Sie werden schon sehen."

Ich wäre wohl kaum auf die Idee verfallen, wenn mein Karl und Herr Felix Schmidt nicht bereits des Oefteren davon gesprochen hätten, der Fabrik größeren auswärtigen Absatz zu ermitteln und die neuen Schiffsverbindungen, welche den Orient erschließen, in Betracht gezogen hätten. Engländer und Franzosen handeln dorthin, warum sollen die Deutschen zurückstehen? Dein Mann sagte sogar einmal: „Schwager, die Wilden laufen Alle barfuß umher, gewöhnst Du sie an Strümpfe, machst Du ein Bombengeschäft." So kam es, daß mein Karl mich am Weihnachten mit meinem Wunsche überraschte, den ich ihm wiederholt zu verstehen gegeben, indem er sagte: „Wir reisen." — Nun hatte ich meinen Willen.

Dann kam die Zeit der Aufregung, der Vorbereitungen und was dazu gehört, daß ich zu ruhiger Ueberlegung keine Muße fand. Lernte ich doch auf Onkel Fritzens Rath sogar heimlich die Anfangsgründe von Volapük. Jetzt aber, hier auf dem Schiffe, lege ich mir die Frage vor, ob das Wagestück nicht besser unterblieben wäre? Kann ich mir jedoch die

Redensarten der Polizeileutnanten und das Gestichel der Krausen gefallen lassen, die ganz spinös meinte, der Orient wäre nur für Gelehrte? Ich sagte: „Wie man so durch ein Land reist, möchte ich schreiben, wenn das Ihnen zu ungelehrt ist, brauchen Sie es nicht lesen; die Hauptsache sind jedoch die Wollwaaren." — „Es liegt an Ihnen," erwiderte sie, „für die Fabrik würde Herr Schmidt viel passender in die Welt gehen." Ich hütete mich, ihr Recht zu geben, dazu that sie viel zu herausfordernd. Jetzt wissen Sie, wer mich getrieben hat, gute Erika, und sollte ich nicht wiederkehren, sagen Sie es der Polizeileutnanten und der Krausen direkt auf den Kopf.

Ich hatte mir nun ausgedacht, Italien wieder zu sehen, aber wir reisten nur eilend durch. Ueberall war nämlich ein grausamer Winter eingebrochen. Die Schweiz glich einem prachtvollen Schneehaufen. Berge und Thäler waren weiß, auf den Bäumen lag es wie lichte Wolle im Sonnenschein und die Waldungen waren in dichte Flockendecken gehüllt. Einzig und groß war dieser Anblick, zumal auf der Gotthard-Bahn. Liebste Erika, die müssen Sie einmal befahren. Am Vierwaldstädter See geht sie vorbei, wo Schillers Tell ansässig war, und geht dann in das Gebirge hinauf, immer höher und immer schwindelnder, über Brücken und gemauerte Wege, an steilen Abhängen, in Schlangenwindungen durch lange und kurze Tunnels, für den Reisenden unbegreiflich, nur für Eisenbahner verständlich. Von den hohen Bergriesen waren Lawinen zu Thal gestürzt. Man sah zerstörte Häuser, denen sie im Vorbeisausen die bretternen Dächer abgerissen hatten, und bewunderte die Leute, welche unverzagt daran gingen, ihre Wohnungen wieder in Stand zu setzen. Selbst die Bahn war nicht verschont geblieben, obgleich an gefahrdrohenden Stellen Kunsttunnels aufgeführt worden sind, damit die Schneemassen darüber hinwegschmettern und in den Abgrund poltern können. Aber so eine Lawine kehrt sich nicht an den Fahrplan. Diesmal hatte eine bei der Station Wassen den Anschluß verfehlt und vom Winde seitwärts über die Schutzwand gedrückt, sich auf die Schienen geworfen, wo sie sechs Arbeiter tödtete. Hunderte von Schneeschauflern gruben Tag und Nacht, die Schienen frei zu legen, und mit endloser Verspätung waren wir die Ersten, welche den schmalen Einschnitt durch die Lawine passirten. In Göschenen begrüßten

die dort seit drei Tagen aufgestauten Reisenden unseren Zug
mit wahrem Freudenjubel.

Der eigentliche Gotthard-Tunnel ist ein langes dunkles
Loch voll Qualm, Rauch und Getöse, in dem man Nichts
wahrnimmt als nächtliche Schwärze; er gilt auch weniger als
Sehenswürdigkeit denn als Beförderungsmittel. Wir dachten,
als wir hindurchrasselten: am anderen Ende liegen die Früh-
jahrs-Fluren von Italien, aber die Landschaft verharrte jenseits in demselben eingeschneiten Zustande wie diesseits, nur
mit dem Unterschiede, daß die italienischen Bahnverwaltungen
die Wagen nicht mehr heizen ließen. So kamen wir dann
nach Mailand, wo wir bei dichtem Schneegewirbel mitten in
der Nacht eintrafen.

Der kurze Kriegsrath, den wir anbetracht der Verhältnisse hielten, zeitigte den Entschluß, am nächsten Tage nach
Bologna zu fahren und von dort nach Brindisi, wo die Schiffe
nach Alexandrien abgehen. Ich hatte so kalte Füße, daß ich
in jeden Vorschlag einwilligte.

Leider hatten wir in Bologna nur kurzen Aufenthalt.
Ich sage leider, denn die Stadt mit ihren alterthümlichen
Bauten ist eigenartig schön. An beiden Seiten der Straßen
halten Bogengänge den Bürgersteig bei nassem Wetter trocken,
und schattig während der Sommersonne. Als es Abend wurde,
zogen Maskengesellschaften mit Musik daher, den Karneval
zu begehen, was noch einmal so lustig ausgesehen hätte, wenn
es weniger frostig gewesen wäre. Und dann waren wir auf
das beste im Hotel Brun untergebracht. Das Haus, ein
früherer Palast, ist auf das bequemste und vornehmste eingerichtet und die Behandlung der Gäste eine so zuvor-
kommende, daß man sich wie zu Hause fühlt. Und nun erst
die Verpflegung. Wir haben auf unserer früheren Reise in
keinem Hotel Italiens auch nur annähernde Vorzüglichkeit
getroffen. Herr Frank, der Inhaber des Hotels, ist ein Württemberger, der uns mit gutem Rath wegen der Dampfschiffe
in Brindisi an die Hand ging und Sorge trug, daß wir einen
trefflich gefüllten Eßkober mitbekamen, denn die Ernährung
sieht auf der Bahnstrecke nach Brindisi mager aus und ist
unverschämt kostspielig.

Wir merkten kaum, daß wir uns in italischem Lande befanden, denn auch die Bedienung im Hotel Brun sprach deutsch;

ebenso war es bei Hoffmeister in Bologna, der eine stilvoll eingerichtete Bierstube hält. Da wir Beide der Meinung waren, in Afrika keinen Tropfen zu erwischen, gingen wir hin, und bereuten es nicht, denn Herr Hoffmeister gab uns eine Karte an einen deutschen Kommissionär in Brindisi, mit Namen Montag, daß wir gleich eine zuverlässige Persönlichkeit an der Hand hätten. Es ist hübsch, wie bereitwillig Landsleute Auskunft geben und Beistand gewähren, wenn man sie in Ordentlichkeit darum angeht und nicht, wie es meistens Gewohnheit ist, den Klügeren spielt, der keinerlei Belehrung bedarf.

Nachts um drei Uhr saßen wir im Waggon, am nächsten Abend waren wir in Brindisi. Glücklicherweise ergatterten wir mit Hülfe der von ehemals nicht völlig vergessenen italienischen Brocken Herrn Montag, der uns selbst und die Koffer in Schutz nahm und auf die Agentur der englischen Peninsular- und Orientdampferlinie brachte. Hier erfuhren wir, daß wir für den zu zahlenden Fahrpreis schon von Venedig ab mit dem Schiffe hätten fahren können und die beschwerliche Nachttour mit der Eisenbahn einfach ein Opfer gewesen war. Wer hingegen das Wasser scheut, spart zwei Tage Wellenschlag, zumal das Mittelmeer so seine Haken hat.

Morgen in der Frühe geht das Schiff nach Alexandrien weiter. Noch liegt es ruhig im Hafen von Brindisi wie ein großer, schwarzer Sarg. Was wird, wenn es an zu schwanken fängt? Mein Karl schlummert bereits; ich sitze einsam in dem leeren Salon bei einem einsamen Lichte und schreibe, damit Sie erfahren, wie es in meinem Innern aussieht. Die übrigen Passagiere sind in ihren Kabinen, denn es ist bald Mitternacht. Herr Montag wartet auf den Brief. Wer weiß, ob dies nicht mein letzter ist. Viele, viele Grüße

von

Ihrer Wilhelmine.

P. S. Sagen Sie vorläufig nichts von diesem Schreiben. Noch lebe ich ja.

Auf dem Mittelmeer.

Trennung von Europa. — Entdeckungsreisen auf dem Schiffe. — Waterbury-Uhr und Volapük. — Eintheilung der Menschheit. — Von englischen Gebräuchen. — Die Goethe-forschung und Meyerbeer. — Es wird Sommer.

Wir waren rechtzeitig aus den Matratzen gekrochen, um den Abgang des Schiffes mit sehenden Augen zu erleben, weil eine Trennung von dem Mutterlande Europa zu solchen Seltenheiten gehört, derenwegen man in die Weite kilometert, aber lohnend war dies Unternehmen nicht besonders. Trüben Himmel und feuchtkalten Wind haben wir in der Umgegend von Berlin auch, ohne ihnen zu Gefallen vor die Thür zu gehen, und das frischgewaschene nasse Deck bot ebenfalls keine Erheiterung. Ich wartete zur Entschädigung auf die innere Stimmung, die den Menschen bei solchen Gelegenheiten überwältigt, wobei den Reisenden zu Papier bringbare Gedanken einfallen; allein als der Anker hochgenommen wurde, die Dampfpfeife heulte und die Schraube im Wasser paddelte, stellte sich nur die Auffassung ein: jetzt gondeln wir los.

Langsam verließ der „Gwalior" um acht Uhr Morgens den Hafen. Die Stadt nebelte mehr und mehr ein, je weiter wir in See gelangten. Hinter dem trüben Luftvorhang lag der weiße Winter, der uns bis Ankona hinunter begleitet hatte, bei Brindisi jedoch nur noch auf den Höhen der Ferne sichtbar blieb. So strenge und rauh war der Winter im Lande Italien seit langem Gedenken nicht gewesen; in Bologna wurde uns erzählt, es gäbe nicht genug alte Leute, den massenhaften Schnee zu erinnern.

Allmälig erschienen behutsam in dicke Ueberzieher und Plaids gehüllte Passagiere und begannen einen sowohl erwärmenden wie Appetit befördernden Spaziergang. Wir

schlossen uns an und rannten ebenfalls auf und ab, vom
Steuer bis zur Spitze des Schiffes und wieder retour, wobei
wir verschiedene Entdeckungen machten. Zunächst fiel mir
die große Küche auf, in der ein Koch und zwei Gehülfen
behende an der Arbeit waren, Braten zu spicken, Gemüse zu
putzen, Teig anzurühren und so weiter. Der Eindruck war
ein reinlicher. Rechts davon hatten eine Menge Hammel,
Hühner, Puten und Tauben ihre Gitterkäfige, jede Gattung
für sich, reichlich mit Futter und Trinkwasser versorgt. Am
äußersten Ende war der Stall für die Milchkuh; ein braves,
dunkelbraunes Thier, das großen Gefallen an Köpfchen-
kraueln fand. Die Kuh dauerte mich, weil sie von Natur
aus doch nicht zum Seefahren geschaffen ist und ohne ihren
Willen mit mußte. Die Matrosen, deren Logis vorne im
Schiffe liegt, mochten ähnlich denken; sobald einer von ihnen
vorbeikam, streichelte er das treue Geschöpf. Ferner war ein
Zelt auf dem Vorderdeck mit geheimnißvoll verhängtem Eingange, das meine Wißbegierde reizte, denn je mehr der
Mensch sieht, um so bedeutender werden seine Kenntnisse.
Aus Büchern lernt man immer nur die Hälfte.

Wie ich nun die Leinewand nachsehenshalber lüpfen will,
sticht plötzlich ein ausländisches Menschenkind sein kaffeefarbenes
Angesicht durch und funkelt mich mit pechschwarzen Augen
und Zähnegefletsch an, worauf er wieder zurückzuppt. Ich
nicht schlecht erschrocken — „Karl,“ warnte ich, „geh nicht
zu dicht heran, in diesem Wigwam sind Wilde. Und kein
Schutzmann dabei!“

Angenehmes Klingeln zum ersten Frühstück beschleunigte
unsere Entfernung von dem gefährlichen Zelt. Man kann
ja nie wissen, was Wilde im Sinne haben, die am liebsten
kaufen, wenn Niemand im Laden ist. — „Hast Du Deine
Uhr noch?“ fragte ich. Mein Karl zog sie heraus und zeigte
sie mir. Richtig, er hatte sie noch. — „Geht sie auch?“ —
Er hielt sie ans Ohr und nickte. — Gottlob, sie ging wie
andere befähigte Stundengläser.

Um Taschendiebereien vorzubeugen, hatte mein Mann
nämlich seine gute Goldene zu Hause sicher verschlossen und
auf meinen Rath eine von den kürzlichen Waterbury-Uhren
für zehn Mark erworben, weil doch, wenn so eine stibitzt
wird, man im Vergleich zu einem werthvollen Chronometer

mit Kette einen Vortheil von mindestens zweihundertzwanzig
bis dreißig Mark hat. Außerdem sind die Langfinger insofern bestraft, als die Waterbury-Uhren von einem gewöhnlichen Uhrmacher nicht reparirt werden können, sondern, sobald
sie gestört gehen, mit der Post an die Hauptniederlage zu
senden sind. Der Aerger, wenn der Spitzbube nach und nach
einsieht, wie er hineingefallen ist! Und wie viel Spaß macht
solche Uhr gerade auf Schiffen, wo es so viel unausfüllbare
Zeit giebt. Zwei Minuten dauert es, ehe sie aufgewunden ist,
und will man sie stellen, muß man das Glas abnehmen und
jeden Zeiger einzeln ruckeln. Und wie großartig die Verhältnisse sind. In dem Büchelchen, das jeder Uhr wegen
der Neuheit der Behandlung beigegeben wird, steht zu lesen,
daß die Fabrik in der Minute zwei und eine halbe Uhr fertig
bringt; also ehe mein Karl seine völlig aufgezogen hat, fallen
drüben in Amerika zwei Stück aus dem Nest. Man weiß
wirklich nicht, ob man den erfinderischen menschlichen Geist
mehr bewundern soll, oder die enorme Schnelligkeit. Was
ist Waffelbacken dagegen?

Wir gingen ebenso wie die Andern — auf Reisen eignet
man sich die Landesgebräuche durch Abschulen von seinen
Nebenmenschen an — gemächlich in den Salon hinab, nahmen
ebenso an der gedeckten Tafel Platz, ließen uns dito Thee
einschenken, dito Eierspeise reichen, dito gebratenen Speck und
noch mehr solche Ditos, wie die Engländer beim ersten Frühstück gewohnt sind, weil sie sagen, ohne reelle Grundlage ist
der Europäer zum Arbeiten nicht kraftvoll genug. Eine gewisse Wahrheit liegt am Ende darin. Wer gleich mit flei-
schernem anfängt, kann mehr Schneidigkeit im Morgengeschäft
entfalten, als Jemand, der bis Zehne bloß an die belegten
Stullen in der Rocktasche denken darf.

Lange nöthigen ließen wir uns nicht. Wozu denn auch
Umstände machen, da Alles pränumerando im Voraus bezahlt
war, bis auf Tischwein und sinnverwandte Getränke, die,
außerhalb des Fahrbillets stehend, in Sonderzahlung, wie es
jetzt heißt, berichtigt werden, oder wie die alten Deutschen
sagten: extra.

Es waren über sechzig Frühstückstisch-Genossen beisammen,
Damen und Herren. Obenan saß der Kapitän, die übrigen
Schiffsoffiziere, der Arzt und die Marine-Stifte waren dem

Range nach vertheilt und machten in ihrer dunklen Uniform und der blitzsauberen Wäsche mit den polirten und vergoldeten Holzwänden der großen Kajüte ein sog. harmonisches Gesammtbild. Hätte die Schraube nicht All und Jedes in eine Art von Zatterich versetzt, würde man nicht anders geglaubt haben als in einem gräflichen Hause zu speisen, in welchem der Baumeister auf dieselbe Höhe statt vier Etagen sieben herausgekriegt hätte, weil die Decke nur niedrig war.

Als wir gefrühstückt, oder wie die Engländer es nennen, „gebreckfestet" hatten, gingen wir wieder hinauf auf Deck. Das Wetter war schön geworden; möglicherweise waren wir auch in das schöne Wetter hineingesegelt, denn die Erfahrung habe ich gemacht: die Witterung ist unegal und überzieht den Erdball fleckweise. Rechts war in der Ferne italienisches Gebirgsland zu sehen, links tauchte ebenfalls Inselartiges am Horizont auf, aber Namen standen nicht wie auf der Landkarte beigeschrieben. Wen nun fragen?

Nach meiner Ansicht bot sich hier die beste Gelegenheit zur Anwendung von Volapük. In der Welt waren wir, Leute von allerlei Weltgegenden hatten sich zusammengefunden: also Umstände wie für die Weltsprache geschaffen. Ich daher an einen von den Seeoffizieren heran und, auf ein sichtbar werdendes Eiland deutend, gefragt: „Kis binom et?" — Der Mann sieht mich eine ganze Weile an, schüttelt den Kopf und geht weiter.

„Was für Zungen redest Du da, Wilhelmine?" fragte mein Karl. — „Volapük." — „Unsinn!" — „Karl, wie kannst Du eine Weltsprache Unsinn nennen? Aus allen Mundarten der Völker hat ihr Erfinder die Wurzeln genommen." — „Und einen Salat daraus gemacht." — „Karl!" — „Beruhige Dich. Volapük ist meiner Ansicht nach dasselbe für Erwachsene, was die Räubersprache für die Kinder, ein Kauderwelsch auf gegenseitiges Uebereinkommen. Wie kamst Du zu der unglückseligen Idee, Dich damit zu befassen?"

„Onkel Fritz — —"

„Ja, wenn Du den zum Justizrath nimmst! Hat er Dir vielleicht noch mehr solche praktische Winke aufgehängt?"

„Er sagte, dies wäre das Neueste." — „Das Neue ist nicht immer das Beste." — „Karl, sei gut, viel hab ich auch nicht davon behalten."

Bei dem Auf- und Abwandern hatte mein Karl gezählt, daß das Schiff hundertzweiundneunzig Schritte lang war. Ein ziemliches Ende. Auch die Wilden waren aus ihrem Zelt in den warmen Sonnenschein gekrochen und saßen rauchend und mit innerem Gedankengange beschäftigt auf Tauwerk herum oder wo sie sonst Platz fanden. Wir besahen sie uns näher. Der Kopf von Frühmorgens schien der intelligenteste, nur mit dem großen ehemals weiß gewesenen Turban konnte ich mich nicht befreunden, der schrie förmlich nach Seife.

„Halt," dachte ich, „der wird angevolapükt. Giebt er Hals, steh ich im Triumphesglanze da." Es war aber nichts mit dem Glanze. Der Braune lächelte mich mitleidig an und gnurrte: „parla indra?" — „Ob so wie ich Indisch kann? Nee Mann, das ist bei uns noch nicht Mode, fragen Sie mal einige Menschenalter später an, möglich, daß es dann auf dem Stundenplan steht." — Die Arroganz, mir Indisch zuzumuthen und die Unkenntniß des Volapük hatten mich verdrossen. Es ist auch zu ärgerlich, etwas Umsonstes gelernt zu haben, blos damit Onkel Fritz seinen Ulk hat.

Der braune Mann lächelte wiederum freundlich, ging in das Zelt und holte einen Mousselinshawl, aus welchem er verschiedene Papiere hervorwickelte, die er uns zutraulich zum Durchlesen darbot. Es waren, so viel mein Karl erkannte, englische Zeugnisse und Urkunden, aus denen hervorging, daß der Braune von Geburt ein Indier sei, der auf englischen Universitäten studirt und sein medizinisches Examen abgelegt hatte. Er hieß Dr. Bure und war richtiger, geprüfter Augenarzt, der in seine Heimath zurückkehrte, also ganz ähnlich wie mein Schwiegersohn, nur daß der weiß in den Gesichtszügen ist und keine schmutzigen Turbane trägt.

„Das fängt hübsch an," sagte ich zu meinem Karl. „Was man für kannibalische Wilde hält, sind hinterher studirte Augenärzte. Ich fürchte, es kommt Manches entgegengesetzt, wie man sich im Voraus ausmalte. Trotzdem wollen wir es wie die Engländer machen, uns in die Sonne setzen und in den Reisehandbüchern fleißig sein." — Mein Karl gab mir den Bädeker zur Vorbereitung auf Alexandrien und meinte: „Minchen, wenn Du Dir das Arabische darin ein bischen zu Gemüthe ziehen wolltest, das würde später von Nutzen sein. Lerne die Zahlen auswendig, ich höre sie Dir

nachher über." Ich nickte ihm lächelnd zu. Es war zu
komisch, auf meine alten Tage Schulmädchen zu spielen. Und
doch wie sonderbar. Mir ward beklommen, als wäre ich
wieder ein Kind und fürchtete mich, meinen Lex nicht ordentlich zu können, und mit der Schulangst kamen vergangene
Zeiten. Wo war ich denn in diesem Augenblick? In Berlin
Morgens in grauer Dämmerung mit dem Lernbuche am
Fenster, die leichtsinnig verspielten Abendstunden in den letzten
Minuten einzuholen, oder fern ab von Heimath und Jugend
auf dem Meere, das zwei Erdtheile trennt? Ich war an
beiden Stellen zugleich, denn auch die Wirklichkeit war zum
Traum geworden. Das blaue Meer, der klare Himmel, die
fremdartige Umgebung erschienen mir Einbildung. Dies
seltsame Gefühl kam und ging wie der Schlag des Pulses.
Nochmals nickte ich meinem Karl zu und setzte mich hin, meine
Fähigkeit an das arabische Einmaleins zu gewöhnen. Das
Schiff strebte vorwärts und die Matrosen kletterten in den
Mast, das große Segel auszuspannen, denn der Wind ward
flügge.

Um ein Uhr läutete es zum zweiten Frühstück oder, wie
es in der Schiffssprache heißt, zum Lönsch, was sie Luncheon
schreiben. Die Orthographie hat bei Eßsachen jedoch nur
Nebenbedeutung, auf die Zubereitung kommt es an, und die
mußte man loben. Beinahe so gut wie im Hotel Brun in
Bologna. Wir spendirten uns eine Flasche Ale zu den kalten
und warmen Speisen und kamen in sehr angenehmer Stimmung
wieder auf Deck. Ein Frühstück ist in der That etwas Be-
lebendes. Wir gingen unsern Spaziergang, sprachen bei der
Kuh vor, betrachteten die Hammel und das Geflügel, sahen
auf die Wellen, welche vorn am Bug schäumend empor-
spritzten, und wußten kaum, was wir mit dem angebrochenen
Nachmittag anfangen sollten. Lesen, Lernen, Kuhvisiten machen
ist ja Alles recht schön, nur nicht auf die Dauer. Das Dumme
war, daß man mit den anderen Menschen kein Wort austauschen konnte. Der indische Augenarzt sprach englisch, wie
viel Interessantes hätte er sonst von den bengalischen Zuständen
erzählen können und wie ihm Europa gefallen. Dann waren
noch zwei alte grauhäuptige Indier da, zwei richtige Muftis,
aber ein Stündchen zu verklönen durch und durch ungeeignet.
— An Skat war natürlich nicht zu denken.

Da sagte mein Karl: „Wie wäre es, wenn Du Dir die Augen ein Bischen wärmtest? Du bist gestern spät in die Baba gekommen. Hattest Du so viel zu schreiben?" — „Meine Tagebuchnotizen," stammerte ich, — — „wie hieß nur noch die Station, wo der Restaurateur für ein knappes halbes Viertelpfund Schweizerkäse drei Franken forderte? Ich habe mich besonnen und besonnen ... War es nicht Foggia?" — „Dort irgendwo in der Nähe. Laß ihn laufen. Wer die Landtour nach Brindisi zum zweiten Male nicht wieder macht, das ist Karl Buchholz." — „Ich schließe mich an!" rief ich.

In unserer eigentlich für Vier bestimmten Kabine wär es räumlich genug zur Bethätigung des Ordnungssinnes, indem wir die unbesetzten Betten als Hinlegestätten für Gepäck und Kleinigkeiten benutzten. Die Betten selbst sind nur schmal und dürften, namentlich was die Kopfkissen anbelangt, etwas weicher sein, lassen jedoch an hochgradiger Sauberkeit nichts zu wünschen übrig. Ich nahm mir nun vor, der Behältlichkeit wegen, die Menschheit zoologisch einzutheilen, und zwar in Weiße, wozu wir gehören, und in Wilde, worin Alle begriffen werden, die von der üblichen gesellschaftlichen Couleur abweichen. Je schwärzer, je wilder. Solche, die man verbrauchen muß, wie sie einmal nicht anders sind, das sind Muffis, und solche, die Aergerniß verbreiten, das sind Gnuffs, sowohl Weiße wie Wilde. Auf diese Weise kann Großmama später den Enkeln ihre Reiseerlebnisse verständlich machen, ohne die zarte Fassungskraft der Kleinen mit neunundneunzigerlei Völkernamen zu überbürden. Auch darf man der Universität nicht vorgreifen.

Wie sanft das Schiff schaukelte. „Wiegenkind, Wiegenkind," mußte ich in einemfort denken und darüber schlief ich ein.

Das Erwachen war jedoch nicht von gleicher Milde, sondern schon mehr mit Hin- und Hergewerfe. „Scheitern wir?" rief ich meinem Karl entgegen, der gerade eintrat, um nachzusehen, ob ich noch auf dem Bett läge oder schon darunter. — „Die See ist unruhig geworden und eine frische Brise weht," antwortete er. — „Das nennst Du Brise, wie sieht dann ein Sturm aus?" — „O," sagte er, „dann würdest Du als Gummiball von einer Ecke in die andere fliegen." — „Karl, wie kommst Du mitten in den Gefahren zu einer so scherzerigen Stimmung?" — Er half mir liebevoll beim Aufstehen und bekannte, die Langeweile auf Deck durch einigen Cognac unterbrochen zu haben. „Die Seeluft verlangt Stärkendes," entschuldigte er sich, „und außerdem giebt es vorzüglichen Menkow an Bord." — „Gewöhne Dir die Schiffsgebräuche nur nicht für immer an," mahnte ich; „im Uebrigen: was der Mensch braucht, muß er haben!"

Es war mühselig, das Deck zu gewinnen. Obgleich seitwärts in den Korridoren Leitstangen zum Festhalten angebracht waren, hätte es Unbetheiligten scheinen können, als kämen wir von einem Zechgelage, so schwankten und wankten wir, und so nahe waren wir dem Umfallen. Nur mit großer Schwierigkeit vermochten wir der Kuh und den Hammeln unsern Besuch abzustatten. Unter den weiblichen Passagieren hatte die Seekrankheit gewaltig aufgeräumt. Immer wieder kamen die Stewardessinnen und geleiteten Schwachgewordene in ihre Kabinen hinunter: bleich, mit auseinandergegangenen Haaren, ohne Ausdruck im Auge, die Nase ganz spitz und dabei fürchterlich unwohl. „Karl," sagte ich, „wenn ich dies lange mit ansehe, geht es mir ebenso. Nichts übernimmt leichter als Ekliges."

Ich wehrte mich und ging gegen an. Die Seekrankheit würde mich grenzenlos gefuchst haben, weil wir doch gewohnt sind, zu verzehren, was wir bezahlt haben. Nein, geschenkt wird nichts. Daß diese Ansicht die durchaus richtige, stellte sich Abends beim Mittagessen heraus. Die Hälften Passagiere hatte sich zurückgezogen, um sich mit der Seekrankheit zu beschäftigen, obschon sie das schöne Diner von acht Gängen bezahlt hatten. Allerdings aß es sich ziemlich umständlich, weil viereckige Rahmen über den Tisch gebunden waren, das Gleiten der Teller zu verhüten und das Reisen der Gläser, und die Flaschen waren angehalftert, aber die Gerichte waren so großartig gekocht, daß es Sünde gewesen wäre, ihnen nicht alle Ehre anzuthun. Als wir die süßen Speisen, Kuchen und Obst hinter uns hatten, sagte ich: „Karl, es ist hier, wie auf einer endlosen Kindtaufe. Das Essen und Trinken reißt nicht ab. Morgen Abend zum Diner machen wir uns auch fein. Die Engländer haben sich alle umgezogen und erscheinen festlich an der gemeinsamen Haupttafel. Das ist wohl Sitte bei ihnen und findet meine Beipflichtung. Das Tagesgeschäft wird mit den Arbeitskleidern abgelegt; frisch-

gewaschen und in gutem Zeuge ergiebt man sich dem Abend,
welcher Ruhe bringt und behagliches Zusammensein. Schade,
daß man hier Niemand zum Gesprächführen hat; jedoch be-
zweifle ich, daß die Bergfeldten herpaßte, der doch die große
A. mit Gewalt beigebracht worden ist." — Die Nacht verlief
ohne Störung. Sehr viel gegen die Seekrankheit thut, wenn
man nicht will. Allerdings ist das gesammte weibliche Dasein
Hingebung, jedoch stellenweise Widerstand; das muß fest im
Auge behalten werden, wenn man nicht nervös ist. Wegen
zu lauten Getickes wurde die Waterbury-Uhr in Strümpfe
gewickelt und eingeschlossen; sie lärmte wie eine Dielen-Uhr
im Fieber. — Am andern Morgen sah man beim Frühstück
wieder Mehrere, die nicht da waren; die Krankheit mußte
stark wüthen. Aber auch etliche Hammel fehlten, sowie zwei
weiße Puten und der Taubenstall schien merklich dünner be-
völkert. Dieses Räthsel löste sich bei den verschiedenen Mahlzeiten, wo die Hammel, die Puten, die Tauben in gebratenem
Zustande, als Koteletts, Keule, Ragout, Pastete, in allen
möglichen Verarbeitungen antraten. Jeden Abend ging der
Schiffsschlächter morden. Während die Matrosen in der
Dämmerstunde Volkslieder sangen, hörte man das Geschrei
von einem Hahn dazwischen, der nicht sterben wollte, oder das
Geblöke von einem zur Schlachtbank gezerrten Hammel.
Und doch war der Schlächter gegen die Kuh sogar zärtlich.
Er molk sie, er fütterte sie, er bürstete sie und gab ihr reine
Streu; es mußten zwei Seelen in seiner Brust wohnen. Ich
hörte im Winter einen Vortrag über „Faust" von einem
jungen Goetheforscher, der mit den zwei Seelen sehr ins Un-
klare gerieth, bis er schließlich meinte, Goethe hätte selbst nicht
gewußt, was er damit sagen wollte. Goethe ist todt, er kann
sich also nicht mehr verdeffendiren, aber in seinem Interesse
weise ich auf den zweiseeligen Schiffsschlächter hin, der gleichzeitig tödtet und pflegt. Solche, die kein Blut sehen kön.:en,
haben natürlich nur eine Seele.

Mein Mann fand an diesem Ideengange kein Wohl-
gefallen, sondern sagte: „Ueberlasse den Blaak doch Leuten,
die darauf vereidigt sind. Lerne Dein Arabisch." Mit wem
sollte ich mich unterhalten, da mein Karl den aus Vorlesung
gewonnenen Resultaten prosaisch gegenüberstand? Es ist ein
wahres Elend, wegen mangelnder Sprachübung wie stumm

und taub zu sein, denn die andern Leute verstanden nicht, was ich sagte, und ich ward aus ihrem Gerede nicht klug. Und wie gerne hätte man öfter geäußert: „Prachtvolles Wetter, nicht wahr? Der reine Frühling, fast zu warm für Winterzeug." — Aber was nützen die unwidersprechbarsten Wahrheiten, wenn sie keinen Absatz finden?

Es war wirklich sommerlich geworden und wundervoll faul saß es sich auf dem Schiff im Sonnenschein. Mein Karl bekundete jedoch seine Zufriedenheit mit meinem arabischen Fortschritte, indem er sagte: „Du begreifst ohne stundenlange Vorreden; rascher als ein Abgeordneter." — „Karl," erwiderte ich, „die Angst treibt die grausamen Wortbildungen ein. Ohne Arabisch sind wir so gut wie verloren. Hier im Bädeker ist die Landung in Alexandrien beschrieben: zahllose Barken umschwärmen den langsam einfahrenden Dampfer. Nach den gewöhnlichen kurzen Sanitätsmaßregeln stürzt sich die Bemannung jener kleinen Boote gleich einer wilden beutelustigen Korsarenschaar auf das Verdeck, um sich jeder des Gepäckes eines Reisenden zu versichern, für den Europäer eines der überraschendsten Schauspiele und lebhaft an den Ueberfall in Meyerbeers Afrikanerin erinnernd. Ich bin gegen jede Ueberraschung mit hinweggerissenen Handtaschen. Afrika ist zu groß, was weg ist, ist weg. Wenn sie daher toben, mußt Du rufen: „musch lassim", das heißt: es ist nicht nöthig. Du suchst alsdann einen vertrauenerweckenden Barkenführer und sagst nichts weiter als tayib yalla yalla, das heißt: es ist gut, schnell vorwärts. So steht es hier. Na, wir wollen die Wilden schon abprallen lassen. Karl, wenn wir den Bädeker nicht hätten und unsere angeborene Schläue, wo wir wohl blieben?

Die drei Tage Seereise auf dem großen Indienfahrer waren bald herum. Der letzte Tag brachte stille See, die Kranken kamen wieder als Gesunde zum Vorschein und eine warme Sternennacht ließ uns empfinden, daß wir unter südlichem Himmel angelangt und nicht mehr weit von dem Erdtheil seien, in welchem so Viele zur Winterszeit den Sommer aufsuchen. Der Gedanke, morgen früh mit meinen eigenen Augen Afrika zu sehen, erregte mich ebenso sehr wie die Besorgnisse vor dem Angriff der Wilden. Aber das stand fest — sie fanden mich kampfbereit.

Alexandrien.

Der Morgen kam.

Das also war Afrika, jener grauliche Streifen über dem
Wasser gerade vor uns, der nur wenig anwuchs als wir uns
näherten. Dann unterschieden wir einen Leuchtthurm und
etliche größere Gebäude in dem Dunst der Frühe. Vorsichtig
fuhr das Schiff in den Hafen. Ei, wie schön! die Masse von
Schiffen, die hübschen hellen Häuser, das Schloß dort auf der
Anhöhe, die spitzen Thürme, wie aus einem Bilderbuch
herausgeschnitten und doch leibhaft vor unseren Blicken ausgebreitet. „Karl," sagte ich, „Afrika sieht ganz anders aus, als
man sich denkt. Dies Alexandrien macht ja einen höchst ver-
nünftigen Eindruck." — „Man merkt, hier ist Handel und
Wandel," entgegnete er. „Aber wo bleiben die Wilden?"

„Da sind sie," rief ich. An dem Quai, bei dem der
Dampfer anlegte, standen sie hinter einem Absperrungsgitter,
und lauerten auf die Fremden, richtige Kamerungesichter.
Die neuen Hafenanlagen haben den früheren Empfangs-
feierlichkeiten mit den Booten ein Ende gemacht. Die Wilden
schrieen und winkten mit den Händen, ihre Dienste anzubieten.
Zur Bequemlichkeit der Ankommenden haben die Hotelwirthe
ihren negerigen Hausknechten den Namen des Hotels mit
leserlicher Schrift auf die Brust nähen lassen. „Karl," rief ich,
„hier ziehen sie die Firma als Weste an, dort der Mohren-

kopf gehört zum „Hotel Khedivial", wohin wir wollen,
den nehmen wir." Ich erhob mich etwas über den Schiffsrand
und rief: „Du da, großes Muffti, Hotel Khedivial, kannst Du
unsere Sachen tragen?" — „Sehr wohl, Madam," rief er zurück.

Ein Glück, daß ich mich an einem Strickleitertau hielt,
sonst wäre ich lang hingeschlagen. „Spricht das Deutsch und
ist ganz schwarz dabei."

Noch waren die Sanitätsbeamten an Bord und die
Wilden durften nicht heran. Wie sie sich anließen und was
sie anhatten, das war unglaublich. Alle Farben waren ver-
treten und alle Stoffe. Einige hatten Löcher in einen alten
Kaffeesack geschnitten, eins für den Hals und zwei für die
Arme, und dann als neue Kluft angezogen, um den Kopf ein
verblichenes buntes Tuch gebunden, oder solchen hohen rothen
Mützenkopf ohne Krempe mit Puschel auf. Andere gingen
in langen blauen Hemden, andere in weißen oder in gestreiften
Kattun-Schlafröcken, wieder andere hatten karmosinvergnügte
Baubaujacken an, Turbane um den Schädel gewickelt und
farbige Binden um den Leib, aber jeder seine Mode für sich.
Barbeinig waren sie und braun wie man Kaffee röstet, von
ganz hell an, bis verbrannt, alle Schattirungen durch. Die
total Schwarzen, die Neger, sahen aus wie die Besinge. Als
jetzt das Gitter geöffnet wurde, rasten die Wilden auf das
Schiff. Im Nu waren überall welche, in den Kajüten, in
den Kabinen, oben und unten, wie die Ratten. Unser
Schwarzer kam mit noch einigen Kumpanen an. „Hier
Khedivial," sagte er. „Wo Bagasch'?" Er folgte uns in die
Kabine, mein Karl gab ihm das Gepäck, das der Schwarze
wieder den mitgebrachten Leuten aufpackte. Er zählte blos
die Stücke und hielt so viel Finger hoch als Effekten da
waren. „Saba," sagte er. — „Was hat er gesagt," fragte
ich meinen Mann. — „Ich hab' ihn nicht verstanden." —
„Was meinen Sie?" fragte ich den Wilden. „Saba," sagte
er und streckte sieben Finger vor. — Ach so, er meint sieben
Stück Gepäck, wofür er aufzukommen hat. „Karl, saba heißt
nämlich sieben, du brauchst blos dabei an Sabbath denken,
den siebenten Wochentag. Wir müssen uns klar machen, daß
jetzt das Mohamedanische anfängt und wir nur noch arabisch
sprechen. Nein, wie glücklich ich bin, daß der Wilde deutsch
versteht. Zu prachtvoll. Nu man tayib yalla yalla!!"

Der Neger drehte die Augäpfel ein paar Mal in ihren Höhlen herum, grinste mich an und zog ab. Wir folgten ihm und den Gepäckträgern.

Nun hatte ich mir schon in Berlin die schwärmerischen Empfindungen vergegenwärtigt, mit denen ich den ersten Fuß auf den afrikanischen Boden zu setzen gedachte, so gewissermaßen von unten nach oben heraufgruselnd, da doch das Betreten eines Welttheils, wovon es auf Erden überhaupt nur fünf giebt, zu den denkwürdigsten Erlebnissen gehört, aber weil ich die Leute mit yalla yalla angetrieben hatte, mußten wir den Einzug rennend machen und kamen erst wieder zu uns, als wir im Hotelomnibus saßen. „Karl,“ sagte ich, „dieser erhabene Moment ist in die Brüche gegangen. Man kann mit fremden Sprachen nie vorsichtig genug sein.“

Auf der Douane wurden die Pässe nachgesehen und die Koffer durchsucht. Es geht auf dem Zoll in Alexandrien ordentlich her, höflich und nicht schikanös, obgleich Alles genau nachgesehen wird. Wir führten auch nichts Steuerbares; Schmuggeln ist zu sehr mit Heidenangst verknüpft.

Als wir unsere Pässe wieder hatten, die Koffer verschlossen und die Träger abgelohnt, fuhren wir nach dem Hotel.

Zunächst führte der Weg durch Gassen mit niederen Häusern, denen man auf den ersten Blick ansah, daß sie auf afrikanischem Boden gewachsen waren, und die Menschen, die dort ein- und ausgingen, die Männer, welche mit Früchten, Gemüsen, federvieh und anderen Handelswaaren straßauf straßab strichen, die kleinen Kinder, bei denen wegen Naturfarbe das Waschen überflüssig ist, die schwarz verschleierten, in eine Art von dunkel- und grau-blau gestreiften Bettlaken eingewickelten Weiber paßten genau zu den Wohnungen; es war Alles so ganz anders wie bei uns. „Karl,“ sprach ich, „hefte Dir diese volksthümlichen Anblicke genau ins Gedächtniß, damit Du, wenn ich in Berlin davon erzähle, nicht sagst, ich flunkere.“ — „Wilhelmine,“ antwortete er, „so weit die Leute sich bekleiden, nehmen sie Alles, was sich anziehen läßt. Wenn sie zahlungsfähig sind, könnte man hier die ältesten Lagerhüter los werden.“ — „Karl, Du hast natürlichen Scharfblick, übe ihn nur unentwegt, denn so viel spüre ich: in Aegypten ist was gefällig.“

Und darin hatte ich, wie schon oft, Recht. Mit jeder Um-
biegung gab es neue Erstaunlichkeiten, bis wir an einen
großen baumumpflanzten Platz kamen, auf dessen Mitte ein
Reiterdenkmal stand, während breite Fahrstraßen und europäisch gebaute Häuser ihn einrahmten. Dies waren die
„Linden" von Alexandrien oder, wie sie dort sagen, der
Mehmed Ali-Platz. Man hätte nun wegen der Droschken
und der glanzvollen Schaufenster der Läden glauben können,
sich in einer deutschen Stadt zu befinden, die während der
Friedensjahre Muße und Mittel fand, sich baulich zu erwei-
tern und neue Façaden vorzubinden, aber die Akazienbäume
glichen nicht unseren Linden, und neben den Droschken standen
die Reitesel und neben den Eseln die braunen Treiberjungens
bloßbeinig und bunthemdig. Auf den Bürgersteigen gingen
Europäer nach der neuesten Pariser Mode und arabische
Leute in ihren Fastnachtsgewändern.

Was aber am fremdländischsten berührte, das waren die
Palmen. Hier sah man sie über einem halb fertig gebauten
Hause hervorragen, dort verriethen sie die Anwesenheit eines
Gartens, überall entdeckte das verwunderte Auge die Kronen
dieser Bäume, die im Verein mit dem tiefblauen Himmel
sagten: Hier ist der Orient! Viel zu früh für unsere Schens-
lust hielten wir vor dem Hotel.

Durch das Vorhandensein eines deutschen Portiers wurden unsere Spracherwerbnisse hinfällig. „Karl," sagte ich,
„an dieses Land gewöhnen wir uns leicht, es herrscht ein
zivilisirter Ton. Hörtest Du, wie man mich mit „Gnädige
Frau" anredete?" — „Dafür zahlen wir auch Jeder täglich
zwanzig Franken Pension, ohne die Getränke." — „Das holen
wir mit Nilwasser wieder ein. Ich habe gelesen, daß Nilwasser zu den köstlichsten Genüssen zählt. Und dann bedenke
dies hohe, große Zimmer, die Betten, mit Moskitonetzen um-
zogen, und die belehrende Aussicht vom Altan auf die Straße.
Weiter hin stehen Mengen von Palmen. Ein wahres Millio-
närsunterkommen!"

Er antwortete nicht, sondern machte sich in die Reihe,
den Deutschen Besuche abzustatten, an die er empfohlen war.
Von den Wilden konnte mein Mann keine geschäftlichen Auf-
schlüsse erlangen. Auch ich stellte mich präsentabel her. Hierauf verfügten wir uns in den Speisesaal, der im Garten lag,

2*

und zwar in einem Palmengarten, wo mir unbekannte
Sträucher große rothe Blüthen trugen und allerlei Rankge-
wächse, ebenfalls blühend, an den Mauern in die Höhe
kletterten. Der Speisesaal, mit orientalischen Vorhängen und
Teppichen dekorirt, stand unter der Leitung eines französischen
Oberkellners, was für uns eine harte Sache war, vornehm-
lich weil der Mann einen rasend geläufigen Akzang hatte. —
„Daß hier auch kein Deubel deutsch versteht," rief ich ärgerlich. — „O bitte," sagte hierauf einer von den bereits am
Tische sitzenden Herren, „womit kann ich Madame von Nütz-
lichkeit sein?" Ich erröthete bis an den Scheitel über meine
Aeußerung, und entgegnete: „Mein Mann und ich möchten
frühstücken, aber wir stoßen auf mangelndes Verständniß."

Wir stellten uns nun durch Visitenkartenaustausch gegen-
seitig vor. Er war ein Mister Pott aus Amerika, der längere
Zeit in Berlin gelebt hatte, und sich unserer in verbindlichster
Weise annahm. Mit wahrer Begeisterung sprach er von der
Kaiserstadt an der Spree, daß es ihm so gut dort gefallen
habe und er froh sei, Jemand von daher seine Dienste an-
bieten zu können, wo er in kurzer Zeit vergessen hätte, ein
Fremder zu sein.

Mit Nilwasser ließ sich dies Bündniß nicht begießen.
Mein Karl stieg in die Weinkarte, Mister Pott sorgte, daß der
gute Bordeaux auf das sorgfältigste gekühlt wurde, da seiner
Behauptung nach die Zimmertemperatur in Aegypten für
Schloßabzüge zu hoch sei. Wir mußten ihm beipflichten,
Wärme nimmt dem Rothspohn das Erquickliche. Zu kalt
darf er natürlich auch nicht sein; man muß ein passendes
Mittelmum zu Wege bringen. Ich glaube, wir säßen noch
bei einander, wenn mein Karl nicht hätte fort müssen, denn
Mr. Pott spendirte Erinnerungs-Champagner an Berlin, und
dachte noch lange nicht an Aufbruch, aber es mußte sein.
Ich ging oben, an Betti zu schreiben. Bevor ich mich jedoch
mit der Dinte einließ, nutzte ich den Balkon aus und betrachtete die Menschheit auf der Straße.

Gerade gegenüber an der Ecke der Straße, an deren
Ende sich die Wölbung des Kairo-Bahnhofs erhebt, hockten
ein halbes Dutzend brauner Araber, die rauchten und
plauderten, ohne daß der Schutzmann sie wegwies. Der
Schutzmann war ebenfalls ein Brauner, in dunkelgrüner

Uniform mit rothem Kragen und rothen breiten Armlitzen, rother Kappe und Seitengewehr. In Berlin würde er Auflauf von Neugierigen verursachen, in Alexandrien aber, wo es mehr Trachten giebt als Farben im Tuschkasten, erscheint er sogar in amtlicher Gemessenheit den englischen Soldaten in ihren siegellackrothen Röcken überlegen. Vornehme Araber kleiden sich mit feinem Geschmack, die Stoffe sind kostbar und würdig wandeln sie einher. Junge Araber dagegen, die sich als Zierlappen aufspielen, ziehen über das faltige Kostüm einen Sommerpaletot von modernstem Schnitt, worin sie Wunder meinen, was sie sind, ohne zu ahnen wie unzusammenpassend sich das ausnimmt.

Das Straßengetriebe wird erhöht durch die eleganten Kutschen, in denen Damen der europäischen Gesellschaft aus- fahren, prachtvoll in Toiletten, die braunen Diener in meist dunklen, goldgestickten Livreen. Dazwischen wieder Männer und Frauen auf Eseln, Verkäufer von Brot, Apfelsinen, Tomaten und allem möglichen Handelbarem, sowie Arme und Bettler. Und doch muß ich sagen, daß das Gebettel in Alexandrien lange nicht so massenhaft und belästigend ist wie in Neapel. Ja die Blumenhändler in der Friedrichstraße sind aufdringlicher und unverschämter als die Dürftigen Alexandriens, die nach ihrer Religion doch das Recht haben, Almosen zu fordern. Die Eseljungen und die kleinen Stiefelputzer, echte Schwarze und Dunkelbraune, geniren allerdings, wenn sie Jemand als Kunden erachten, da sie schlecht los zu werden sind.

Ungerne gab ich die weitere Beobachtung auf, aber die zu Hause hatten Anspruch auf Nachrichten; von den bloßen Gedanken, die man hinüber fliegen läßt, verspüren sie in der Heimath nichts. In der Schreibmappe bewahrte ich die Photographien der Unsrigen. Ich baute sie vor mir auf dem Tische auf und war so mitten unter ihnen. Wie lieb die ganze Versammlung: Betti und ihr Mann, Onkel Fritz und Erika, der Doktor, Fritz und Franz. Wie ähnlich die Zwillinge dem Doktor werden, das ist merkwürdig, als wenn der Vater durchgezeichnet wäre. Und nun setzte Großmama sich hin, ihrer Aller in dem Briefe zu gedenken. Das ist doch das Schönste.

Freilich war es warm, und von draußen lockte der Straßenlärm zum Ausschauen, doch die guten Vorsätze be-

hielten die Oberhand. Den sich meldenden Durst vertrieb
ich mit dem laulichen Inhalte der Zimmerkaraffe. frisches
Wasser zu bestellen traute ich mich nicht. Denn wie hieß es?

Als mein Karl zurückkehrte, begleitete ihn Herr Maubach,
an den er von Berlin adressirt worden war, und dieser
hatte die große freundlichkeit, uns den Nachmittag zu opfern.
Das Gespann hielt bereits vor dem Hotel, und durch neue
Straßen und alte fuhren wir zunächst nach der Pompejussäule, die jeder fremde gesehen haben muß, obgleich sie
einen sehr einsamen Eindruck macht. Sie ist aber das einzige,
wohlerhaltene Denkmal von verschwundener Pracht. Die
Tempel, Paläste, Bäder und Bibliotheken, die Theater und
Schulen, welche einst den Ruhm der Alexanderstadt weithin
verbreiteten, sind nur noch als entzwei Bruchstücke vorhanden,
und da, wo die Bürger ihre Häuser hatten, liegen jetzt
Scherben- und Erdhaufen, die der Weg für die Eisenbahn
durchschneidet. Angepflöckte Beduinenzelte beleben die kahle,
traurige Schuttwüstenei, und unfaßbar bleibt es, wie das
Alles zu Müll werden konnte. Aber Parteihader und Streit,
Aufstände und Kriege zerstören, was friede und Wohlstand
erbauten. Schliemann war gerade in Alexandrien gewesen,
das Haus der Kleopatra auszugraben, und er hat auch
einige Stufen freigelegt, denen blos der dazugehörige Palast
fehlt. Wegen mohamedanischer Umtriebe mußten die forschun-
gen aufgegeben werden, so interessant es gewesen wäre, zu
erfahren, wie diese frau wohnte, gegen deren Schönheit
Niemand ankonnte. Makart hat sie ja öfter gemalt.

Nicht weit von der Pompejussäule liegt ein arabischer
Kirchhof. Jedes Grab stellt eine Art von oberirdischem Sarg
aus weißem Marmor vor, an dessen Kopf- und fußende sich
die Denksteine erheben, so daß das Ganze den Eindruck einer
Stadt mit seltsamen, weißen Häuserchen macht, die bis auf
das Dach und die Schornsteine in die Erde gesunken sind.
Schreckliche Kinder stürmten aus dem Armenviertel herbei,
und riefen mit ausgestreckten Händen unaufhörlich: „Backschisch, Backschisch." Das heißt: „Geschenk, Geschenk." Ueberall,
wo Sehenswürdigkeiten fremde hinziehen, sammeln sich
Schnorrer an, es mag sein, wo es will, aber bei uns wird
man nicht so umsprungen und umhüpft, wie von diesen kleinen
Teufeln mit den schwarzen Gnisteraugen in ehemals bunten

Kattunhemden, die trotz sichtlich größter Nothwendigkeit, nach
dem ersten Zusammennähen, nie wieder mit Nadel und
Faden in Berührung gekommen waren. Und doch klang das
Backschisch-Geschrei nicht kläglich, sondern wie geschäftsmäßig
eingelernt. Einige lachten sogar vergnügt dabei, als sei
Betteln eine Lustbarkeit.

Erst als wir wieder im Wagen saßen, wurden ihnen
einige Kupfermünzen zu Theil. Die Folge davon war ein
Knäuel kindlicher Gliedmaßen mit allen denkbaren und un-
denkbaren Rück- und Voideransichten, die alsbald von auf-
gewühltem Staub verhüllt wurden. So gewaltig fuhren sie
auf die in den Sand geworfenen Geldstücke los und grapsten.
Es waren eben junge Wilde.

Von hier gelangten wir an Häusern und Feldern vorbei
an den Mahmudiye-Kanal, der von Mohammed Ali, dessen
Reiterstatue in der Stadt steht, angelegt wurde und mit dem
Nil in Verbindung steht. Wir erfuhren seine Wichtigkeit für
den Binnenlandhandel und die Wasserversorgung von Alexandrien. „Also, man kann das berühmte Nilwasser schon hier
haben?" fragte ich. „Gewiß!" war die Antwort. „Brunnen
giebt es nicht, da schon in geringer Tiefe salziges Meerwasser
eindringt." — „Dann habe ich schon welches getrunken," rief
ich enttäuscht. „Es schmeckte naß, das war Alles. Und aus-
drücklich stand in den Büchern, daß es köstlich sei." — „In
Büchern steht viel," sagte mein Karl.

Ueber den Kanal weg erblickt man eine weite Wasser-
fläche, den Mareotischen See. In alten Zeiten umgab den
See eine fruchtbare Niederung, viel Wein wurde gebaut,
Heerden fanden fette Weide, Aecker trugen reiche Frucht.
Als aber unter den Arabern und Türken der See mehr und
mehr ausgetrocknet war, geriethen die im Jahre 1801
Alexandrien belagernden Engländer auf den unglückseligen
Gedanken, die Landenge zu durchstechen und den See mit
etwas Mittelmeer aufzufüllen. Das Wasser strömte ein und
verwandelte die ergiebigen Fluren zugleich mit hundertfünfzig
Ortschaften in einen Sumpfsee; freilich wurde der Durchstich
wieder zugedämmt, aber der Schaden ist geblieben. Die
Pflanzen gedeihen nicht auf Salzboden.

An der Seeseite, jenseits des Kanals, kam nun Etwas
zum Vorschein, worüber ich mir eine Erklärung ausbat.

„Sagen Sie blos, was ist das?" — „Ein Fellachendorf." —
„In den grauen Puddings wohnen Menschen?" — „Wie Sie
sehen. Die backofenartigen Hütten sind aus Nilschlamm ohne
viel Kunst aufgeführt." — „Diese Armuth!" rief ich. — „Der
Fellache hat wenig Bedürfnisse. Er baut den Acker, zahlt
seine Steuern — —" — „Die auch noch?" — „Jeder Palm-
baum ist besteuert, Grund und Boden ist besteuert, jedes
Schöpfrad, jeder Esel, jeder Hammel; von dem Ertrage der
Ernte wird der Zehnte eingefordert." — „Dann kann er es
freilich nicht weiter bringen, als bis zur Schlammhütte. Und
das läßt er sich ruhig gefallen?" — „Er ist es nicht anders
gewohnt und fügt sich in das Unabänderliche. Außerdem
weiß er, daß er dereinst im Himmel ewige Freuden kosten
wird. Mohammed, der Prophet, hat sie ihm verheißen. So
ist er ergeben und geduldig bis zur Schlaffheit." —
„Aegypten scheint mir aus zwei entgegengesetzten Gesichts-
hälften zu bestehen," erwiderte ich, „die eine strotzt in Schwel-
gung, die andere vegetirt in Dürftigkeit, woraus sich das
räthselvolle Bild der Sphinx von selbst ergiebt."

Mein Karl sah mich verblüfft an; wenn aber die Gedanken an einem Ort wie Afrika nicht höher fliegen, wo
dann? Wirklich waren Blutarmuth und üppiger Reichthum
nur durch die Breite des Kanals getrennt, denn auf unserer
Seite lag Garten neben Garten, Palast neben Palast: Besitzthümer des Vizekönigs und seiner Familienangehörigen, sowie
Villen von Staatswürdenträgern und vermögenden Geschäftsleuten. Wir besuchten den Garten des Herrn Antoniadis,
eines reichen Griechen, eine Parkanlage, die jeden Nordländer
in Verwunderung setzen muß, weil unsere im Zimmer mühselig gepflegten Gewächse dort frei gedeihen, und die ich
mir, soweit dies möglich war, mit Namen und Nutzen vorstellen ließ. Der Oleander bildet breite Schattengänge, mit
Goldfrüchten beladene Mandarinenbäume stehen in Wäldchen
zusammen, Bambusdickicht schießt haushoch auf, indische Feigen
senken Luftwurzeln von den Zweigen in die Erde hinab,
mächtige Sykomoren unterbrechen das Buschwerk aus gelb-
blühenden, duftenden Akazien und anderem entzückenden Gesträuch, Feigen treiben junges Grün und Bananen reifen ihre
schweren Fruchttrauben unter windzerfetzten Riesenblättern.
Wohlgepflegte Kieswege führen von Anlage zu Anlage, zu

den Teichen und Springbrunnen, den Beeten, auf welchen im
Februar Veilchen und Narzissen blühen und Rosen in den
schönsten Sorten. Zwischen dem fremdartigen Gelaube stehen
Marmorbilder, Vasen mit duftenden Blumen und Bänke zum
Ausruhen. Wir setzten uns und ließen unsere Blicke spazieren
gehen. Das Fellachendorf lag drüben, man konnte es von
hier aus nicht sehen, tropische Gewächse und Blüthengehänge
verdeckten es. Und dennoch war es da, die Armuth in den
Erdhöhlen hatte sich zu fest eingeprägt.

Für den Jardin Pastre in welchem Freitags und Sonntags
Nachmittags Militärmusik spielt, versparten wir die Besichtigung auf einen der folgenden Tage, da alsdann die vornehme Welt am Kanal Korso fährt; jetzt brachen wir auf,
weil mein Karl uns für den Abend versagt hatte. Eine Einladung nach Ramleh, die er mir nun erst mittheilte, sollte
uns Gelegenheit geben, mit Deutschen zusammenzusein, die
ihrerseits den Wunsch geäußert hatten, Frau Buchholz bei sich
zu sehen, als sie ihre Ankunft in Aegypten erfuhren. Wie
Recht er hatte, den Heimlichen zu spielen, spürte ich gar wohl,
denn die landschaftlichen Reize verblaßten vor dem Gedanken,
nach langer Entbehrung ein deutsches Heim zu betreten. Man
kommt sich in fremder Umgebung mit unverständlichen Mundarten so kaltgestellt vor.

Durch die Rosettestraße erreichten wir das Hotel wieder.
Wenn diese Straße im Thiergartenviertel vorhanden wäre,
würde sie das größte Aufsehen erregen, so bildschön ist sie.
Bis zum Abgange des Zuges waren wir komplet. Ich hatte
mein Grauseidenes angethan und die Haube für Best war
vermöge ihrer Unterkunft in einer Blechbüchse unzerknittert
geblieben.

Wir gingen nach dem Bahnhofe, in dessen Nähe der
tausendjährige Platz zu sehen ist an dem die nach Newyork
übergesiedelte Nadel der Kleopatra früher stand. Orts-
kundige Führung half uns über die Schwierigkeiten am
Billetschalter hinweg, wir stiegen ein und dampften ab.
Ramleh ist nämlich für Alexandrien dasselbe, was Westend
für Berlin. Jede Stunde geht ein Zug, und nach halb-
stündiger Fahrt ist man dort. Die Geschäftsleute wohnen
in Ramleh und halten sich in der Stadt nur so lange
auf, als ihre Thätigkeit erfordert, namentlich im Sommer,

wenn die Hitze zwischen den Mauern unerträglich wird, und
der kühlere Seewind den Gärten der Villenkolonie abendliche
Erfrischung zuweht. Ganz eigenartig war das Gefühl, eine
Menge Eingeborener in dem Zuge zu wissen. Wenn man
meistens geglaubt hat, die Araber sprengten nur auf ihrem Roß
durch die Wüste, so kommt es Einem spanisch vor, sie auf der
Eisenbahn zu sehen, als wäre das seit Pharaos Zeiten
Landesgebrauch gewesen. Auf den Haltestationen stiegen Beduinen aus und ein, herrlich gebaute Gestalten mit stolzen
Gesichtszügen, in weiße Wollenmäntel gehüllt, die sie malerisch
raffen. Sie werden gerne als Nachtwächter gedungen und
erhalten für die Behütung eines Hauses in Ramleh monat-
lich sechzehn Mark nach unserem Gelde. Dafür schlagen sie
ihr Zelt im Garten auf, wenn die Herrschaft verreist ist, und
erfüllen die eingegangenen Verpflichtungen auf das promptesste.
Das einbruchslüsterne Gesindel, dem sie das Handwerk legen,
stammt durchschnittlich aus Europa.

Wenn man durch die Scherbenhügel gefahren ist, von
denen es räthselhaft ist, wie sich solche Massen zerbrochener
Töpfe aufhäufen konnten, erblickt man nach einer Weile
links einen Palast, den der verflossene Khedive Ismael
Pascha erbauen ließ. Als der Bau ziemlich vollendet, behagte
er dem hohen Herrn nicht, und wie ein glücklicher Zufall
fügte, brach Feuer darin aus, worauf nach neuem Plan ein
neuer Palast entstand. Dieser aber ist wegen gänzlicher
Unterhaltungslosigkeit im Zusammenbruch begriffen. Niemand
wird hineingelassen, theils damit herabfallende Decken ihn
nicht erschlagen, theils damit die Gerste nicht zertreten wird,
die der Kastellan im Schloßhofe säet. Hieraus konnte ich
mir bereits eine schwache Idee davon machen, warum die
Fellachen so in der Steuerklemme drin sitzen.

Obgleich der Mond noch nicht voll war, leuchtete er
dennoch mit einer Kraft, daß Weg und Steg, Gesträuch und
Bäume wie bei Tage hervortraten. Die Sandwege und
die Villen erschienen eingeschneit, so weiß ruhte das Licht auf
hellen Gegenständen. Dies war Sommerschnee, der wirkliche
hüllte das Land ein, dem der Frühling einige Monate später
naht. Die Frösche quackten in den kleinen Teichen der
Gärten, es waren Baßpadden mit tiefer Stimme, sonderbar
anzuhören. Bei einem Gartenthor stand ein schwarzer Diener,

der die Ankommenden erwartete, an ihn verschwendete der Mondschein seine Mühe vergebens. Aus dem erleuchteten Hause, dessen Thüren weit aufstanden, die milde Nachtluft einzulassen, begrüßte uns ein herzliches „Willkommen". Wir waren bei Herrn Georg C. Müller in Ramleh.

Wie doch die Laute der Heimath im fremden Lande die Menschen so rasch von dem Zwange befreien, der sonst die ersten Viertelstunden einer Gesellschaft eneist. Wenn die Polizeilentnanten neue Bekanntschaften gebeten hat, ist es Anfangs wie in der Pferdebahn, wo Einer dem Anderen den Platz nicht gönnt, viel weniger ein Wort; erst später, gegen Ende der Speisung, beginnt das Aufthauen, und wenn man Gute Nacht sagt, bedauern Jegliche die Kürze der Zeit. Hier aber war es, als wenn Fragen und Antworten nur auf das Losgelassen gewartet hätten. Müllers sind Schweizer; wir berichteten von dem Lawinensturz auf der Gotthardbahn. Das wußten sie noch nicht, da die letzten Zeitungen zugleich mit uns herüber gekommen waren, und diesen Unfall noch nicht brachten. Sie erkundigten sich, wie es „draußen" aussähe. Draußen ist für die Deutschen in Aegypten nämlich Europa, Deutschland insbesondere. Wir fragten, was Dies und Jenes zu bedeuten habe, was wir gesehen und nicht verstanden. Darüber ward uns Auskunft. So tauschten wir miteinander aus. Auch nach Emmi und Betti fragte man, und nach Onkel Fritz. Das Interesse für die Familienverhältnisse rührte mich ordentlich. Daß mein Karl die Absicht hegte, die hiesigen Bedürfnisse in der Wollenbranche zu studiren und den Geschmack der Wilden zu ermitteln, soweit es die Fabrik betrifft, fand Beifall, und manche Anleitung hierzu wurde gegeben. Wir waren jedoch nicht die einzigen Gäste. Es waren da der Graf Marogna, Mitglied des internationalen Tribunals, Herr von Tschudi mit seiner Gattin und Herr Menshausen und Frau, eine geborene Berlinerin. Wären die schwarzen Diener nicht gewesen, hätten nicht ausländische Blumen und Früchte die Tafel geziert, man wäre versucht gewesen, sich in Deutschland zu wähnen, namentlich als die Damen des Hauses die Anwesenden durch zweistimmigen Gesang erfreuten und Wort und Weise erklangen wie da „draußen". Ich hatte mir Afrika bedeutend anders vorgestellt, wenn auch nicht derart,

wie Hagenbeck's Nubier, die im Zoologischen Garten Hammel
in der Asche brieten und fingerdick Talg in die Natur-
perrücken kneteten, so doch in geselliger Hinsicht auf einer
Nichtrühran-Stufe. Und nun kam es so.

Am folgenden Tage lernten wir von Tschudi's gastliches
Patrizier-Heim kennen; am Abend waren wir wieder in Ramleh
bei Menshausens, wo edelster Wein vom Rhein manche be=
geisterte Rede weckte und das entzückende Spiel der Hausfrau
auf einem herrlichen Flügel von Westermayer in Berlin Ohr
und Gemüth gefangen nahm, daß es nur ihr lauschte. Als
aus Morgen und Nachmittag wieder Abend geworden, waren
wir wieder in Ramleh, diesmal bei Herrn Magnus, dem eine
Tochter unseres berühmten Professor Dove als Gattin nach
Aegypten folgte. Während die Vaterstadt im Schnee lag,
konnte sie ihren Gästen Bananen frisch aus dem eigenen
Garten zum Nachtisch vorsetzen, eine rothe indische Art von
Geschmack wie Erdbeere, Himbeere und Pfirsich zusammen.
Schade, daß der Zug schon ging, es war so reizend da.

Auf unsere Renaissance-Sprünge ist man in der deutschen
Kolonie Alexandriens, soweit ich Kenntniß habe, noch nicht
gekommen, das Stilvolle besteht aus echten Teppichen,
orientalischen Stickereien, Divans und Geräth, wie es schön
und bequem ist. Schließlich kommt es ja auch nicht darauf
an, daß man sich einrichtet, wie der Architekt und der Tapezier
für gut finden, sondern daß man sich gemüthlich in seinen vier
Pfählen fühlt. Und das thun sie dort.

Den Tag über beschäftigten uns die Sehenswürdigkeiten;
uns war ja Alles sehenswerth. Den Hafen befuhren wir, wo
mächtige Dampfschiffe und Segelschiffe von allen Weltgegenden
her ankern und hunderte von Booten, mit bunt gekleideten
Wilden kreuzen. Wir hatten nämlich die Erlaubniß, das
Privat-Dampfschiff des Exhediven Ismael Pascha in Augenschein zu nehmen, auf dem er einmal eine Reise nach Konstantinopel gemacht hat, um es nachher nie wieder zu benutzen.
Nun hat es keinen anderen Zweck, als langsam zu Grunde zu
gehen mit sammt seinen vergoldeten Möbeln, Seidentapeten,
Mosaiktischen und allem nur erdenkbaren Luxus. Das heißt
richtig Millionen ins Wasser werfen. Auch in das Schloß Ras-et-Tin hatten wir Einlaß. Die
Säle und Gemächer sind in französischem Geschmacke gehalten,

denn als es neu hergestellt wurde, gab es nur Pariser Industrie. Die Unternehmer sollen kolossal verdient haben, nicht an
dem, was sie lieferten, sondern das, was bloß auf der Rech-
nung stand, brachte Geld, jedes Stück wurde so ungefähr
zwölfmal aufgeschrieben und, was beachtenswerth ist, auch
zwölfdoppelt bezahlt. „Karl,“ sagte ich: „wie einbringend,
wenn Du von jedem Dutzend nur die Probenummern abladen
brauchtest.“ Er fragte: „Möchtest Du die Fellachendörfer auf
dem Gewissen haben?“ — „Nein“, antwortete ich und hakte
ihn unter, „Leben und leben lassen ist besser, da hat man nicht
nöthig, sich mit Verschwendung zu betäuben.

Und was ist schließlich in den Prunkgemächern dieses
Schlosses? Ein Raum ist mit dünnbeinigen Stühlen in Gelb,
der andere in Hellblau, der dritte in Rosa, der vierte in
Lachsfarbe, der fünfte in Lila und so fort aufgedonnert,
dazwischen orientalische Divans. Von den Decken hängen
riesige Kristallkronen, und die Gardinen von schwerer Seide mit
halbmeterhoher Posamentierarbeit am Saum von denselben
Farben sind doch nur bramsig. Trotz der theuren Stoffe gleicht
das Ganze einer unwohnlichen Ausstellung von Sitzgelegen-
heiten. Es fehlen die Bilder an den Wänden. Unwillkürlich
erinnerte ich mich der italienischen Palazzos, denen die Werke
der Maler unvergänglichen Ruhm eintragen, neben den Trink-
geldern der vielen Fremden. Auch ein runder Thurmsaal ist
da, dessen Fenster auf den Hafen hinaus gehen. Jedes
Fenster bietet eine Aussicht wie auf ein Gemälde. Einfach
wunderbar.

Was mich amüsirte, war der Speisesaal, in welchem zwei
Büffets standen von so jelender Arbeit, daß sie kein Budiker
bei uns sich hinstellen wurde. Daran erkannte man, wie leicht
es gewesen sein muß, dem verflossenen Khediven etwas auf-
zuoktroyiren.

Wie ganz entgegengesetzt ist, was der Gemeinsinn der
Alexandrier, das heißt der Kaufmannschaft geleistet hat.
Eine freiwillige Besteuerung von jedem Centner der Ausfuhr
hat ihnen eine Pflasterung, vorläufig der Hauptstraßen, mit
Lavaplatten aus Pozzuoli ermöglicht. Draußen in St. Stephano
haben sie ein Klubhaus, das seines Gleichen sucht, und auf
Brandstätten von den Ereignissen her erheben sich stattliche
Neubauten.

Gar oft wurde von den Ereignissen gesprochen, nach denen überhaupt die neuere Zeit von den Alexandrinern berechnet wird. Es sind dies die fürchterlichen Wochen und Monate vor und nach dem 11. Juli 1882, an welchem die blühende Handelsstadt von den Engländern beschossen wurde.

Ob das Bombardement nothwendig war, darüber streiten die Völkerrechtsgelehrten noch, die tieferen Gründe sollen so verwirrt sein, daß die klügsten Leute vergeblich daran kämmen. So viel steht jedoch fest: Der alte Khedive hatte Aegypten derart auf den Damm gebracht, daß es bedenklich an zu rutschen fing und dem jungen Khediven schier unmenschliche Schulden hinterlassen. Damit die Zinsen richtig ausgezahlt würden, überwachten die europäischen Regierungen die ägyptischen Finanzen, denn nur mit dieser Bedingung ward weiterer Borg gestattet. Obgleich das Land somit halbwege unter Kuratel stand, befürchtete man Unheil, und die Großmächte fragten, wie liegt die Sache? Antwort war schwierig. Nun wurden allerlei Schiebungen gemacht, die Ordnung lockerte sich, das Militär ward aufständisch, und Arabi Pascha besetzte Alexandrien. Um diesen Befehlshaber der Rebellen einzuschüchtern, schossen die Engländer von ihren Kriegsschiffen auf die Stadt. Die erbitterten Eingeborenen rächten sich an den Europäern und sengten und erschlugen die Andersgläubigen, wo sie ihrer habhaft wurden, zumal die Pfaffen hetzten. Erst die Landung der englischen, deutschen und amerikanischen Marinesoldaten und die Hinrichtung ergriffener Mordbrenner machte dem Schrecken ein Ende.

Wenn die Sprache auf die Ereignisse kam, war es stets, als wenn ein gräßliches Gespenst ungesehen in das Zimmer trat, dessen Nähe den lauten Ton der Stimme dämpfte. Auch unser Landsmann, der ausgezeichnete Afrikareisende Professor Dr. Schweinfurth, wäre ein Opfer der ihn verfolgenden Meute geworden, wenn er nicht rechtzeitig die Wohnung Herrn Friedheims erreicht hätte, der mit ihm floh. Wir sahen den Balkon, von dem sie sich mit Lebensgefahr hinabließen, den Palmengarten, der sie deckte, bis sie die Koptische Kirche gewannen, die ihnen Zuflucht gewährte. Wohl lasen wir damals in der Zeitung von den Greueln; aber wo die stattfanden, waren ja nur kleine schwarze Punkte auf der Landkarte. Und doch ist jeder solcher Punkt ein Ort, an dem Menschen wohnen wie wir, die alle fühlen wie wir und zitterten, wie wir zittern würden, wenn wir mächtigen Schutzes entbehrten. Nun trat das Geschehene lebendig vor unser Auge, als wir aus dem Munde Herrn Friedheims das Miterlebte erfuhren. Daß sein sehenswerthes Privat-Bilder-Museum der Zerstörung entging, ist ein wahrer Glücksfall; alte Meister werden bekanntlich immer rarer.

Wäre nicht ein reges Geschäftsleben in Alexandrien, wie könnte es in so wenig Jahren wieder hoch gekommen sein? Einen kleinen Begriff von dem Handel erlangt man auf dem Minet el Bassal, dem Baumwollenmarkt, wo die Kaufleute ihre Kontore haben und die Landleute hundertweise mit den Baumwollenproben antreten. Die erhandelte Waare wird theils in Nilbooten gebracht, theils auf Kameelen, in weiten Speichern gereinigt und mittelst riesiger Dampfpressen zu schweren Ballen geformt, damit sie auf den Schiffen nicht zu viel Platz wegnimmt. In den Preßraum einer solchen Maschine hatte sich einmal während der Mittagszeit ein Neger-junge schlafen gelegt, dieweil es kühl darin war. Als aber die Arbeit wieder begann, füllte die Baumwolle den Raum, und die eisernen Wände drückten auch den Neger zusammen. Erst an dem fertigen Ballen, der bluttriefend aus der Presse rollte, erkannte man, was geschehen. Die mohammedanischen Arbeiter entsetzten sich zwar, gar bald jedoch kamen sie über-ein, daß Allah es gewollt, denn ohne Allahs Willen geht nichts auf der Welt vor sich, einerlei ob gut oder böse, wo doch Jeder Vernünftige sagen mußte, der Junge hatte selbst Schuld. Bequem ist es allerdings, den lieben Gott für jegliche eigene Dummheit verantwortlich zu machen, aber der Gleich-gültigkeit und Nachlässigkeit wird dadurch mehr Herrschaft eingeräumt, als diese Art Frömmigkeit verantworten kann.

Dem arabischen Bazar widmeten wir ebenfalls unsere Aufmerksamkeit, obgleich er nichts Hervorragendes bietet. In engen Straßen befinden sich rechts und links die kleinen Buden der Handwerker und Kaufleute. Jede Gattung wohnt in einer Straße: die Tischler, die Schuster, die Schneider, die Klempner und Schlosser und was sonst an Gewerben denkbar ist. Die Stoff- und Zeughändler sind in langen Durchgängen beisammen, und nur vereinzelt werden Waaren von orientali-scher Pracht angeboten. Zwischendurch zerstreut haben Kaffee-

wirthe ihre verräucherten Lokale und Garköche, die Hammel-
fleisch am Spieß rösten und vor den Augen Aller Gerichte
aus Gemüsen, Reis, Seethieren, Muscheln bereiten, fremdartig anzusehen und gewiß auch fremdartig zu genießen.
Nirgend trifft man Frauen oder Mädchen bei der Arbeit,
Männer und Knaben besorgen die Geschäfte, welche bei uns
den Frauen obliegen, wie Kochen, Waschen, Plätten, Nähen,
Sticken und Stricken. Sie können auch nicht mitthun, da sie
sich öffentlich nur verschleiert zeigen dürfen und die meiste
Arbeit frei an der Straße vorgenommen wird. In ganz
niederen Ständen besorgen jedoch die Frauen den Haushalt.

Dagegen schlurfen sie mit Vorliebe von einem Laden-
fenster zum andern und im Bazar von Handelsmann zu Handelsmann, die Zeit mit Feilschen zu verbringen, denn Vor-
schlagen ist Sitte, und das Herunterdingen erfordert Stunden.
Oft sieht man sie gemeinschaftlich auf Rollwagen verladen, die
als uranfänglichste Omnibus dienen, in das Bad fahren, wo
sie halbe Tage verweilen und unter sich sehr vergnügt sein
sollen, singen, tanzen und sich putzen. Das Umhängetuch ver-
birgt dem Begegnenden die besten Kleider und den Schmuck,
welchen sie zum Neid ihrer Freundinnen anlegen, obgleich es
oft genug vorkommt, daß sie wiederum scheel sehen, wenn im
Bade Andere ihnen ohne jegliche Zierrath über sind. So ein
Wagen voll eingemummelter Weiber hat von Weitem täu-
schende Aehnlichkeit mit einer Fuhre blau überzogener Lehn-
stühle, dicht bei jedoch lassen sich die dunklen Augen erkennen
und mitunter auch blau eintättowirte Muster auf der Stirn;
die Nägel und Fingerspitzen haben sie dagegen mit den
Blättern vom Hennastrauche brandroth gefärbt. Von den
Wangen an, über Mund und Kinn fällt ein bis fast zur
Erde reichender schwarzer, schmaler Schleier, der durch
ein geringeltes Metallrohr, je nach den Vermögensum-
ständen aus Gold oder Messing, gehalten wird. Das gut
daumendicke Rohr hängt gerade vor der Stirn, und da sie
das Uebertuch mit einer Hand vor dem Kopf zusammenhalten, damit ein Wind oder sonst ein Zufall ihr Angesicht
nicht entschleiere, muß man rathen, ob es menschliche Wesen
sind oder Lemuren, wie sie im Viktoriatheater herumspukten,
als die zweite Hälfte von „Faust" gegeben ward. Mir kam
dieser unkleidsame Schleier so lange unerforschlich vor, bis ich

im Bazar ein keifendes Weib fah, das feiner Galle Luft machte. Sie war ungeheuer munter unter der Nafe, aber der Schleier bereitete ihr doch Hinderniffe. Nun begriff ich, wie weife Mohammed gebot: er wollte ihnen den Mund verbinden, ohne das Athemholen zu verwehren. Außerdem kann kein Mann über die Frau eines anderen fprechen und fie hübfch oder häßlich finden, ihn weder bedauern noch beneiden. Sie foll ihrem Manne gefallen und nicht dem Nachbarn, das ift der Sinn. Die Aengftlichkeit, mit der die Frauen ihr Antlitz den Blicken der Männer entziehen, mit Ausnahme des eigenen natürlich, geht fo weit, daß fie fich felbft beim Gebet verfchleiern, weil doch Allah ein Mann ift. Mit den Füßen find fie dagegen ungenirt, fie probirten auf dem Bazar Schuhe an, als wären fie von häuslicher Verfchwiegenheit umgeben.

Gehört der alexandrinifche Bazar auch nicht zu den berühmten, fo feffelt er den Ankömmling doch in hohem Grade, wie eine Scene auf der Bühne. Bei uns fpielt man Komödie, wo es nur angeht, Jeder will Anderen gegenüber mehr vorftellen, als er ift; dort geben die Eingeborenen fich, wie fie find, obgleich ihr äußeres Leben uns wie Komödie erfcheint. Das liegt in den farbigen Gefichtern und den bunten Trachten. Eine Litfaßfäule erbleicht dagegen.

Wir blieben länger, als planmäßig vorgenommen war. Die Liebenswürdigkeit unferer Landsleute litt die Abreife nicht, und fchwer ward uns das Scheiden von Alexandrien und dem Gartenftädtchen Ramleh.

So packten wir denn die Koffer. Wo aber mit dem dicken Ueberzeug bleiben, das für die Herfahrt unentbehrlich, in dem fommerlichen Klima überflüffig geworden war? „Weißt Du", fagte ich zu meinem Karl, „wir bündeln es ein und verfrachten es an den Doktor, der meint dann, es käme wenigftens eine geräucherte Sphinx an. Das Geficht, wenn er ftatt deffen Deinen Winterkaftan auswickelt und meinen Mantel!" — „Keine derartigen Ueberrafchungen," erwiderte er. „So luftig fie auch beim Ausdenken erfcheinen, fo wenig erfreuen fie hernach den Getäufchten. Im Gegentheil, fie verbittern. Ich bin gegen folcherlei Späße." — „Schaden könnte es nicht. Emmi wird durch ihn auch fchon bedeutend grofchenfüchtig. Recht viel für die Kinder mitbringen, verlangte fie. Ich verfprach ihr, nachzufehen, ob junge Pyramiden da wären." — „Das kannst Du halten, wie Du willst. Das Zeug wird an's Geschäft geschickt; ich lege verschiedene Sachen bei für die Fabrik, und damit Punktum."

Mir war, als würden meine zartesten Gefühle von einem Brauerwagen übergefahren, denn böse hatte ich es nicht gemeint. Scherze bestehen doch meistens darin, daß Einer leicht angeärgert wird.

Wir hatten nach Kairo an das Hotel geschrieben, da es hieß, der Fremdenzufluß sei außergewöhnlich stark, und Depesche erhalten, daß ein Zimmer zur Verfügung stände. Empfehlungsbriefe von den neu erworbenen Freunden in Alexandrien an Landsleute in Kairo eröffneten uns die Aussicht, auch dort nicht unter die Räder zu gerathen. Außerdem war Mister Pott da, der sich entschloß, denselben Zug zu benutzen. Dies war um so vortheilhafter, als er das Reiseleben angenehm zu gestalten verstand, ohne Lärm und Aufsehen zu erregen. Eines Morgens, als in dem zum Frühstück gereichten Honig endlose Fliegen krabbelten, sagte er dem Kellner mit ausgesuchter Höflichkeit, er glaube, die Gäste würden ihm dankbar sein, wenn er den Honig für sich servirte und die Fliegen für sich, damit Jeder sie nach eigenem Geschmacke mischen könnte. Seitdem bekamen wir den Honig unlebendig.

Durch das Delta.

Wie die Steuern und Zinsen rieseln. — Von den Fellachen und ihren Behausungen. — Von Sykomoren, Mandarinen u. dgl. Warum Wilhelmine den Käse nicht ißt. — Der Büffel und Darwin. — Von den sieben bis acht Plagen. — Handelsgebräuche. — Der Flieder und die Pyramiden. —

Noch einen Händedruck, und der Schnellzug schied uns von den Landsleuten, denen wir Tage verdankten, die auch bei trübem Wetter sonnig gewesen wären. So aber kam beides zusammen: klarer Himmel und erfreutes Herz.

Nun fuhren wir in das Delta hinein, wie von Alters her das flache Land genannt wird, durch das der Nil sich verzweigt und die Kanäle gegraben wurden, die Felder zu tränken, da die Feuchtigkeit hier nicht, wie bei uns, aus den Wolken auf die Erde fällt, sondern unten dem Nil entsteigt. Ueberall sind Schöpfräder angelegt, die, mit Büffeln, Eseln oder Kameelen betrieben, das Wasser in aneinandergereihten Krügen heben, aus denen es in Rinnen plätschert und in engen Gräben weiter auf das Land rinnt. Jeder Acker muß begossen werden, Tag für Tag, unaufhörlich, sonst verdorren die Saaten, und der Fellache kann die Steuern nicht schaffen, die in Gestalt von Zinsen nach Europa rieseln, dem Nilwasser ähnlich, erst in breiten Strängen, dann in kleineren Läufen, bis die einzelnen Inhaber der Schuldverschreibungen ihren Antheil abbekommen, wie jeder Halm das erhaltende Naß. So schöpfen die Fellachen die Rente fremden Kapitals aus dem Flusse, denn das gewonnene, goldige Getreide wird im Handel zu klingender Münze.

3*

Die Bahn führt über den Mahmudiye-Kanal an dem Sumpfsee vorbei in eine weite, grünende Ebene. Den eingedeichten Nil sieht man im Anfange der Fahrt nicht, wohl aber verrathen die merkwürdigen Segel der Barken seinen Lauf, da sie, vom Winde gebläht, über die grauschwarzen Dämme hinwegragen. Bald sind solche dreieckige Segel näher, bald ferner, je nach den Krümmungen des Nilarmes, und heben sich weiß von der klaren, blauen Luft ab. Auf den Dämmen aber, die als Landstraßen dienen, ziehen die braunen Aegypter ihres Wegs, Männer, Frauen, Kinder, zu Fuß, zu Pferde, meistens jedoch zoddeln sie auf Eseln. Dann wieder treten Kameele daher, einzeln geleitet, oder truppweise im Gänsemarsch hinter einander. Der Führer bindet den Zaum des folgenden Kameels an den Sattel des vorangehenden, das Letzte der Reihe trägt eine Glocke am Halse, deren regelmäßiger Klang ihm meldet, ob alle beisammen sind. Ihnen vorbei treiben Fellachen ihre Rinder, Ziegen und Schafe. Manchmal sitzt der Hirte statt auf dem Esel, auf dem Rücken des grauen Büffels oder der rothbraunen Kuh. Wie die Figuren in einem Theatrum Mundi kommen Menschen und Thiere geschritten, immer auf demselben schmalen Wege, in einer Linie, als wären sie auf ein Band gezogen, und stundenlang immer dasselbe Bild.

Die Felder neben der Bahn wurden für die Saat beackert. Mit einem Holzpflug ohne Räder, vor den Ochsen oder auch Büffel und Kameele gleichzeitig gespannt werden, reißt der Fellache den schwarzen Boden auf. Fellache bedeutet keine besondere Rasse, sondern heißt so viel wie Pflüger oder Bauer, und wie dieser sich anderwärts von den Städtern unterscheidet, so auch hier. Seine Manieren rühren von seiner Thätigkeit her, von dem Umgang mit dem lieben Vieh, und seiner Art zu hausen. Ueberall tauchen aus dem Grün der Landschaft Fellachendörfer auf, dicht aneinander geklackte, graue Klumpen, mit einem Thürloch darin, entweder rund, wie ein mißrathender Topf oder, weiter nach dem Süden zu, mehr im Stil von Cigarrenkisten. Weiber, Kinder, Hühner und Hunde siehlen vor den Eingängen ihrer Schlamm-Sommerfrischen auf der Erde und lassen sich von der Sonne bescheinen. Darüber strecken die Dattelpalmen ihre feder-kronen aus, aber unter diesen Palmen zu wandeln, ist für jedes Reinlichkeitsgefühl abstoßend. Oft machte die Gegend den Eindruck wie ein Stück Oderbruch, flach und frei von Wald. Die großen, halb Eichen, halb Linden gleichenden Bäume, welche vereinzelt in den Feldern stehen, sind Sykomoren, wie Mister Pott erklärte, und Bädeker bestätigte. Hin und wieder wogte es zwischen grünen Aeckern wie himmelblaues Gewässer im Winde, das war blühendes Leingefilde. Fruchtbar, unendlich fruchtbar ist dies Land.

Die Baumwolle war noch nicht heraus, nur das abgeschnittene Gestrüpp vom vorigen Jahre wurde auf Kameele geladen und nach den Dörfern gebracht, wo es als Feuerung benutzt wird. Was sie sonst brennen ist schrecklich, nämlich den Mist von Kameelen, Eseln und Rindern, aus dem sie platte, runde Kuchen knautschen, die, an die Wände der Hütten geklebt, in der Sonne dörren. Fuhren wir nahe an einem Dorfe vorbei, sahen wir zuweilen Weiber solche Kameel-Briquettes backen. Mir schuddert noch, zumal wenn ich bedenke, daß sie mit denselben Händen den Käse kneifen, der an den Bahnstationen feilgeboten und wirklich gekauft wird. Aber nur von den Wilden. Auch Mandarinen-Apfelsinen bringen die Eingeborenen an den Zug, wenn er bei einer Stadt Halt macht, gekochte Eier und Brot. Die Städte sind ansehnlich, die zugespitzten Thürme der Moscheen, die Minarehs, die hellgestrichenen Häuser, untermischt mit Baracken aus Schlammziegeln, geben ihnen ein eigenartiges Aussehen, das durch die Bevölkerung nur noch eigener wird. Wir passirten Ortschaften, in denen gerade Markt abgehalten wurde. Hunderte von Wilden grimmelten auf dem Platze, vergebens spähte man nach einer europäischen Tracht. Vorwiegend war die Gewandung blau, aber auch braune Kameelhaarkittel kamen vor, und die Vornehmeren trugen schwarze Kaftans über den farbig gestreiften Untergewändern aus Seide. Weiße Turbane sah man zumeist, dann auch rothe Fez und die bräunlichen Filzkappen der Fellachen. Etliche hatten nur eine Art von weißer, runder Nachtmütze auf. Immer ägyptischer wurden die Wohnplätze, je weiter wir mit dem Schnellzuge südwärts eilten, und ununterbrochen hatte das Auge Beschäftigung. Selbst die Kanalgräben am Bahndamm boten Unterhaltung. Reizende kiebitzartige Vögel tänzelten am Ufer, weiße Kuhreiher strolchten durch den Klee,

und wenn es einem Büffel zu heiß geworden war, kroch er
in den Graben und spielte auf eigene Faust ein bischen Nil-
pferd. Nur der vierkantige Kopf lugte aus dem trüben
Wasser hervor. Wenn er das Jahrtausende fortsetzt, wird
er zuletzt ein Flußochse nach Darwin.

Lotosblumen, die man so häufig in Gedichten findet,
kamen uns nicht zu Gesicht, dagegen Binsen und Schilf und
dazwischen richtige Bumskolben, wie sie in der Havel nicht
schlechter gedeihen. Deshalb hätte man nicht nöthig gehabt,
herzureisen.

Wunderbar berührte dagegen der Anblick, als der Zug
auf einer langen Eisenbrücke den Nilarm von Rosette über-
schritt. Nun sahen wir zum ersten Male den uralt heiligen
Strom. Sonnenlicht flimmerte auf der blauen Fluth, die sich
wie ein See ausbreitete, und in dem glimmernden Lichte
schwankten die Masten und Segel der Barken und am Ufer
die Wedel vereinzelter Palmen. Bis ferne hin erstreckte sich
das Flachland, angethan mit dem Schmucke sprießenden
Pflanzenlebens. Das war das Delta in seiner Schönheit.

Mister Pott theilte ganz meine Meinung, als ich sagte
„der Nil hat doch so seine Reize", fand aber die Hitze belästigend und den Staub und die Fliegen. Obgleich die
Eisenbahnwagen ein doppeltes Dach haben, um den Sonnen-
brand abzuhalten, und er die Fenster, sorgsam berechnend,
gegen Sonne und Staub verschloß und verhängte, konnte man
doch nicht hindern, daß mit der Aussicht auch Wärme, Fliegen
und Staub in das Kupeh drangen. Mr. Pott behauptete,
die Fliegen seien noch Reste von den sieben Plagen, die Moses
gegen Pharao anwandte, als dieser die Juden mit Intoleranz
bewirthete, der Staub wäre die achte gewesen, die habe er
wohl nur vergessen, aufzunotiren. „Ich gebe Ihnen Beifall,
Mister Pott," sprach ich, „diese Insekten sind eine plaghafte
Zugabe, soviel Fliegenpapier, um die zu vergiften, giebt es
nicht auf der ganzen Welt. Und schlägt man mit dem Taschentuch nach ihnen, wedelt man blos den Staub auf. Hoffentlich
sind wir bald in Kairo. Karl, wie lange fahren wir noch?"
Mein Karl sah nach der Uhr. — „Nun?" — „Sie steht,"
sagte er betroffen. „Du hast sie wohl eine Minute zu wenig
gedreht?" — „Aufgewunden ist sie!" Zum Glück hatte er die
Anleitung zur Behandlung der Uhr in der Westentasche und

brachte sie durch Hinundherwiegen in Gang, nachdem er sie
nach Mr. Potts Chronometer gestellt hatte. In mir dämmerte
jedoch die Besorgniß auf, daß sie durch unberechtigte Arbeits-
umstellung Verlegenheiten herbeiführen könne, da richtige
Zeit auf Reisen ebenso nothwendig ist, wie richtiges Geld.
Auch mein Karl schien mißtrauisch, denn er betrachtete von
nun an öfter die Uhr, als die Gegend. Als die Station Benha
erreicht war, sagte Mr. Pott, daß es hier die vorzüglichsten
Mandarinen gäbe, wie er in seinem Reisebuch gelesen, und
wir erstanden denn auch von diesen stark nach Pommeranzen
duftenden Apfelsinen, deren Schale locker sitzt, wie zu weit
gewordenes Fell, und deren kernloses Fleisch zuckersüß ist.
Massenhaft schleppten Wilde die gelbrothe, zum Zuschanden-
essen billige Frucht herbei. Der Handel ging sehr einfach
vor sich. Wir hielten ihnen einen halben Piaster vor die
Augen, und sie hielten uns eine Handvoll Apfelsinen hin, der
eine drei, der andere vier, der dritte fünf, wie bei einer Sub-
mission. Wer am reichlichsten gab, bekam den Nickel. Das
war das ganze Arabisch.

Wir erquickten uns im Kupeh an den Mandarinen, und
die Fliegen sogen mit an dem Safte.

Während die nähere Gegend in gleicher Weise beiblieb,
änderte sich die Ferne. Zwischen das Grün der Felder und
das Blau des Himmels schoben sich sandgelbe, ansteigende
Flächen, wie lange schmale Keile, sowohl auf der rechten, wie
auf der linken Seite, und dahinter wurden Höhenzüge sichtbar. Ich befragte den Bädeker nach dieser Naturerschei-
nung. „Karl,“ rief ich, „das ist Wüste, das gelbe im Sonnenschein Leuchtende.“ — „Jawohl,“ sagte Mister Pott, „und rechts
ist das arabische, links das libysche Gebirge. Fünf Minuten
hinter der Station Tuch sollen die Pyramiden erkenntlich werden.“ — „Wo ist Tuch? Karl, steck die Waterbury ein und
gieb auf Tuch acht.“ — Endlich kam der Ort; am Bahnhof
stand der Flieder bereits in voller Blüthe. Dies war herzig,
aber die Erwartung der kommenden Dinge spannte zu sehr,
als daß wir unserer Lieblingsblume volle Aufmerksamkeit
widmen konnten. „Nun, mein Karl, sieh auf die Uhr, wenn
die fünf Minuten um sind, öffnen wir Gardinen und Fenster.“

- „Sie streikt. Ich fürchte, sie kann das Eisenbahnfahren
nicht vertragen,“ antwortete er kleinmüthig. — Ich also

heran an das fenster: offen gemacht, Staub geschluckt und
von der Sonne angeglüht. Noch war nichts zu sehen. Aber
da, über einem Palmenwäldchen hinweg, erschienen, seltsamer
und befremdlicher, als Alles, was wir bisher erlebt, wie aus
bläulichem Dunst gebildet, spitze Dreiecke am Horizont. Ich
holte tief Athem, dann rief ich: „Karl, nun geht die Zauber-
flöte los. Da sind sie."

Es waren wirklich die Pyramiden, die immer deutlicher
hervortraten. Wie oft hat man sie abgebildet gesehen, wie
viel von ihnen gehört. Hätte man aber je für möglich gehalten, daß Menschenhände Berge aufrichteten? Ihr Anblick
ist der erste Gruß von Alt-Aegypten, das vor tausenden von
Jahren das Weltgespräch des Erdkreises bildete, als Berlin
noch nicht einmal fischerdorf war. Von den sieben Wundern
der Welt sind nur sie allein übrig geblieben, und schon aus
der ferne zwingen sie noch heute zu Staunen.

Mit jedem Kilometer näherten wir uns einer großen
Stadt. Das merkte man an den Landhäusern und Gärten,
an dem lebhafteren Verkehr auf den Wegen. Mister Pott
ordnete sein Handgepäck und wir folgten seinem Beispiele;
nach der alten quatschen Uhr konnten wir uns nicht richten.
Es dauerte auch nicht lange und wir fuhren in den Bahnhof
ein. Ein Blick aus dem fenster zeigte mir schaudernd den
ganzen Perron voll von Wilden, die enterten den Zug, als
wären wieder Ereignisse ausgebrochen. „Karl," schrie ich,
„vertheidige das Gepäck bis auf den letzten Athemzug; ich
wehre mich mit Kratzen!"

Dies war die Ankunft in Kairo.

Kairo, die Wüstenstadt.

Ein altes, gutes Sprichwort sagt, es wird nichts so heiß gegessen, wie es gekocht wird. Das bewahrheitete sich auch diesmal, denn das Beängstigende der Wilden ist mehr äußerlich; inwendig sind sie wie die Lämmer. Wir stellen uns im Allgemeinen das böse Prinzip, wie Gebildete es nennen, schwärzlich vor, und mit unheimlich viel Weiß in den Augen, daß man die Hölle für losgelassen erachtete, wie die Wilden in die Kupehs eindrangen und nach dem Gepäck angelten. Als jedoch der Kommissionär vom Nil-Hotel auf unser Winken antrat, muckten sie nicht mehr, sondern ließen sich ruhig mit den Sachen beladen, und parirten, als er ihnen etliche Püffe versetzte, wogegen das böse Prinzip stets auf- begehrt. Bei uns erscheint Mancher weiß und friedsam wie ein Engelchen aus der Porzellanfabrik, sitzt aber voller Bosheit und zwickt mit unsichtbaren Zangen, was viel sata- nischer ist, als blos so aussehen. Ich will in meiner Bekannt- schaft nicht umherblicken, da man doch unverstanden bleibt, namentlich wenn eine so übelnehmerisch ist, wie die Krausen.

Leider mußten wir uns von Mister Pott trennen, der Schepheard's Hotel erwählt hatte, während unser Omnibus eine andere Richtung einschlug.

Alexandrien mit seiner gemischten Bevölkerung war nur ein Vorspiel von Kairo gewesen, das ergab sich schon bei

dieser Einfahrt in die Stadt. Das wimmelnde Leben auf den
Straßen war wie ein immerwährendes Kaleidoskop, ganz
neue Sorten von Menschen kamen zum Vorschein, als wenn
bei jedem Gäßchen, bei jeder Biegung umgedreht würde.
Und nun die Häuser erst. Nicht immer halten sie Flucht.
In manchen Straßen treten sie mit Winkeln und Ecken vor,
und zierlich vergitterte Fenster geben ihnen das Aussehen
von Privatgefängnissen. Stattliche Gebäude neben im Zerfall
begriffenen, offene Läden, Kaffees, Butiken der Handwerker,
Garküchen und Barbierstuben mit Leuten darinnen und Leuten
davor, ziehen sich an beiden Seiten des ungepflasterten Fahr-
dammes und der theils mit Steinplatten belegten, theils nur
andeutungsweise gepflasterten Bürgersteige hin. Zuweilen
unterbricht eine Gartenmauer die Geschäftslokale, oder eine
Moschee erhebt sich dazwischen, von denen, wie mir später gesagt
wurde, Kairo gegen vierhundert aufweisen kann. Nach-
gezählt habe ich nicht! Ein Schock mehr oder weniger ist bei
ihrer Reichlichkeit auch egal. Auf dem Fahrdamm kamen
uns Fuhrwerke entgegen, Eselreiter, beladene Kameele: ein
unaufhörlicher Zug von abenteuerlich gekleideten Menschen
und von Thieren. Schließlich gelangten wir an einen freien Platz
mit Droschkenstation — die Kutscher natürlich alle Wilde —
und bogen in eine Straße ein, wo das Gewühl sich besorgniß-
erregend verdickte. Nach einigen Minuten hielten wir. Vom
Hotel sahen wir nur das Schild über dem Eingang einer
ganz schmalen Gasse, die schräg hinunter ging. „Na nu,"
fragte ich, „wo verirren sich die Fremden hier?" — „Bitte,
gerade aus und dann rechts um die Ecke," antwortete ein
Herr mit einer Goldbortmütze auf, der Portier vom Hotel.
Mein Karl gab ihm die Depesche, die uns das Zimmer zu-
sicherte; er sagte, Alles sei in Ordnung, und wir folgten
ihm. Am Ende der Straße wandten wir uns rechts, schritten
durch einen Thorweg in dem Gemäuer, und dort stand das
Hotel, ein solides, mehrstöckiges Steinhaus, an das sich ein
Garten schließt, der ringsum von einem einstöckigen Pavillon
umgeben wird, in dessen Zimmern es sich malerisch wohnt,
weil die Gallerie des ersten Stockes und die hinaufführenden
Treppen mit Rosen berankt sind, und der vorzüglich gepflegte
Garten herrliche Palmen, Sykomoren, Bananen und andere
südländische Bäume und Sträucher enthält. Wie eine Oase

liegen Hotel und Garten in der geräuschvollen Stadt; abgeschlossen von dem Menschenlärm, empfindet man hier die Wohlthat der Ruhe und der Zurückgezogenheit. Das entschädigt dann für die Unannehmlichkeit, daß kein Wagen direkt vorfahren kann, sondern im Radau der Hauptstraße halten muß, wo die Wilden, welche, wie gewöhnlich, gerade nichts zu thun haben, sich anschmeißen, als wären sie Verwandte oder mindestens drängelberechtigte Bekannte. Neugierig sind sie, davon ist das Ende weg.

Unser Zimmer lag nach Norden und hatte Aussicht auf eine herrliche Dattelpalme im Hofe des Nebenhauses, sowie auf platte Dächer, die als Bleiche benutzt wurden. „Karl," sagte ich, „dies Kairo ist wunderbar, ein solches Wäschetrockenwetter kann man lange suchen. Keine Wolke am Himmel, nur große Stoßvögel schweben hoch in der Luft, und Schwärme von Tauben ziehen weite Kreise. Wenn blos die Fliegen nicht wären."

Wenn mein Karl auch meinte, die Fliegen müßten als Landessitte hingenommen werden, so ergrimmte er beim Frühstück unten in dem großen Speisesaal doch allmälig über ihre Zudringlichkeit. Der Kellner brachte zwei Wedel aus Palmenblättern, womit wir unsere Mahlzeit erkämpften. Die übrigen Gäste waren mit der Beköstigung bereits durch und saßen im Garten, den auch wir dann aufsuchten. Ein indischer Mann hatte seine Waaren auf einem Tische ausgebreitet, allerlei Gesticktes und Geschnitztes, Metallsachen und Tand, weniger zum Gebrauchen als zum Verschenken mitzunehmen. In dem Lesekiosk lagen alle möglichen Zeitungen aus, ein Pianino für allgemeine Benutzung fehlte nicht, und die warmen und kalten Bäder gab es gleich rechts in dem Badehause hinter dem Bambusgebüsch. Genug, es war anheimelnd.

Nach meiner Ansicht konnte nach der heißen Fahrt eine Mittagspause mit gesenkten Augenlidern nicht schaden, damit wir zum Besichtigen der Straßen und dem Besuch des Esbekiyegartens und der ägyptischen Militärmusik Kräfte sammelten. Karl, der sich anfangs weigerte, wurde einfach überstimmt.

Ohne die Mesquitonetze wäre an Ruhe nicht zu denken

gewesen, die Fliegen blieben wenigstens draußen vor; eine
Mücke dagegen, die sich eingeschlichen hatte, weckte mich aus
dem Schlummer. Das Resultat war eine dicke Beule mitten
auf der Stirn. Danke!

Bevor wir gingen, schellte ich elektrisch, die Wäsche auf-
zugeben. Das Zimmermädchen, welches kam, war jedoch ein
Brauner in langem weißen Gewande, wie ein angebrannter
Konditor. „Verstehen Sie deutsch?" fragte ich. „La!" sagte
er. — „Karl, ergründe was dies bedeutet." — Er sah im
Buche nach. „La heißt nein." — Also nicht. „Na, mein
Muffi," sagte ich darauf, „dann nimm mal die Wäsche und
bringe sie zur Waschfrau. Hier ist der Zettel, es sind achtzehn
Stück." — Der Wilde packte das Zeug zusammen, nahm den
Zettel und verschwand. „Ob wir es wohl je im Leben
wieder sehen werden?" fragte ich. „Abwarten," sagte mein
Karl. „Jetzt gehen wir in die Stadt." — Als wir durch das
Thor in die enge Straße traten, versperrten Eseltreiber uns
den Weg. „Herr Baron, reiten?" riefen sie. „Guter Esel,
Herr Baron. Madame, Berliner Esel." — Ich werde mich
doch nicht zum Narren machen, und am helllichten Tage auf
einen Esel klimmen," wies ich ab. „La" und nochmal „la."
„Komm Karl, wir gehen." — Nur mit Mühe besiegte unsere
Unerschütterlichkeit die Jungens mit ihren Grauthieren. Kaum
waren wir jedoch in der Hauptstraße, als ein neuer Trupp
Eseltreiber uns Reitgelegenheit verzapfen wollte. Arabisch
war nicht genügend zum Verscheuchen auf der Walze, ich
versuchte es daher mit Abwinken; je eifriger ich aber winkte,
um so mehr Eseltreiber eilten herbei, und um so aufdringlicher
wurden sie. Das war mir unerklärlich, als sie doch sonst auf
Zeichensprache geaicht sind, wie eben noch unser Zimmer-
wilder bewiesen hatte. „Ya Chawage, Chumar! — Chumar
ya sitti!" schrien sie „ya Chawage Esel," bis sie einsahen, daß
unsere Trommelfelle für ihr Geblöke Härtlinge waren. —
„Die Treiber beim Hotel sprachen leidlich Deutsch," sagte ich.
„Diese können noch einen Privatdozenten brauchen. Uebrigens
scheint mir, als wenn „ya Chawage", soviel wie Baron heißt
und, Chumar Esel. „Schlage mal nach, was sie mit „ya sitti"
meinen?" — „Er blätterte nach. „Sitti", ist Sechs." — „Das
hat hier keinen Sinn." — Halt, Sitti bedeutet auch Frau und
Großmutter und da steht ya sitti Madame. Wahrscheinlich

haben sie statt der bösen Sieben eine böse Sechs." — Karl, laß das Sprachforschen, es mißräth Dir."

.Die Straße, in welche die Hotel-Nebenstraße ausmündet, ist die berühmte Muski, ebenso lang wie die Leipzigerstraße, und Hauptgeschäftsgegend, nur viel, viel schmaler. Die Läden sind an dem unteren Ende europäischer Art, große Kleidermagazine, Weißwaaren- und Modelager, Tabakshandlungen erdrücken die kleineren Auslagen der Orientalen. Wo aber nur ein Plätzchen auszuspüren war, hat sich ein Handelsmann nieder- gelassen und, sei es, daß er in einem Kellerfenster kauert, seinen Waarenkasten vor sich in Bürgersteighöhe. Früher soll die Muski mit Matten und Brettern gegen Sommerbeschwer überdacht gewesen sein. Seitdem die Franken sich ansiedelten — wie alle Europäer von den Eingeborenen genannt werden — ist die Straße jedoch verparisert, so weit dies in Kairo möglich. Die Ueberdachung mußte fallen, als die Feuerver- sicherung eingeführt wurde, denn da brannte es flott. Mit ihr verlor die Muski das urthümliche Gepräge und wurde nach und nach modern auffrisirt. Sollten die Wilden genau zu ihr passen, müßten sie in Vatermördern und Lackstiefeln gehen, womit insofern der Anfang gemacht worden ist, als Stiefeletten mit Gummizügen und herausstehenden Strippen sehr beliebt sind, wenn nicht barfuß vorgezogen wird. Die ganz echt Kostümirten tragen Fußzeug von rothem oder gelbem Leder, und dick gewundene Turbane aus weißem Musslin, oder gold- und silberdurchwirktem Seidenstoff. Aermere be- gnügen sich mit rothbaumwollenen Taschentüchern, die sie turbanartig über den Schädel knoten. Beamte und kultur- beflissene Aegypter sieht man in der türkischen Ziviluniform, in schwarzem Anzuge, den Gehrock mit einer Reihe Knöpfen und kleinem Stehkragen, auf dem Kopf den rothen Fez mit schwarzer Seidenpuschel. Das „z" wird jedoch in Fez und anderen dortigen Ausdrücken wie ein weiches „s" aus- gesprochen, obgleich wir in der Schule z. B. Zanzibar lernten und nicht Sansibar, wie es richtig nach denen lautet, die da waren. Leider wird man beim Ablegen von Schulirrthümern allzuleicht rückfällig; oft mußte ich meinen Mann mahnen, wogegen er behauptete, mein „z" wäre schon mehr tz. Um der Nörgelei ein Ende zu machen, nannten wir den Fez nach Landessitte Tarbusch. Wir kauften vier davon, für meinen

Karl, Onkel fritz, Herrn Schmidt und den Doktor, zum Prunk
am Skattisch im Winter. Sechs franken das Stück wurden
verlangt, zwei geboten und drei gegeben. Unterstützung fand
der Handel von einem guten halben Dutzend Neugieriger, die
sich unverfroren in das gebrochen englische Gespräch ein-
mischten. Was sie brabbelten blieb uns natürlich unverständ-
lich. Originell sind die Bügelöfen, auf denen alte Tarbusche
neu gepreßt werden — kohlengeheizte Messingformen mit
einer Stülpe darüber. — Aus einer der vielen Apotheken, die
ein deutsches Schild hatte, nahmen wir Salmiakgeist gegen
Mückenstiche mit. Meine Beule vor der Stirn prickelte immer
noch.

Mittelst Kompaß, Stadtplan im Bädeker und seinem an-
geborenen Scharfsinn, stöberte mein Karl den Esbekiye-Platz
auf, obgleich es schwer hält, ihm das platzartige auf den
ersten Blick anzumerken, weil der mittlere, größte Theil von
einem Ueberblickshinderniß bedeckt wird, von dem Park
nämlich. In ähnlicher Weise wächst in Berlin der Königs-
platz allmälig zu; in wenig Jahren werden sie dort Hirsche
aussetzen können, die dann um den Siegesspargel Karoussel
rennen. Die Parkanlagen sind mit einem hohen Gitter ein-
gefriedigt und für fuhrwerke unzugänglich. Wer geradeaus
über den etwa zwei Morgen großen Platz will, muß zu
Wagen immer einen Bogen machen, zu fuß jedoch eine
kleine Durchgangssteuer zahlen, wenn er Eile hat. So wird
die schönste Anlage zur Verkehrsstörung, wenn sie mitten im
Wege liegt.

Die bauliche Umgebung des Platzes ist eine hochelegante
im abendländischen Stil. Miethskasernen, französische Kaffees,
die Post, Spiegelscheibenläden, Konditoreien, Restaurants, das
Opernhaus, das Abends elektrisch beleuchtete New-Hotel,
welches ich zuerst für ein Elephantenhaus hielt, und weiterhin
Shepheard's-Hotel, machen einen europäisch-großstädt'ischen
Eindruck, und da sich an diesen Platz das franken viertel mit
seinen Gartenhäusern und Alleen anschließt, findet hier die
auffälligste Scheidung zwischen alt hergebrachter und neu
eingedrungener Bau- und Lebensweise statt. Wenn das so
fortfährt, wird das arabische Kairo einst gewesen sein und
ein anderes dastehen, eine Stadt nach dem Rezept unserer
Großstädte. Den Eingeborenen ist die Erhaltung des Alten

gleichgültig, ihnen flößt Alles, was von Paris kommt, Bewunderung ein; für sie ist das ganze Abendland Paris. Ohne Widerstand durch Ausbessern zu leisten, lassen sie sich ihre Häuser über dem Kopf zusammenfallen, wie wir noch an demselben Tage erfuhren.

Der Park selbst ist wunderhübsch angelegt und enthält die seltensten Bäume und Pflanzen des Orients, nur Rasen giebt es nicht. Die großen Flächen, welche bei uns das Auge durch saftiges Grün erquicken, sind dort mit einem rankigen Kräutlein bestellt, das in der Sommergluth, welche das Gras verdorrt, sich einigermaßen hält. Ueberall aber schimmert der schwarzbraune Boden durch den spillerigen Ersatz des Rasens hindurch. Wiesen und Grasweiden kennt man in Aegypten nicht.

Die Militärkapelle spielte wacker. Was meinem Karl auffiel, war, daß den Blasinstrumenten zwei Brummbässe hinzugefügt waren, und als eine arabische Nummer daran kam, sagte er: „Alte, tüchtige Musik." — Mir klang sie melodienlos. Alles durcheinander, wie Nudeln.

Viel Publikum war nicht vorhanden, die besten Sitze wurden von Kindermädchen und Ammen eingenommen, die, wie mir später erzählt wurde, über Triest eingeführt werden. Die Kinder spielten in den Wegen, rissen Zweige ab, schaukelten und gaben sich Mühe, in das Wasser des Teiches zu fallen, während die Mädchen mit Soldaten techtelmechtelten. Die Welt hat eben ihre ewigen Militärgesetze, einerlei, ob unter Palmen oder im Friedrichshain.

Der Esbekiye-Garten ist außer Kurs gesetzt, ebenso wie die früher beliebte Schubra-Allee, jetzt ist Gesihre der abendliche Sammelplatz der Gesellschaft. Das weiß man jedoch nicht am ersten Tage und richtet sich nach dem Reisehandbuch, welches den Aenderungen unmöglich so rasch folgen kann, wie sie dort vorgehen.

Als wir den Garten verlassen hatten, versahen wir uns im Wege, und einmal um einige Ecken falsch gegangen, waren wir fest gerannt. Mein Karl hätte mit dem Kompaß und Plan sich schon ausgekannt, aber die wenigsten Straßen haben Namen, und wenn schon, steht solche arabische, zerbrochene Kringelschrift an den Ecken, die weder Ein- noch Ausgeborene lesen können. Ja nicht einmal Hausnummern

sind vorhanden, so daß man sich nach Augenmaß zurecht finden muß. Was nun thun! Fragen? — Wen?

Zum Glück kamen Eseljungen. Wir nahmen ihr Gebot
an, erst half mein Karl mir auf das Thier hinauf, dann
schwang er sich selbst in den Sattel und sagte: „Hotel du Nil."
— „Eiwa," antworteten die Jungens, zwei braune, niedliche
Kerlchen, barbeinig in blauem Hemde, und „yalla, yalla",
klabasterten die Esel los. Da der Sattel vorn mit einem
großen, runden Lederhöcker versehen ist, kann man sich
bequem und sicher festhalten, ohne Vornüberschießen zu be-
fürchten, wenn das Thier bockt. Die Jungens liefen im
Galopp hinterdrein und redeten dem Grauchen fortwährend
zu; versuchte es, langsamer zu gehen, so bekam es einen mit
dem Stock übergezogen.

So ritten wir in die Muski hinein, mitten in das Gewühl, daß ich mir selbst wie eine Wilde vorkam. Wie sich
doch Ansichten ändern. Vor wenigen Stunden wäre ich nicht
für Geld auf einen Esel gegangen, jetzt nahm ich mir vor,
mich den netten Thieren öfter anzuvertrauen. Sie sind ja
auch ganz anders, als die, welche wir kennen: groß, hellgrau,
flink und klug, und dabei fest und achtsam im Tritt. Vor
dem Hotel angelangt, zahlte mein Karl anständig. Trotzdem
verlangten die Treiber Backschisch. Mein Karl opferte einige
Münzen, und wieder begehrten sie Backschisch. Schier uner-
sättlich. „Karl," sagte ich, „gieb ihnen noch ein leichtes
Sommertrinkgeld und damit Amen."

Im Hotel machte man uns den Vorschlag, das platte
Dach zu besteigen, um den Sonnenuntergang zu genießen.
Wir bereuten die Treppen nicht, denn oben angelangt, bot
sich uns Unerwartetes. Da lag ein gelb-graues Häusermeer zu unseren Füßen, und zahlreiche Minarehs, Palmen-
wipfel und Kuppeln erglühten im Lichte der sinkenden Sonne.
Wie in Feuer getaucht erhob sich die Alabaster-Moschee
Mohammed Alis neben der Zitadelle auf dem Rande des
Mokattam-Gebirges. Deutlich erkannte man, wie die Wüste
unmittelbar an die Stadt heranreicht; brauner, stiller Schatten
begann sie einzuhüllen. Im Westen aber, von flammendem
Abendgold umflossen, jenseits des blauen Nilarmes und der
graudämmernden Ufer, standen die Pyramiden in violettem
Nebelgewande.

Das war unsagbar!

Wortlos betrachteten wir die Natur. Welcher Maler wäre im Stande, diese Wirklichkeit auch nur anzudeuten? Höchstens der Erinnerung nachhelfen könnte das Gemälde. Wie groß das Alles war, so weit, so unbegrenzt. Störend wirkte nur ein Gekreisch, das in regelmäßigen Zwischenzeiten aus der Nähe von unten heraufscholl, wie unartige Kinder, wenn sie geklappst und in die Ecke gestellt, sich für die nicht mehr wehthuenden Schmerzen durch ruckweises Heulen rächen. Ein Photograph hingegen, der mit seiner Maschine auf der anderen Seite des Daches herummurkste verdroß uns weiter nicht; man vermißt ja nachgerade etwas, wenn bei Festlichkeiten keiner dabei ist.

Die Sonne ging unter. Die Stadt und die Ferne dunkelten ein. Der Himmel leuchtete bis zur Mitte hinauf im Abendroth, das über der Wüste purpurn aufquoll. Nun klang auch ein seltsames Mißgetön durch die oberen Lüfte.

„Was mag das sein?" fragte ich.

Der Photograph, der seinen zweiäugigen Kasten zusammengeklappt hatte, mochte wohl meinen Wissensdrang vernommen haben und antwortete: „Die Muezzin rufen von den Minarehs die Stunde des Gebetes. Liegt nicht eine ungemeine Feierlichkeit in dem Gesange?" — „Wenn Sie das Singen nennen, finde ich es auch feierlich," erwiderte ich. — „Man muß sich allerdings erst hineinhören," sprach er, „Sie sind gewiß erst angekommen?" — „Heut Mittag," bestätigte mein Karl. Wir machten hierauf Namen-Bekanntschaft, wobei sich ergab, daß er Zwilchhammer hieß und mit der Absicht nach Aegypten gereist war, Aufnahmen in einer selbsterfundenen neuen Manier zu machen, da Afrika der Welttheil sei, auf den sich das allgemeine Interesse konzentrire. Ich fragte ihn, ob er auch wüßte, was das Gejammer dort unten zu bedeuten habe. — „Gewiß, das sind Klageweiber, die zur Ehre eines Todten die Familientrauer erhöhen." — „Die Möglichkeit," rief ich. „Ich habe Klageweiber immer für fabelhafte Mittheilungen gehalten, und nun giebt es doch welche. Herr Zwilchhammer, der Orient bietet fast zu viel auf einmal. Geht es Ihnen auch so?" — „Ich glaubte ihn aus Büchern und bildlichen Darstellungen zu kennen," antwortete er, „aber so fleißig ich studirt hatte, fand ich doch,

daß die Vorstellungen in den seltensten fällen stimmten, nicht
ausschließlich in landschaftlicher Beziehung, o nein, sondern
namentlich in Bezug auf das Leben des Volkes. Wir können
das bezahlte Weinen und Schluchzen der Weiber bei Kaffee
und Zigaretten nicht mit unseren Begriffen von Trauer ver-
einigen, hier aber ist diese Sitte so alt, wie das Land. Die
Unglücklichen, denen das Klagen gilt, kamen vor acht Tagen
bei dem Einsturz des Hauses um, in dem sie wohnten und
dessen Trümmer Sie jenseits des Gartens von hier sehen. Kein
Mensch wäre bei uns in die baufällige Baracke gezogen, die
Polizei hätte es nicht gestattet. Hier aber denkt man: wenn
Allah will, bleibt das Haus stehen, wenn er anders be-
schlossen, entgehen wir dem Schicksal doch nicht. Derselben
Meinung war der Eigenthümer, dem es nie in den Sinn
kam, die geringste Reparatur vornehmen zu lassen." —
"Hoffentlich wird der Hausbesitzer zur Verantwortung gezogen," entrüstete sich mein Karl. — "Schwerlich, denn es ist
der Mufti, der Oberste der Rechtsgelehrten. Ihm die geringste
Schuld der Vernachläßigung beizumessen, hieße, sich gegen
Allahs Rathschluß empören, und das wäre schwere Sünde."
— "Für die Unfallversicherung sind sie hier noch nicht reif,"
sagte mein Karl. — "Eine haushälterische Religion," fügte ich
hinzu. "Der Mohammedaner sagt: was purzeln soll, das
purzelt doch, und spart die Handwerker."

　　Wir verließen das aussichtsvolle Dach, um uns für die
Table d'hote zu säubern, da die Hauptmahlzeit überall im
Orient nach Sonnenuntergang stattfindet, gewöhnlich zwischen
sieben und acht Uhr. In dem großen Speisesaal waren
etwa hundert Personen, die theils von Kellnern im Frack,
theils von Wilden in Taillenhemden bedient wurden: Deutsche,
Engländer, Franzosen und was sonst vom babylonischen
Thurme stammt. Uns waren Plätze, Herrn Zwilchhammer
gegenüber, angewiesen, und so entspann sich ein auf-
munterndes Tischgespräch von selbst. Herr Zwilchhammer
besserte bereitwilligst unseren Plan für den nächsten Tag
aus, und gab gierig aufgesogene Rathschläge. Als ich mich
über die Zudringlichkeit der Eseltreiber beklagte, daß, je mehr
ich abgewunken, sie um so dollerer herangetrabt wären,
lachte er, und nahm die Horde in Schutz. "Der Orientale
ist andershändig, als wir," erklärte er. "Wir schreiben von

links nach rechts, er schreibt von rechts nach links, indem er das Papier in die linke Hand nimmt und den Zeigefinger als Halt unter die Stelle legt, welche er beschreibt. Auf diese Weise bedarf er keines Tisches, und da er das Papier nach rechts aus der Hand nach vorwärts schiebt, sobald er ein Wort vollendet, wischt er das Geschriebene nicht aus. Sie werden das oft beobachten, im Bazar und bei den öffentlichen Briefschreibern. Die Thürschlösser werden ebenfalls durch Linksherumdrehen des Schlüssels geöffnet, und die Handbewegung, welche bei uns als Abwinken gebräuchlich ist, gilt ihm als Aufforderung zur Annäherung." — „Was thut man denn, um sie los zu werden, wenn sie sich klettenhaft betragen?" — „Ein bestimmt ausgesprochenes ‚ruch‘, das heißt: ‚gehe‘, oder ‚imschi‘, das heißt: ‚packe dich‘, genügt meistens." — „Das ist behältlich," rief ich, „also Karl, merke Dir ‚ruch‘ und ‚imschi‘." — „Im äußersten Nothfalle hilft eine Drohung mit dem Stocke." — „Begehren sie dann nicht auf?" — „Nein, vor Schlägen haben sie Furcht." — „Die Menschenrechte scheinen mir hier noch ziemlich schief gewickelt," bemerkte ich. „Tippt man bei uns ein Dienstmädchen blos mit dem Wort an: gleich geht sie hin und klagt, und man steht zu Protokoll. Es fehlt nur, daß sie hauen darf, um den Unterschied zwischen Herrschaft und Gesinde wieder herzustellen. Und Lohn verlangen sie, als wäre das Großgeld Kleingeld. Fast hätte ich Lust, einen Wilden mitzunehmen, das richtige Winken wollte ich ihm schon beibringen."

So unterhielten wir uns umschichtig wissenschaftlich, was Herr Zwilchhammer verstand, und praktisch, was mehr meine Seite war, während mein Karl seine Aufmerksamkeit halbschichtig unserem Gespräche und dem Essen widmete, das in denselben Table d'hote-Töpfen gekocht worden war, wie überall. Einen Gemüsegang, ganz jungen Kürbis, in Butterbrühe geschmort, aß ich als echt orientalisch mit Sorgfalt. Es schmeckte mollig, doch hätte eine Idee Muskatnuß nicht schaden können.

Nach Tisch fand allgemeiner Aufbruch in den Garten statt. Die Luft war handwarm, kein Blatt regte sich an den Bäumen, und nach des Tages Anstrengungen saß man dort in angenehmster Beschaulichkeit. „Dem Orientalen," sagte

4*

Herr Zwilchhammer, „geht nichts über Stunden behaglichen
Nichtsthuns, der gleichzeitigen Ruhe des Körpers und des
Geistes, und der fremde thut weise, wenn er ihm darin folgt,
und sich dann und wann seinen Keef gönnt." — „Keef?
Was ist das?" — „Eben dieser Zustand heiterer Ruhe." —
„Karl," sagte ich, „Keef kannst Du Dir auch merken; man
muß von jeder Nation das Beste nehmen." — Herr Zwilchhammer verabschiedete sich, um Vorbereitungen für seine
morgigen Aufnahmen zu treffen, und wir saßen noch eine Weile.
Da die Zeitungen im Lesepavillon eine Woche alt waren,
verschoben wir ihre Durchsicht bis auf den nächsten Tag.
Sie liefen ja nicht weg. Mit einem gelinden „ruch" trieb ich
meinen Karl ins Bett.

Die Nacht war eine geruhsame, bis auf die Mücken, die
diesmal meinen Mann geschröpft hatten, weil wahrscheinlich das Mosquitonetz nicht dicht geschlossen gewesen
war. Die Mücken und die fliegen leben in gemeinsamem
Bündniß miteinander. Des Nachts nämlich beißen die
Mücken, und am nächsten Morgen kommen die fliegen nachsehen, ob es auch ordentlich geschwollen ist. Auf meiner
Briesche vor der Stirn hielten sie peinliche Untersuchungen ab.
Nun, man nahm die Plackereien mit in den Kauf, ent-
schädigte doch so viel fremdweltliches für die Uebelstände,
welche durch Schelten nicht aus der Welt gebracht werden.
Ein Schritt hinaus in das Straßengewühl, und alles Un-
gemach war vergessen, denn immer wieder brauste Leben des
Südens auf uns ein. Wir gingen die Muski hinauf, und
bogen dann rechts in die engen Marktstraßen ein, welche
Bazare genannt werden.

Wer unter orientalischen Bazaren marmorne Pracht-
häuser mit Mosaikwänden und sonstigen feenhaften Zuthaten
vermuthet, der irrt sich gewaltig. Erstens sind die Gassen
nur ausnahmsweise so breit, daß ein Wagen hindurch
fahren kann, und zweitens ist Pflasterung nicht vorhanden.
Bald ist der Erdboden hart, bald sandweich, je nach seiner
Beschaffenheit, und wo gerade Nassigkeiten hingegossen
wurden, da ist er glibberig; Abfall aller Art wird zum
beliebigen festtreten hingeworfen. Die Läden sind kleine
Kabusen, nach der Straßenseite völlig offen, mit einem fußboden in Sitzhöhe, worauf Teppiche liegen, auf denen der

Kaufmann sich in ältester Weise niederläßt, nämlich vor der
Erfindung des Stuhles. Seine Wasserpfeife rauchend, wartet
er, ob Allah ihm Kunden senden wird oder nicht. Der
Waarenvorrath befindet sich im Hintergrunde des Ladens
aufgestapelt, die Schaustücke hängen an den Seiten, auf
Stricken oberhalb des Ausbaues, und wie sie sonst augenfällig
angebracht werden können, wodurch eine Bazarstraße bunt
und mannigfach aussieht. Mit einem Dutzend baumwollener
Taschentücher in Roth, Gelb und Grün macht ein Klein-
händler solchen Farbenspektakel, daß man Wunder meint, was
sich thut. Kommt nun ein Kunde, so wird dieser höflich zum
Hinsetzen eingeladen, und das Gehandele beginnt. Aus dem
dunkeln Grunde seines Ladens langt der Kaufmann immer
neue Waaren hervor, wie aus einem Koffer mit doppeltem
Boden, bis ein Stück gefällt. Zur Belebung des Geschäfts
läßt er aus einer der vielen Kaffeeküchen zwei Schälchen
Kaffee holen; das ist so Sitte. Jede Straße bildet den
Markt für einen besonderen Handelsartikel. Die Seiden- und
Kattunhändler, die Kleiderhändler, die Fruchthändler wohnen
einträchtig nebeneinander, und auch die Handwerker halten
zusammen, wie die Sattler, Pfeifenmacher, Blechschmiede,
Fahnennäher, Drechsler u. s. w. Der Bazar der Schuh-
macher ist noch in alter Manier mit einem Sonnendache versehen, ebenso der Bazar der Händler, welche Stickereien,
werthvolle Stoffe und Teppiche verkaufen.

Das Gedränge in diesen Straßen ist dasselbe wie auf
unseren Jahrmärkten zwischen den Budenreihen, nur mit dem
Unterschiede, daß noch Esel und Kameele die Passage ver-
kümmern. Und dennoch schubst Keiner den Anderen, man
macht sich gegenseitig Platz, so gut es geht. Die Führer
der Thiere rufen: „uah — uah!", nimm Dich in Acht, oder
auch: „riglak, riglak!", achte auf Deinen Fuß, womit sie vor-
warnen, daß man zur Seite treten soll. Dazu kommt das
Geschrei der fliegenden Händler, die mit Lebensmitteln hau-
siren, Brod, Früchten, Süßigkeiten, Wasser, Limonade und
erfrischenden Getränken. Die Limonadenverkäufer tragen einen
Krug mit langer Ausgußröhre und unterstützen ihr Anpreisen
durch das Zusammenklappern der messingenen Trinkschalen.
Die Wasserträger schleppen das Wasser in Lederschläuchen,
die, gefüllt, mit der haarigen Außenseite immer noch ver-

cathen, daß sie im lebenden Zustande Ziegen waren. Den
ununterbrochenen Lärm vermehren die Bettler, richtige Palten-
muffis, die sich hinstellen und singen. Blinde werden von
halbnackten Knaben geführt. Es giebt viele Blinde und
Augenkranke; man sieht sie oft.

Vom Morgen bis zum Abend wogt die Menschheit durch
die Bazare, welche von beiden Seiten in die Muski münden,
auf Schritt und Tritt bietet sich Neues dar, Neues an Gestalten, an Gruppen, an Baulichkeiten. Zwischen den Häusern
sind Moscheen gelegen, von außen gewöhnlich mit gelblichen
und röthlichen breiten Streifen angestrichen. Brunnen in
arabischem Stile mit trinkenden Menschen und Thieren, Ecken
und Winkel, vorspringende Erker, hellstes Sonnenlicht und
tiefste Schatten bitten förmlich, als wollten sie abgemalt
werden. An Hunden und Katzen ist kein Mangel. Allerdings wurden im Laufe des letzten Jahres auf Veranlassung
der Engländer nach und nach über fünftausend Straßenhunde
vergiftet, aber es sind ihrer noch ausreichend vorhanden.
Man hält sie für nützlich, da sie den Abfall verzehren, der
sonst die Straßen verpesten würde.

Von den Gassen führen Thorwege zu geräumigen Innen-
höfen, die als Waarenlager dienen und oft Hunderttausende
an Werth enthalten sollen. Sämmtliche Gewürze Indiens
sind dort aufgespeichert und erfüllen die Umgegend mit Wohlgeruch; Elfenbein, Seide und Teppiche liegen zu Hauf, und
was die Ballen und Kisten bergen, wer kann das errathen?

Wie bei uns auf Industrie-Ausstellungen dem Publikum
Gelegenheit geboten wird, die Fabrikation von verschiedenen
Artikeln zu beobachten, kann man auf den Bazaren der
Handwerker tagtäglich die Arbeit verfolgen. Die Drechsler,
welche, vor ihrer allereinfachsten Drehbank gekauert, das
Stemmeisen mit dem bloßen Fuße halten, sind nicht minder
anziehend, wie die Goldsticker, die köstliche Arbeiten auf
Sammet herstellen. Die Muster werden aus dickem Papier
ausgeschnitten, gelb gefärbt, und dann mit Goldfäden auf
dem Sammet übernäht, wodurch eine hocherhabene üppige
Stickerei entsteht. Die Kupferschmiede verzieren Messing-
schüsseln, Kannen und Teller mit reichen Mustern aus freier
Hand, nur vermittelst Meißel und Hammer. Knaben von
acht bis zehn Jahren sind bereits ebenso geschickt und fleißig,

wie Erwachsene; ja, ein Junge, der in Europa noch in jeder Beziehung bevormundet wird, steht bereits einem Laden vor und handelt wie ein Alter. Erstaunlich früh werden die Menschen dort reif.

Fortwährend bieten die Bazare Bilder aus dem Leben des Volkes, wir wurden nicht müde, sie zu durchstreifen, und erlebten die merkwürdigsten Dinge. Wenn ein Hochzeitszug sich durch die Menge zwängte, Musik voran, mit Flitter, Schellen und Teppichen behängte Kameele, die den Palankin trugen, in welchem die verschleierte Braut saß — halb noch ein Kind —, das Gefolge in festtäglichem Aufputz hinterdrein, dann fragte man sich, ob es möglich sei, den ununterbrochenen Karneval noch zu überbieten. Und es war möglich. Auch Leichenzüge kamen. Der mit rothen Stoffen verhüllten Bahre, auf der Schulter rüstiger Männer, schritten Fahnenträger vorauf, den Schluß bildeten dichtverschleierte Klageweiber. Die Menge wich dem Zuge aus und hinter ihm strömte sie wieder zusammen. Wie ein Spuk erschien und verschwand der Anblick.

Zur Stunde des Gebetes sieht man oft, wie der Kaufmann in seinem Laden sich erhebt, das Antlitz der Richtung nach Mekka zuwendet, und unbekümmert um Alles, was um ihn herum vorgeht, seine Sprüche murmelt, niederkniet, die Stirne auf den Boden drückt, sich wieder aufrichtet und alle vorgeschriebenen Stellungen durchmacht. In den Kaffeehäusern, in Flureingängen, an Straßenecken, wo es sich nur einigermaßen betet, verrichtet der fromme Moslim seine Andacht und Niemand findet es sonderbar. Dem Fremden aber kommt Alles seltsam vor, was ihm aufstößt. Und darum wird man der Stadt Kairo so leicht nicht überdrüssig; im Gegentheil, man hat sie mit jedem Tage gerner. An den stellenweise unvermeidlichen Malpropretismus darf man sich allerdings nicht stoßen: im Orient liegen nun einmal das Prachtvolle und Dreckige unmittelbar neben-, zwischen-, auf- und untereinander. Außerdem ist Reinlichkeit ja nur ein Begriff, und Begriffe sind verschieden.

Eine Landparthie nach den Pyramiden.

Wie die Thiere genauer gehen als Uhren. — Warum die Polizeileutnanten mit der Bronzezeit um sich warf. — Ein halber Meter Frühstück. — Unsere Gefährten. — Die Beduinen von Giseh. — Was die Pyramiden sind. — Die oder der Sphinx. — Das Gräberfeld. — Ein Blick in die Heimath. — Der Schech mit dem Prügel. — Auf und in der Pyramide. — Von lebensgefährlichen Freiheiten.

Zu einer reellen Landparthie gehören drei wesentliche Bestandtheile: die Gesellschaft, welche das Ganze unternimmt, die Essabilien, worauf man sich im Voraus freut, und der Kremser, der die Familienkreise sammt Verpflegung in die entferntere Umgebung befördert. Das klingt beinahe wie ein Rebus, aber eine Landparthie ist auch eine Art Orakel, da kein Mensch vorher weiß, wie sie ausfällt. Das heißt, wenn die Bergfelden mit macht, kann ich prophezeihen. Paßee, daß sie anfängt?

Kremser gab es nun in Kairo nicht, man mußte sich mit einzelnen Wagen behelfen; die Hauptsache war die Verabredung, spätestens zwischen neun und zehn Uhr Morgens bei den Pyramiden zu sein und die Abfahrt danach einzurichten. Die Empfehlungen von Alexandrien hatten uns zu Landsleuten geführt, die sich unserer in der reizendsten Weise annahmen. Man ist in der Wildfremde ja ziemlich verbiestert, und gar wohl thut es, vorsorglich mit gutem Rath und praktischer Anleitung gegängelt zu werden.

Meine einzige Sorge war das rechtzeitige Aufstehen, denn die Uhr war durch und durch boshaft geworden. Gerade wenn es sich um Genauigkeit handelte, schnappte sie ein, und

ging nicht weiter. Freilich hatten wir dem Zimmerwilden
Bescheid gesagt, aber so viel war mir vom Arabischen be-
wußt, daß es, nach dem Lernbuche gesprochen, gewöhnlich das
Verkehrte zu Wege bringt. Das Einzige, worauf ich mich
verließ, waren die Thiere.

Vor unserem Fenster nämlich in der Palme des Nachbar-
hofes nistete ein Stoßvogelpaar, das sich Junge zugelegt hatte,
die früh Morgens mit unlöschbarem Hunger aufwachten und
demgemäß nach Nahrung schrieen. „Karl," sagte ich, „wenn
man die Thiere nur einmal ordentlich satt machen könnte,
daß sie mit dem Schlung stille wären. Umgebracht dürfen
sie nicht werden, wie Herr Zwilchhammer sagt, da sie noch
von alten Zeiten her in heiligem Ansehen stehen. Frühere
Gebräuche haben allerdings etwas Ehrwürdiges, aber sie
müssen nicht belästigen." — „Die Thiere gehen genauer als
die Uhr," entgegnete er; „daß ich die Kartoffel auch mitnehmen
mußte." — „Es geschah wegen des Stehlens." — „Noch ist
uns nichts weggekommen! — „Nur Geduld." — „Die Wilden
scheinen mir ehrlicher als manche Zahme." — „Haben wir die
Wäsche schon wieder?" — „Die trocknet." — „Nach meiner
Meinung müßte sie längst brechen." — „Thu' mir den Gefallen
und schlaf ein. Die Uhr war Deine Idee, ich wäre mehr als
froh, wenn sie gestohlen würde." — „Das Amerikanische wird
doch überall so sehr gelobt." — „Angepriesen, wolltest Du
sagen." — „Karl, Du treibst Alles auf die Spitze, warte
damit, bis Du bei den Pyramiden bist, die sind höher als
mein Begriffsvermögen."

Die Thiere krächzten uns beim Morgengrauen wach.
Mein Karl brachte die Uhr in Gang, die ebenfalls ein-
gedust war, dann kam der Wilde uns wecken, und dann
tranken wir Kaffee. Auf Mr. Pott's Anrathen, den wir am
Abend vorher gesprochen, beorderte mein Karl kühlende Er-
frischungen und Eis sowie Früchte, Bananen und Mandarinen.
Herr Arthur Kaulla aus Stuttgart, ein unterhaltsamer Tisch-
nachbar, schloß sich an, und etwas nach Achten sauste der
schwarze Kutscher mit uns ab.

Der Weg durch die Stadt ging durch neu verbreiterte,
mit schattigen Akazien bepflanzte Straßen, an blühenden Anlagen, an der Kaserne und dem Exerzierplatz vorbei bis an
den Nil, über den eine eiserne Gitterbrücke führt. Der

Strom war mit kleinen Dampfschiffen und zahlreichen Nil-
barken belebt, und auf der Brücke begegneten uns Landleute,
welche Grünfutter für die Esel und Pferde, Feld- und Garten-
früchte für die Menschen zur Stadt brachten, und zwar entweder zu Kameel oder zu Esel. „Sind die Leute hier so
musikalisch, daß sie Alle Flöte blasen?" fragte ich, nachdem
mir aufgefallen war, daß sowohl Reiter wie Fußgänger mit
Vorliebe etwas Blasrohrartiges an den Mund brachten." —
„Sie frühstücken Zuckerrohr," erklärte Herr Kaulla. — „Ohne
was dazu?" — „Damit sind sie zufrieden." — „Solche Ge-
nügsamkeit. Wie es sich wohl auf einem Kameel reitet? —
„Hättest Du Lust, Wilhelmine?" fragte mein Karl. — „Ich
fürchte, die Bewegung ist für mich zu schwankend. Wer
darauf sitzt, pendelt ja immerwährend vor- und rückwärts.
Ich zweifle nicht, daß drei Wochen Kameel das Mittelstück
schlank kriegen, und Schweninger bedeutende Konkurrenz
machen würden, aber wer garantirt, daß das Rückgrat nicht
dabei aus dem Charnier geräth? Und wenn das Kameel
durchgeht? Verstehst Du es kommandiren? Ehe Du Prr! Prr!
herausbringst, ist es mit Dir in der Wüste, und da haben die
Gesänge Davids ein Ende."

Auch Ziegenheerden wurden zur Stadt getrieben, wo die
Milch in den Straßen frisch vom Euter verkauft wird, und
Wasser zwischenplumpen unmöglich ist. Es sind komische
Thiere. Braun von Farbe mit langen Schlappohren und
einer Ramsnase, die wohl nur dadurch zu erklären ist, daß
die Urziege sich an dem Urschaf versah, und die krummste
Nase, weil hochinteressant für die Wissenschaft, sich weiter
vererbte. Ohne populäre Vorträge würde man an die Lösung
solcher Fragen nicht herangehen, aber da erkennt man, wie
leicht so was ist. Warf doch die Polizeileutnanten im vorigen
Winter mit der Bronzezeit um sich, als wäre das Cuivre poli
garnichts mehr werth.

An dem Nilufer in der Nähe der Brücke wird ein Markt
abgehalten, an dem sich fast ausschließlich Wilde betheiligen.
Dort blüht der Zuckerrohrhandel, und wer Talent zum Kaufmann in sich spürt, findet Gelegenheit genug, ein eigenes Geschäft zu gründen. Knaben von höchstens acht Jahren sieht
man am Wege: drei, vier Stangen Zuckerrohr sind ihr Waaren-
bestand, der Schatten einer Akazie ist ihr Dach, die schwarz-

graue Erde zugleich Cadentisch und Seiſſel. Der Beduine
hält mit ſeinem Kameele, im Nu iſt er von dem Thiere herunter und um ein Stück Rohr entſpinnt ſich ein hinundher-
gehandele, als gälte es eine ganze Plantage. Schließlich er-
wirbt er ſich einen halben Meter Frühſtück, ſpringt auf die
vierbeinige Cokomotive und zieht von dannen.

Bei dem vizeköniglichen Palaſte von Giſeh biegt die
Allee ab und richtet ſich ſchnurgrade auf die Pyramiden zu.
Früher mußte man über den Nil ſetzen und mit Eſeln hin-
reiten, als aber die Kaiſerin Eugenie die Eröffnung des Suez-
kanals mit ihrer Gegenwart verweltgeſchichtlichte, ließ der
Khedive dieſe Straße von Tauſenden von Fellachen in kürzeſter
Zeit aufwerfen, damit der hohe Beſuch einen einſchmeichelnden
Fahrweg vorfände. Jetzt genießen alle Reiſende dieſe Wohl-
that und erfreuen ſich an den herrlichen Lebbach-Akazien, die
raſch und ſaftig wachſen, denn ſchon jetzt, nach knapp zwanzig
Jahren, breiten die Bäume ihre Zweige über die Straße aus.

Je näher man kommt, um ſo deutlicher ſtellt ſich heraus,
wie ſehr der Zahn der Zeit die Pyramiden angenagt hat: die
aus weiter Ferne ſcharf erſcheinenden Begrenzungslinien zeigen
ſich ſchartig und ausgekerbt. Rechts und links vom Wege
liegen bebaute Felder, etliche palmenumſtandene graue Fellachendörfer, mittelſt Schöpfrädern bewäſſerte Kleeweiden, auf
denen Vieh gehütet wird und weiße Kuhreiher Nahrung
ſuchen. Aus den Dörfern kommen bakſchiſch-ſchreiende Kinder.
Gerade aus ſteigt die Wüſte wie gelbe Sandhügel auf und
verliert ſich am Horizont in ſchmalen Streifen. Kurz vor
dem Pyramidenfeld von Giſeh holten wir die anderen Wagen
der Landparthie ein. In dem erſten waren Franz Paſcha
und Frau, Herr Holz und Frau, letztere eine Schweſter der
Frau Franz Paſcha, in dem zweiten ſaßen der Seelſorger der
deutſchen Kolonie, Herr Paſtor Voit, und Herr Dr. Vollert
mit ſeiner jungen Gattin, der Bibliothekar der vizeköniglichen
Bücherſammlung.

Die Chauſſee vor Verſandung zu ſchützen ſind, wo die
Steigung beginnt, Mauern aufgeführt, aber der Sand lagert
ſich dennoch ab, und um den Pferden eine Erleichterung zu
gewähren, ſteigt man hier aus und geht zu Fuß. Wir begrüßten uns, froh über den windſtillen Tag und die friſche

der Morgenluft. In der That war der gelinde Hauch, den die Wüste uns zusandte, von wunderbarer Reinheit.

Nun setzten wir den fuß in den ersten Wüstensand. Er war wie gewöhnlicher gelber Sand. Wir wollten gerührt eine Probe mitnehmen, aber daran läßt sich die Wüste doch nicht erkennen, denn es gehören auch die felsgesteine dazu, und die unendliche Ausdehnung der kahlen, todten Einöde.

Nur unbeholfen kamen wir vorwärts, woran jedoch weniger der sandige, aufwärts führende Weg schuld war, als das Andrängen der Wilden. Die Beduinen von Giseh halten nämlich jeden fremden für ein ihnen verfallenes Opfer, von dem sie so viel Bakschisch herausschlagen, wie nur möglich, sei es nun als führer, als Begleiter beim Besteigen der Pyramiden, oder als Händler mit Antiquitäten. Wie man auch abwehrt .... sie wanken nicht. Und dabei hat die Bande sich etliches Deutsch angewöhnt. Einer von ihnen, ein brauner Lulatsch in weißem Hemd und schwarzem Kaftan, mit einer runden, weißen Nachtmütze auf dem Kopf, hatte es auf meinen Karl abgesehen. „Herr Baron," redete er, und deutete auf die Pyramiden, „Herr Baron, schneidig, koloſſal, pyramidal." — „Nanu," rief ich, „wer mag ihm das bei-gebracht haben?" — „Jedenfalls Berliner," lachte mein Karl. Das Muffti grinste über das ganze Gesicht; es war entzückt über seine Sprachkenntniſſe. „Herr Baron," fing er wieder an, und holte einen fetzen aus dem Busen, der früher mal ein Taschentuch gewesen war, „Herr Baron, Antika." Er wickelte das Tuch auseinander, und bot uns die darin enthaltenen, verschimmelten Münzen für vier franken an. „Das Zeug gilt ja nichts," sagte ich, um ihn loszuwerden. — „Antika, schneidig, koloſſal," entgegnete er. Er quälte so lange, bis mein Karl ihm für eine Handvoll Münzen einen franken gab. In demselben Augenblick kam ein anderer Beduine ebenfalls mit Münzen. Verächtlich blickte er auf unsern Einkauf, und sagte: „Musch Antika." — „Nix falsch," vertheidigte sich der Erste. „Abdallah, pyramidal," und die Münzen seines Konkurrenten mit dem finger betippend, sagte er, überlegen wie ein Profeſſor: „Kullo falsch." — „Karl," bemerkte ich, „wenn mich nicht Alles täuscht, hat der Wilde uns hereingesenkt. Und das schneidig!" — Das Heiterste war aber, daß Ehren-Abdallah für seine Beschummelung noch extra Bakschisch verlangte. „Hier hast Du Bakschisch," sagte mein Karl, und wollte ihm die alten Münzen retour geben. Da lachte er uns aus. So ein Gnuff.

Sonderbarer Weise machten die Pyramiden in der Nähe nicht den gebirgigen Eindruck, den sie aus der Ferne versprachen. Das wird wohl an der Umgebung liegen, an der weiten Leere, die Jedes winzig erscheinen läßt. Man muß ihre Größe erst herausfinden, indem man sie umschreitet, und sich mit der Berechnung aushelfen, daß die Steine der Cheops-Pyramide für sechzig Kölner Dome langen. Nun stehen aber auf dem Todtenfeld von Giseh drei große Pyramiden und sechs kleinere, und von hier aus erblickt man die Stufenpyramide von Sakkara, und nach Dahschur hinüber noch eine Anzahl, darunter die sogenannte Knickpyramide, die eine ungewöhnliche Form besitzt, als wäre sie eingeknickt.

Unwillkürlich begehrt man zu wissen, wozu diese Steinmassen aufeinandergehäuft wurden, welchen Zweck sie hatten?

Hierüber ward uns sachgemäße Auskunft.

Die Pyramidengegend, welche sich bis in die blaue Ferne hin erstreckt, ist ein großer Begräbnißplatz. In der Nilebene begruben die alten Aegypter ihre Todten nicht, weil die regelmäßig wiederkehrenden Ueberschwemmungen die Mumien bald vernichtet haben würden, und den Aegyptern Alles daran lag, den einbalsamirten Körper zu erhalten, mit dem die geläuterte Seele ein neues Leben beginnen durfte. Darum suchten sie die Hochebene auf, und höhlten dort Grabkammer neben Grabkammer aus. Ueber die Hochebene aber drang die Wüste vor, der Wind wehte den gelben Sand herbei.

Da kamen die Könige auf den Gedanken, sich bei Lebzeiten Grabmäler zu errichten, die das Wehen nicht verdecke, und so entstanden die Pyramiden. In diesen Bauwerken, groß und gewaltig wie die Macht der Pharaonen, glaubten sie die Königsmumie unantastbar gesichert, bis zu dem Tage der Auferstehung.

Dies entnahm ich dem Gespräch unserer gelehrten Gefährten, und gab ihnen Beifall, denn hoch aus dem Sande ragen die Pyramiden noch jetzt hervor, obgleich die Wüste fast fünftausend Jahre Zeit hatte, sie einzusanden. Sie konnte es nicht; Cheops und seine Kollegen hatten sie richtig taxirt.

Wie schwierig der Bau der Pyramiden war, geht daraus hervor, daß ein eigener Weg angelegt werden mußte, um die Steine aus den Brüchen herbeizuschaffen, an dem allein zehn Jahre gearbeitet wurde. Diese Steine sind meterhohe Blöcke, die den jetzigen Außenseiten der Pyramiden das Ansehen von einem unregelmäßigen Treppauf-Treppab verleihen.

Nachdem wir die kolossalen Steinhaufen genügend angesehen, begab sich die Gesellschaft, von einer Garnison Beduinen begleitet, über Gestein und durch Sandkuten nach dem östlichen Abhang des Pyramidenfeldes. Was ich dort erblickte, erfüllte mich mit schauerndem Zagen. Vor uns erhob sich ein Riesenhaupt mit zertrümmerten Zügen, ein Wesen, halb Mensch, halb Thier, wie erstickt und erstarrt, aus dem tödtlichen Sande. Es war die Sphinx.

Wir kletterten in die Vertiefung hinab, welche durch das letzte Freilegen dieses ältesten Denkmals entstanden war, stiegen auf die aus gebrannten Ziegeln gemauerten Tatzen des Löwenleibes, der nach hinten zu vollkommen verschüttet ist, und sahen nach oben. Rathhaus hoch ist die Höhe des Felsens, dem die Bildhauer die Gestalt der Sphinx gaben, und dadurch ein Werk schufen, das in seiner stillen Größe furchtbares spricht, furchtbares schweigt. „Vater des Schreckens," nennen die Araber das Steinbild.

Welche Bedeutung mochte die Sphinx wohl gehabt haben? Herr Pastor Boit las uns, nachdem wir uns im Schatten des Ungethüms gelagert, aus einem Buche vor, was die Forscher für richtig halten. Darnach heißt es nicht die Sphinx, sondern der Sphinx, und ist keineswegs die Veranlassung zu den Räthselecken in den Familienblättern, sondern war die Darstellung des Sonnengottes, der hier auf dem Gräberfelde den Verstorbenen die Auferstehung verheißt. Wie das junge Licht des Morgens das Dunkel besiegt, und die Fruchtbarkeit die Dürre, so überwindet die Seele den Tod. Genau nach Osten ist das Antlitz des Sphinx gerichtet, die Strahlen der aufgehenden Sonne treffen sein Haupt, seine jetzt zerstörten Augen leuchteten ihr entgegen, und die heute noch mild lächelnden Züge grüßten das Tagesgestirn als den Verkünder des wiederkehrenden Lebens. Vor ihm breitete sich das Fruchtland aus, das Steinbild des Gottes sollte es vor der

Versandung schützen. So war den alten Aegyptern der Sphinx heilig, und mit Ehrfurcht hafteten auch unsere Blicke an der Hinterlassenschaft des Volkes, von dem uns Jahrtausende trennen, als wir gingen, den Quaderbau aus Granit und Alabaster und einige der kleineren Gräber zu besuchen.

Der Granitbau ist hauptsächlich für Fachleute bestimmt, die ihre Bewunderung laut werden lassen über die Kunst, mit welcher die Aegypter so große Granitblöcke herbeigeschafft, gefügt und glänzend polirt haben. Ob es ein Tempel war oder ein Grab, darüber grübeln die Forscher noch, die Beduinen aber benutzen ihn, den Fremden eine Sonderfreude zu bereiten. Sie fassen sich an, knien in den Sand, wiegen sich hin und her und singen dazu. Und was sie singen, — man kann es ziemlich erkennen, — das ist der Schunkelwalzer. — Von wem sie den wohl lernten? Ich fürchte, auch wieder von Berlinern. Was soll man dazu sagen? Den Wilden gelten die Ueberreste der Vorzeit nur als Bakschisch-kapital, und wenn sie mit dem Schunkelwalzer noch etwas verdienen, schätzen sie ihn als werthvolle Bereicherung ihrer Erwerbsquellen. Dazu kommt, daß die Fremden gewöhnlich in dem Quaderbau den Eß- und Trinkkober entfalten, wobei sie fidel werden und den Wilden solcherlei Kultur beibringen.

Wo aber lag die Königsstadt, die ihre Todten allhier begrub? Volkreich mußte sie gewesen sein, denn meilenlang erstreckt sich das Gräberfeld. In einer halben Stunde kann man mit der Eisenbahn von Kairo die Station Bedraschehn erreichen, in deren Nähe jetzt ein Schutthügel mit einigen elenden Fellachenhütten die Stätte des einzigen Memphis andeutet. Kein Tempel, kein Palast blieb stehen, wie hinweggefegt ist die alte Herrlichkeit. Nur der Riesenkirchhof ist noch vorhanden.

Es läßt sich nicht leugnen, daß eine Landparthie nach den Pyramiden ihr Angreifendes hat. Abgesehen von der brennenden Sonne, dem beschwerlichen Wandern und dem Geplänkel mit den Wilden, sind die geistigen Eindrücke keine Kleinigkeit. So fühlten wir denn auch Alle das Bedürfniß der Stärkung, und der Vorschlag, in dem Kiosk zu pikniken, der damals für die Kaiserin Eugenie an dem Fuße der Cheopspyramide erbaut worden war, fand berechtigten Anklang. In dem oberen Saale, dessen Wandgemälde nach

zwanzig Jahren schon mehr verblichen sind als die be-
malten Wände der ägyptischen Gräber, stand ein langer
Tisch, ohne jeglichen Kunstgewerbefleiß zusammengenagelt; man
sah ihm noch die Eile an, in der er gezimmert worden war.
Natürlich hatten feinstes Gedeck und schönstes Geschirr die
Unbehobeltheit des Möbels den Augen der hohen Herrschaften entzogen. Auch wir breiteten schlohweißes Tischzeug
darüber und ließen uns an der ehemaligen Kaiserinnentafel
nieder. War unsere Versammlung auch nicht so glanzvoll, wer
weiß, ob es damals besser schmeckte? Uns mundete es trefflich.
      Wir waren unter uns. Die Wilden wagten sich nicht
herein, da der Kiosk nur selten und den Beduinen erst recht
nicht erschlossen wird; Ruhe und Behaglichkeit gesellten sich
zu uns. Und noch ein unsichtbarer Gast nahm Theil: das
Gefühl, eines großen Vaterlandes Kinder zu sein. Wir waren
ja alle Deutsche. Und dies Gefühl fand seinen Ausdruck in
einer Rede, die mit dem Hinweis auf die zerbröckelnden
Zeugnisse untergegangener Herrschermacht begann, dann das
Schicksal der Frau betonte, der in diesen Räumen gehuldigt
wurde, als Frankreich den Gipfel seines Ruhmes erklommen
und die nun des Thrones verlustig, seit dem Tode ihres im
Zululande erschossenen Sohnes aller Hoffnung bar, von den
Menschen Mitleid heische. Von gefallener Größe raunen die
Steine der Pyramiden und die Mauern des Kiosks uns zu,
die wir Zeugen der großen Zeit sind, in der Deutschland,
das oft zertretene und gedehmüthigte, auf den Ehrenplatz
geführt wurde, den es jetzt einnimmt. Gott hat den Helden
gesegnet, der mit starker Hand das zerfahrene Reich endlich,
endlich einigte, um ihm das höchste Gut der Völker zu geben
— den Frieden. So lange deutsche Art und deutsches Wort
auf Erden bleiben, wird ein Name in Liebe und Dankbarkeit
genannt werden: der Name unseres Kaisers Wilhelm. Ihm
gelte unser Gedenken in dieser Stunde, Ihm weihen wir
dieses Glas.
      Die Gläser klangen in wehmüthiger Feier, wußten wir
doch alle, daß das Herz unseres geliebten Kaisers in schwerer
Sorge um seinen herrlichen Sohn bangte, den das Siechbett
in San Remo fern von der Heimath hielt. An dem Sonntage
vor unserer Abreise hatten wir den Kaiser an dem Eckfenster
gesehen, als am Abend vorher trübe Nachrichten aus der

Villa Zirio eingetroffen waren. Tausende hatten sich um die Mittagszeit vor dem Palais eingefunden, Tausende, aus allen Ständen, jeglichen Alters. Nun zog die Wache mit klingendem Spiel auf, und sein Volk grüßend, erschien der Kaiser. Nicht der laute Jubel wie sonst wohl ward kund, der Schmerz drängte ihn zurück, aber die Häupter der Männer entblößten sich ehrfurchtsvoll und erst leise, dann schwellend und macht= voll anwachsend, erscholl es: „Heil Dir im Siegeskranz". Die Liebe erkor das Lied zum Boten, daß es dem Kaiser sage, sie sei unwandelbar, in der Freude wie im Leide.

Als ich die Pyramiden zum ersten Male am blauen Horizonte erblickte, ahnte ich da, daß es mir in ihrer Nähe wie Schuppen von den Augen fallen sollte über das, was war, und das, was wir erleben? Wird nicht auch einmal unsere Zeit der grauen Vergangenheit angehören, und das Urtheil der Nachwelt sie kurz zusammenfassen, wie wir eine Meinung über das Alte bilden? Ach, und wie wird der Spruch über die ausfallen, denen der eigene Vortheil über das Gemein= wohl ging, persönliche Eitelkeit mehr galt als fördernde Hin= gebung an das Ganze, und kleinliches Nörgeln edler däuchte als einmüthiger Verfolg großer Ziele? Pyramiden hinterläßt Deutschland den späteren Jahrtausenden nicht, sich selbst und seinen Namen muß es erhalten.

Wer Giseh besucht, wünscht eine Erinnerung mitzunehmen, wozu der in einer Bretterbude murksende Wüstenphotograph die beste Gelegenheit bietet. Da derselbe Deutsch sprach — er stammte aus Ungarn — einigten wir uns bald. Unsere ganze Gesellschaft wurde malerisch auf den unteren Fels= blöcken der Pyramide gruppirt, — verschiedene Wilde da= zwischen gepflanzt — auch Holzens Teckel mußte mit, — und im Handumdrehen war die Aufnahme gemacht. Die Wilden, Abdallah an der Spitze, verlangten natürlich für ihre Mühe= waltung Bakschisch, der ihnen jedoch insofern unerwartet aus= gezahlt wurde, als der Schech der Beduinen, der Häuptling vom Ganzen, mit einem großen Knüppel unter sie fuhr. Sie flohen von dannen. Der würdige Schech dagegen blieb, und bat sich seinerseits ein Trinkgeld aus. Uns wurde versichert, daß er eine halbe Million besitze, mit der er jedoch nichts weiter anzufangen wisse, als sie zu haben. Die Wilden sind nämlich bedürfnißlos und geldgierig.

Frau Buchholz im Orient. 5

Es dauerte nicht lange, bis die Geprügelten wieder
herankamen, um uns zur Besteigung der Pyramide zu über-
reden. Wer ein freund von Rheumatismus ist, unterlasse es
nicht, denn es soll oben prachtvoll zucken. Ich fragte, ob
man nach Kamerun hinsehen könne, erhielt aber zur Antwort,
es läge zu weit wärts. Das ganze Unglück von Kamerun ist
eben seine Wärtsigkeit, und außerdem soll es aus sehr sand-
reichen Gefilden bestehen. So quadratmeilig die Wüste auch
ist, als Grundstück hat sie doch nur schwachen Werth. Das
Land Aegypten hingegen, so weit es bewässert wird, ist ein
fetter Bissen, und den haben die Engländer in ihren Schutz
genommen.

Hätten wir früher ein Samoa gehabt oder sonstige Kriegs-
schiffsberechtigung auf dem Ozean . . . so gut wie andere
Völker würde das deutsche Reich auch geschützt haben, wenn
nicht besser! Aber dies war gegen die Interessen des
Steuerzahlers.

Ich für meine Person ließ das Pyramidenbesteigen, denn
ich sah, welche schenierliche Arbeit das ist, an einer Engländerin, die sich vorgenommen hatte, sich zu rühmen, daß
sie oben gewesen sei. Zwei Beduinen faßten ihre Hände und
zogen, während ein Dritter in der Tournürengegend nach-
drückte. Ohne diese Handgriffe kann man nicht von einer
Stufe auf die andere gelangen, da jede derselben etwa so
hoch ist, wie ein Tisch. Es war jammervoll zu betrachten,
wie die Beduinen die Aermste zerrten. Zeitweilig schien es
durch den Krimmstecher, als sei der Engländerin die Puste in
der Sonnenhitze ausgegangen, aber Ausruhen galt nicht;
die Wilden griffen feste an, zogen und schoben so lange, bis
die Spitze erreicht war. Dann kam der Abstieg. Nun mußte
sie etliche hundertmal von einem Block auf den anderen
hopsen, wobei die Beduinen nur aufpaßten, daß sie sich nicht
überschlug und herunterstürzte. Jedesmal, wenn sie auf die
Hacken sprang, fühlte ich mit, wie es einen ordentlichen
Quuck in ihrem Innern gab. Aber hatte sie genug, als sie
bei dem Eingang in die Pyramide ankam? Erst recht nicht.
Auch da kroch sie mit den Hemdenkerls hinein, obgleich
drinnen alle Sehenswürdigkeiten längst beobachtet und aus-
geräumt sind und man ohne Kerzen überhaupt nichts sieht.
Sie schien bei ihrer Rückkehr aus dem Grabgange nicht

sonderlich erbaut, denn sie beorderte ihr Wägelchen und trollte nach Kairo ab. Dort in den Hotels sind immerwährend einige Fremde bettlägerig, weil sie nach den Anstrengungen der Pyramidenbesteigung drei Tage, wie gemartert, kein Glied rühren können und nur im ausgestreckten Zustande die Nummern ihrer Knochen nicht fühlen.

Gut berathen, schenkten wir uns diese Strapaze und waren mit dem Zusehen überzufrieden. Dagegen genossen wir den Blick auf das grüne Fruchtland, auf Kairo mit seinen Minarehs und Kuppeln, und auf den kahlen Höhenzug des Mokattamgebirges, das sich im Scheine der abendlichen Sonne röthete.

Auf dem Rückwege stürzten Bakschisch zischende Kinder aus einem Graben hervor, in dem sie lauernd gelegen, daß die Pferde scheuten und der Kutscher blindlings mit der Peitsche auf die zeternden Rangen losschlug. Ein Beduine, der sich eine Flinte gekauft hatte, probirte ihre Güte aus, indem er auf offener Landstraße die Bäume anschoß.

„Ich will froh sein, wenn wir unumgeworfen ankommen,“ sagte ich, „die Volksfreiheiten sind hier schon mehr lebensgefährlich. Ein Schutzmann wüßte garnicht, wen er zuerst aufschreiben sollte.“

Wir langten ganz und lebend im Hotel an. Das Zimmermuffi brachte die Wäsche; sie war ausgezeichnet, und es fehlte kein Stück. „Nein,“ rief ich, „dieses Land! Halb sind sie zivilisirt, wie bei uns, und halb sind sie wild. Und Pyramiden dazu. Man kommt sich selbst unbegreiflich vor.“

Wanderungen durch Kairo.

Wo Alles merkwürdig ift, fallen die befonderen Sehenswürdigkeiten nicht fo hochachtungsvoll wie in Städten auf, die
dem fremden nur ein bis zwei Seltenheiten vorfetzen können,
als z. B. den Platz, wo früher der Galgen ftand, oder die
mühfamen Anlagen des Verfchönerungsvereins.

Wenn man fonft von einem Hotel nichts weiter verlangt
als fefte Preife und Humanität, fo bot das unferige nach dem
Frühftück in dem Palmengarten noch allerlei Kurzweil, da fich
Gaukler einfanden, die ihre Kunft gegen Abfammlung von
Bakfchifch zum Beften gaben. Oefters kam ein junges
Frauenzimmer, das fehr niedlich tafchenfpielerte, ohne jeg-
lichen Tifch, auf dem bloßen Erdboden. Anftatt prefto
marfch fagte fie yalla, yalla brr, brr! und dann waren die
Sachen verfchwunden. Sie hetzte frifche Eier unter einen
Blechbecher, und wenn fie ihn wieder aufhob, hatten die
Eier fich in kleine Kiefel verwandelt, die, von dem vielen
Anfaffen ganz zahm, dicht bei ihr blieben. Ueberhaupt
zeichnet fich das Gethier dort durch große Zahmheit aus.
Ich fah felbft einmal, wie ein Knabe zwei Truthähne, die
auswandern wollten, einholte und tüchtig mit der geballten
Fauft durchwammfte, worauf fie fich fügten und die Flucht
aufgaben. Bei uns wären fie erft recht fperrenzig und un-
bändig geworden.

Die Taschenspielerin aß auch Baumwolle und zog dann ein mit Nadeln gespicktes Band aus dem Munde. Die übrigen Gegenstände, die Eier, die Küchlein, die Kaninchen, und was sie sonst noch brauchte, trug sie in dem Busen bei sich. Man sah, wie sie in dem Kleide herumtappte, wenn sie etwas zum Zaubern griff. Bellachini war diesen Künsten des Orients entschieden über.

Auch mit abgerichteten Affen wurde man unterhalten. Ein brauner Knabe besaß ein kluges Thier, das tanzte, wenn er sang, und Tambourin dazu schlug. Manchmal aber ward der Affe übermüthig und sprang auf seinen Herrn zu und stieß ihn um; ‚Chansire‘ schalt der Kleine dann. Das heißt so viel wie Schwein und ist ein beliebtes Schimpfwort. Wenn er dem tanzenden Affen das Wort Kassura zurief, dann hinkte das Thier wie ein Krüppel, denn Kassura bedeutet so viel wie entzwei. Daher ist dies Wort sehr gebräuchlich. Zerfallene Paläste, zerbrochene Töpfe, ein schlimmes Auge, ein gebrochenes Bein, ein kaputer Stiefel, ein entwurzelter Baum — Alles ist Kassura. Rief er aber ‚ya Salahm‘, dann nahm der Affe seine Kappe ab und grüßte, denn dieser Ausdruck gilt als Bewunderung und Anerkennung bei feierlichen und unfeierlichen Gelegenheiten. In das Hütchen mußten wir natürlich etwas Kleingeld legen, da von dem Europäer verlangt wird, daß er sein ‚ya Salahm‘ mit klingender Münze bekräftigt.

So kann man durch Gaukler und Affen ebensowohl Sprache erlernen wie durch Professoren, jedoch vernachlässigen die ersteren das Grammatikalische, während die letzteren auf das Sprechen und Verstehen untergeordneten Werth legen, weshalb es gut ist, bei Beiden in die Lehre zu gehen, denn was nützt schließlich die feinste Sprachkenntniß, wenn man zweifelhaft ist, wie es heißt: ‚Wo geht es hier lang?‘ oder: ‚Geben Sie mir dies oder das!‘ — Auch Schlangenbeschwörer zeigten ihre Künste. Sie hatten die ägyptische Brillenschlange — die Haje — in einem leinenen Sack bei sich und schütteten sie auf die Erde. Das Reptilium that, als wenn ihm das ganz egal sei. Erst wenn der Bändiger den Schwanz der Schlange zwischen beiden Händen heftig ribbelte, ward sie wild, richtete den Vorderkörper auf, blähte den Hals breit wie einen länglichen Löffel und schnellte den

kleinen Kopf mit den funkelnden Augen gegen den Peiniger.
Dann sah das Thier unheimlich schön aus, gerade so, wie
die Schlange, welche die alten Aegypter vielfach abbildeten,
denen sie als Sinnbild der Herrschaft über Leben und Tod
galt. Der Biß der Haje ist unheilbar, aber die, welche wir
sahen, waren alle beim Zahnarzt gewesen und hatten sich
die Giftzähne ausziehen lassen. Dies wußten jedoch die Affen
nicht, welche unschädliche Schlangen und Eidechsen in die
Pfoten nahmen, die Haje dagegen ängstlich flohen; ohne
jegliches Aquarium und sonstigen Unterricht unterschieden sie,
ob es eine Anfaßschlange oder eine zuschnappende mit tödtlichem
Ausgange. Herr Zwilchhammer sagte, das mache der Instinkt. — „Ganz gut!" erwiderte ich, „aber wo haben sie den
her?" — „Allmälige Vererbung der Erkenntniß ist das, was
man Instinkt nennt. Die Gebissenen erkannten die Wirkung
des Giftes — —" — „Und vererbten sie nach ihrem Tode ihren
Kindern und Kindeskindern?" fiel ich ihm ins Wort. „Nein,
das kann nicht sein. Der Instinkt ist der natürliche Abscheu.
Als wir die Stützen hatten, konnte mein Mann die Idiß vom
ersten Antritt nicht besehen, das war richtiger Instinkt. Hätte
ich der ursprünglichen Eingebung gefolgt, sie wäre nie über
unsere Schwelle gekommen. Ganz dasselbe ist mit den Affen."
— „Wilhelmine," sagte mein Karl, „Du machst Dich ja sehr
intim mit dem Gethier." — „Karl, wer populäre Vorträge
besucht, läßt in der Wissenschaft die Grenzen fallen. Ohne
Affentheorie ist wahre Aufklärung heutzutage unmöglich. Im
Uebrigen will ich mir jedoch jede Anspielung verbeten haben."

Wie groß die Angst der Affen vor der Brillenschlange
war, das erlebten wir an einem bösartigen Pavian, der trotz
des Maulkorbes zu beißen suchte und seinem Bändiger die
Beine mit den Krallen blutig riß. Erst als der Schlangenbeschwörer mit der Haje dem Affen zu Leibe ging, ließ er
ab und flüchtete, soweit die Kette gestattete. Wer das rechte
Mittel besitzt, kann wilde Wuth zügeln; wo Liebe nicht aus-
reicht, muß die Furcht herbei. Nicht ohne Bedeutung wählten
die alten Aegypter das Bild der Haje zum Zeichen könig-
licher Macht.

Das auffallendste Kunststück der Schlangenbändiger bestand jedoch darin, daß sie das Thier am Nacken faßten und
ihm in den geöffneten Rachen bliesen, wodurch es starr

und regungslos wurde, wie ein Stock. „So thaten die
Magier vor Pharao," erklärte Herr Zwilchhammer, „als
Moses seinen Stab in eine Schlange verwandelte, denn wahrscheinlich waren ihre Stäbe solche hypnotisirte Hajes, die
beim Hinwerfen aus der Betäubung auflebten." — In der
That ringelte die Schlange sich wieder, wenn der Mann sie
heftig erschütterte.

Herr Zwilchhammer erwies sich nach den verschiedensten
Seiten hin unterrichtet, daß ich nicht umhin konnte, ihn zu
fragen, ob er sich von Jugend auf dem Photographiren gewidmet habe, oder andere Pläne verfolgt hätte.

„Meine verehrte Frau Buchholz," sagte er, „mein Leben
würde eine wenig ergötzliche Historie abgeben, wollte ich es
Ihnen bis ins Detail erzählen. Ich wurde erzogen, wie
leider oft genug der Fall, mit Hintenansetzung aller erwerbs-
mäßigen Dinge, die Aufmerksamkeit nur auf das gerichtet,
was als Gelehrsamkeit gilt."

„Einzig was in Büchern bestätigt ward, durfte als wissens-
werth erscheinen. So kam es, daß ich in Asien besser Bescheid wußte, als in der Heimath, die Staatsverfassung der
Griechen und Römer genauer kannte, als die unserige, mit
dem Perikleischen Zeitalter beschäftigt, dem Schritte unserer
Zeit nicht gefolgt war. Als ich mich später in die Nothwendigkeit versetzt sah, mein Wissen zum Unterhalt auszu-
nutzen, da stellte sich heraus, daß die Nachfrage gering war.
Als Professor hätte ich meinen Platz ausgefüllt, aber es
fehlte mir an Konnexionen, an Fürsprache, mit einem Worte
an Glück. Ich schrieb ein gelehrtes Werk „über die taktischen
Fehler Cäsars im gallischen Kriege", aber den Unbekannten
mieden die Verleger." — „Waren Sie denn Militär, daß Sie
es Cäsar'n so nachweisen konnten?" — „Aus den Klassikern
hatte ich geschöpft." — „Zu viel Bücher sind doch am Ende
ein Mißgriff. Und schließlich, wen gehen die Fehler Cäsars
etwas an, der Mann ist ja schon so lange todt." — „Die
wissenschaftliche Welt," rief er erregt. Nach einer Weile
fuhr er fort: „Vielleicht haben Sie Recht. Ich verlangte,
daß man meine Klugheit, meinen Fleiß bewundere, ohne zu
bedenken, daß hundert Andere dasselbe für sich fordern, denen
ich gleichgültig sein mußte. Ich gab die Konkurrenz im
Gelehrtenstaate auf und denke mit Hülfe der Photographie

Geſchäfte zu machen. Afrika iſt das Land der Hoffnungen,
das Goldland der Kolonialbeſtrebungen, Aller Augen ſind auf
den Erdtheil gerichtet, der unbekannte Reichthümer in Mengen
birgt." — „Erlauben Sie," warf mein Karl ein, „unbekannt
iſt im Grunde genommen doch ſo viel, wie nicht vorhanden."
— „Man vermuthet Bodenſchätze aller Art." — „Für mich
iſt ‚Soll' und ‚Haben' zweierlei." — „Ich fürchte," bemerkte
ich dazwiſchen, „es geht mit Afrika, wie mit den Büchern,
es iſt ſehr intereſſant, was darin ſteht, aber ſchlecht für das
Praktiſche zu verwenden. Aegypten jedoch iſt eine Gegend mit
ſehr offenkundigem Reichthum, und die praktiſchen Engländer
haben ſich da feſtgeankert. Ihre Flotte iſt die Haje, mit der
ſie einſchüchtern." — „Wenn ſie man feſte Zähne hat," ſagte
mein Karl.

Herr Zwilchhammer rieb ſich die Stirn, als wollte er
einen Poſten unangenehmer Gedanken wegwiſchen, der ſich
während des Geſprächs angehäuft hatte, und ſagte: „Afrika
bleibt dennoch der Platz der Zukunft: es iſt ſchon zu viel
darüber geſchrieben. Meine Photographieen werden Anerkennung und Abſatz finden."

Wir fragten, ob er gut vorwärts komme. Er klagte, daß
es ſo ſchwierig ſei, die empfindlichen Platten von Deutſchland ſchicken zu laſſen, da die Kiſten auf dem Zoll nur in
ſeiner Gegenwart im Dunkeln, bei dem Lichte einer rothen
Lampe, geöffnet werden dürften, weil jede, auch die geringſte
Spur Tageslicht ſie verdürbe. Eine Sendung ſei ſchon ruinirt, eine zweite erwarte er in dieſen Tagen. Jetzt wäre ſein
Vorrath verbraucht, und er habe Zeit, neue Punkte aufzu-
ſuchen, von denen er Aufnahmen machen wolle. Ob wir
Luſt hätten, ihn zu begleiten. Er könne uns auf Mancherlei
aufmerkſam machen, da er bereits etliche Wochen in Kairo
weile. Dankbar nahmen wir den Vorſchlag an.

Für gewöhnlich miethen die Reiſenden ſich einen ſoge-
nannten Hotel-Dragoman, einen unbeeidigten Fremdenführer,
der Einen durch Dick und Dünn nach den Kaufleuten ſchleift,
von denen er ſeine Prozente erhält. Die Räubergeſchichten,
welche er in verſchiedenen gebrochenen Dialekten erzählt, bekommt man gratis, was auch noch zu theuer iſt, da ſie falſch
ſind. Herr Zwilchhammer war zum mindeſten bücherfeſt.

Wie ich schon erwähnte, führt vom Nilhotel eine schmale Gasse auf die Muski zu, so daß kein Wagen direkt vorfahren kann. Herr Friedmann, der Hotelbesitzer, hat sich die größte Mühe gegeben, die Baracken zu kaufen und eine Anfahrt herzustellen, allein, da in einigen der Häuser mohammedanische Heilige begraben sind, an deren Katafalken die Frommen beten, bleiben sie bis zum Einsturz stehen. Für den gebotenen Preis wären sie in Berlin längst losgeschlagen, ohne die Knochen der Heiligen extra zu rechnen. Wenn unser Magistrat durchbrechen will, kennt er kein Hinderniß. Am Eingang der Muski ist ein Droschkenhalteplatz, eine Errungenschaft gegen früher, als nur der Vizekönig Kutschen besaß, und die übrige Menschheit entweder Esel reiten oder mit einem Ochsengespann fahren mußte. Auf der Höhe steht das Droschkenwesen noch nicht. Zunächst kümmert sich keiner von den braunen oder schwarzen Kutschern um die Taxe, die sie nur für eine überflüssige Bemühung der Behörde ansehen. Man muß also vorher den Preis der Fuhre abmachen. Zum Zweiten kennen die Kutscher keine Straßennamen, und da Häusernummern überhaupt nicht existiren, muß man sich darauf beschränken, ihnen die Richtung anzugeben, nach welcher sie fahren sollen. Dies geschieht, indem man ein Hauptgebäude nennt, das in der betreffenden Gegend liegt, entweder eine Moschee, einen Palast, ein Hotel oder die Wohnung eines angesehenen Mannes. Wenn der Fahrgast nicht Bescheid weiß, kommt er nie dahin, wohin er wünscht, sondern an einen beliebigen Ort, wo weder er noch der Kutscher sich auskennen. Unterwegs muß man den Kutscher selbst lenken, indem man ihm ,yeminak' zuruft, wenn er rechts, ,schemalak', wenn er links in eine Straße biegen, und ,durr', wenn er halten soll. Mir versicherte Frau Dr. Herzbruch, die wir bei Herrn Kommerzienrath Bosch kennen lernten, daß ihr eigener Kutscher noch immer kein Verständniß für die Straßen habe. Sie müsse ihm z. B. sagen: ,fahre nach der Salatfrau', wenn sie nach der einen, und nach der ,Dame mit dem Hut', wenn sie nach einer anderen Richtung wolle, denn die Frau, bei der sie einmal Salat gekauft habe, kenne er, und ihre Freundin, deren Federhut ihn geradezu überwältigt, sei ihm unvergeßlich. Einmal in der Fahrt, lenke sie ihn dann mit rechts und links und geradeaus.

Da Herr Zwilchhammer die nöthigen Erfahrungen hierin
bereits erworben hatte, kamen wir ohne Festfahrt vorwärts
und statteten einigen Moscheen unseren Besuch ab, zu deren
Besichtigung wir durch Herrn franz Pascha eine Erlaubniß
vom Wakufministerium erhalten hatten, welches die Verwaltung
der Moscheengüter unter sich hat.

Moscheen sind von außen an einer großen Mittelkuppel
kenntlich, an die sich kleinere Kuppeln wie Erker anlegen und
an den Minarehs, die wie Pfeifenröhren schlank in die Höhe
gehen. Inwendig theilt sich die Moschee in einen Hof mit
Brunnen für die vorgeschriebenen Waschungen und in das
Allerheiligste unter der Kuppel. Hier sind Teppiche und
Matten gelegt, auf denen der Gläubige niederkniet, das Antlitz der Nische zugewendet, welche die Richtung nach Mekka
angiebt. Auch eine schmal aufgetreppte Kanzel ist vorhanden,
von der des freitags eine Predigt geredet wird; ein auf Säulen
ruhendes Podium dient ebenfalls als Sprechtribüne. Von
der Decke herab hängen zahlreiche Lampen und Laternen.
Im Uebrigen ist der Raum leer. Kein Bild schmückt die
Wände, keine Statue erfreut das Auge. Dagegen sind Mosaik-
inschriften, Arabesken, Blätterwerk in reizvoller Weise angebracht, theils gut erhalten, theils stark ramponirt, je nach dem
Alter der Moschee.

Die erste Moschee, welche wir besichtigten, war die alt-
berühmte Dschami Sultan Hasan, ein kolossales Gebäude und
ziemlich baufällig. Vor dem Eingange ist ein etwa fußhoher
Holzbalken angebracht, über den man erst schreiten darf, nachdem man Lederüberschuhe angezogen hat, denn in das Heiligthum darf kein Staub der Straße getragen werden. Die
Moslem ziehen die Schuhe aus, gehen zum Brunnen, waschen
Gesicht, Hände und Füße und stellen sich barfuß zum Gebet.
In der Wüste, wenn sie kein Wasser haben, dürfen sie sich
mit Sand abreiben.

Mir war das Herumschlurren in den gelbledernen fuß-
paletots nicht gerade angenehm, denn ich hatte in diesen
Kindersärgen noch für ein Paar Füße Platz, aber es ist rath-
sam, die hergebrachten Gebräuche ohne Widerstreben mit-
zumachen, denn in ihren Heiligthümern sind die so wie so
ziemlich humorlosen Orientalen gänzlich ohne Sinn für komische
Auffassung. Es ist noch garnicht lange her, daß den fremden

der Zutritt in die Moscheen gestattet wird. Für mich war in der Sultan Hasan-Moschee das Merkwürdigste ein Blut-fleck auf dem Steinfußboden. Leider ließ sich, obgleich wir alle Drei unsere Sprachkenntnisse zusammenlegten, nicht in Erfahrung bringen, wen sie hier einstmals abgeschlachtet hatten. Herr Zwilchhammer sagte, die Geschichte der osmanischen Herrscher sei mit Blut geschrieben. „Das sehe ich,“ war meine Bestätigung, „dieser Fleck scheint mir ein redendes Punktum aus ihrer Biographie zu sein.“ — Köpfen war der-malen ungefähr so, als wenn bei uns Jemand pensionirt wird, und das Gift saß ungemein flüssig. War ein Mann unbequem, luden sie ihn zum Kaffee ein, und in die Tasse, welche man ihm gab, war zufällig Grünspan gerathen oder was sonst das Leben plötzlich verkürzt. Dies schlug recht in Herrn Zwilchhammers früheres Studium ein; die Khalifen hatte er genau gehabt mit Jahreszahlen und Datum, wie sie aufein-ander folgten und die Throne gewechselt wurden. Aber wenn man sich überlegt, daß er für den ganzen Braß weiter keine Verwendung fand, als nur Moscheen damit zu erläutern, konnte er Einem leid thun, denn Zahlen halten bei mir nicht lange aus. Das Grausame setzt sich tiefer und aus diesem Grunde bringen die Zeitungen mit Vorliebe die entlegensten Mordthaten, obgleich man keinen der Betheiligten kennt, z. B. aus Archangel, wo ein betrunkener Mann eine Kuchenfrau erwürgt hat oder aus Michigan, wo ein Pferdedieb den andern mit dem Revolver erschoß. Und das nennen sie Volksbildung.

Der Sultan Hasan-Moschee gegenüber liegt eine zweite unvollendete, weil die Säulen zu dünn berechnet gewesen waren und der Bau inwendig einstürzte. Sie bildet schöne Umfassungsmauern mit einem inneren Trümmerhaufen und wird wohl nie wieder zu Stande kommen. Mein Karl wies darauf hin, wie in Deutschland die alten Baudenkmale aus-gebessert würden, wie emsig man sich bemühe, das Schöne und Ehrwürdige aus vergangener Zeit zu bewahren, wie das ganze Volk zum Kölner Dome beigesteuert habe und Jeder sein Scherflein gab. — „Du nennst das Scherflein?“ fragte ich, „zehn Loose nahm ich zur Marienburger Lotterie und keins ist herausgekommen.“ — „Deine zehn Mark werden verbaut,“ lachte er, „und wenn spätere Geschlechter, die Marien-burg bewundernd, sich ein Beispiel an dem erhaltenden Sinne ihrer Vorfahren nehmen, erfüllt auch Dein Beitrag seinen Zweck." — „Ich will Dir nicht widersprechen, aber ich sehe nicht ein, weshalb ich nicht hätte ebenso gut gewinnen können wie beliebig Jemand anders."

Durch lange und kurze, gerade und krumme Straßen fuhren wir nun einen weiten Weg. Dies war das richtige arabische Kairo, für Herrn Zwilchhammer malerisch, für mich mehr eine Sammlung von Bullenwinkeln.

„Sagen Sie," fragte ich ihn, „weshalb sind an einzelnen Häusern Löwengethier, Schiffe, Eisenbahnwagen und dergleichen gemalt, als hätte der kleine Moritz aus den fliegenden Blättern klarren geholfen?" — „Hadschi" — „Gesundheit!" „In solchen Häusern wohnen Hadschis." — Ach so. Was wollen die denn?" — „Es sind Pilger, die in Mekka waren und ihre heilige Reise in jener naiven Weise schildern." — Sind das auch Hadschis, die mit grünem Turban auf? — „Nachkommen des Propheten." — „Also mitten mang dem Islam. Dies paßt mir nicht." —

Wir waren die einzigen Europäer in dieser Gegend. Meine Stimmung wurde keineswegs lichter, als Herr Zwilchhammer auseinandersetzte, daß wir die Moschee El-Azhar besuchen würden, die Universität des Landes, wo die jungen Leute die Religion Mohammeds studirten und der Fanatismus ihrer Lehre seine Pflanzstätte habe, daß es dringend geboten sei, durch keine Miene die glaubenseifrigen Jünglinge herauszufordern.

Man muß auf Reisen ja leider Alles sehen, und da wir den Erlaubnißschein zum Eintritt hatten, fügten wir uns. Im Grunde meines Herzens wäre ich am liebsten umgekehrt, denn jedesmal in einer Moschee überkam es mich mit Angst. Man ist nur geduldet, man weiß nicht, ob man unwissend die Gefühle der Mohammedaner verletzt und irgend einer der wild ausschauenden Kerle wüthend wird. Sie grollen so wie so schon mit heimtückischen Blicken. Und war nicht erst vor wenigen Jahren in Alexandrien der große Christenmord vorgefallen?

Die zwischen Häusern versteckte El-Azhar macht trotz ihrer Größe einen düsteren Eindruck, der noch unheimlicher durch das Gelärme wird, das den nichtsahnenden Besucher empfängt.

Im Hofe nämlich und in dem großen Hauptraume hocken auf den Matten des Fußbodens die Studenten im Kreise um ihre Lehrer. Hier ein Lehrer, da ein Lehrer, vor der Säule, hinter der Säule, wo ein Fleck ist, wird gelehrt, und zwar laut. Daß Einer den Anderen nicht irre macht, ist mir schleierhaft, aber Gewohnheit thut viel.

Gegen fünftausend Studenten mit über zweihundert Professoren kramen hier in der Weisheit des Koran herum. Erst lernen sie Religion, und dann die aus ihr hervorgehende Rechtswissenschaft. Etliche der jungen Leute schreiben das Vorgelesene nach, andere reden es laut, andere liegen im Gebet mit der Stirn auf dem Fußboden. Ein besonders frommer Jüngling hatte einen blauen Placken an der Stirn, wie eine ver- härtete Schwiele, die er sich beim Beten mit dem fortwähren- den Aufschlagen des Kopfes auf den Fußboden zugezogen hatte. Herr Zwilchhammer äußerte nachher, der würde es noch weit in Ansehen und Stellung bringen.

Aus allen Ländern zieht diese Universität Studirende an, aus der Türkei, aus Indien, aus Syrien, Westafrika, Nubien, Arabien, Ostafrika; die Hauptmasse stellt naturgemäß Aegypten selbst. Es war Herrn Zwilchhammers sehnlichster Wunsch, in diesem Lehrinstitut Aufnahmen zu machen, aber die Frömmig- keit gestattet es nicht. Er und sein Apparat würden wohl nur in Stücken wieder herauskommen.

In der frischen Luft ward mir wieder brustfreier zu Muthe, als da drinnen bei dem Mohammedanismus. Der liebe Gott bleibt ja schließlich derselbe, nur die Menschen betrachten, was er geschaffen, durch verschieden gefärbte Gläser und meinen, so sähe er selbst aus. Wie sehr ungleich ist er je nach dem Pastor! Bei dem Einen ist er freundlich und nachsichtig, und mag es wohl leiden, wenn die Menschen auch fröhlich sind, bei dem Anderen ist er grimmig und strenge und nur dann zufrieden, wenn die Menschen von dem fortwährenden Sünden- essigtrinken sauer sehen. Der englisch-amerikanische liebe Gott kann nicht vertragen, wenn Sonntags gekocht und das Bett gemacht wird, in Deutschland gönnt er Alt und Jung das bischen Pappen in Familien- und Freundeskreisen. Dem Mormonen-Papst gestattet er eine Menge Frauen, der römische Papst darf keine einzige haben. Und was das Schlimmste ist, die eine Partei hält die andere für unrettbar verloren, und

sagt: „Ihr kommt in die Hölle", wenn Ihr nicht unserer
Ansicht seid. Wir wollen Euch schon den Paß ausstellen."
Könnten die Menschen, wie sie möchten, ich glaube, der Teufel
müßte wegen Platzmangel anbauen.

Von El-Azhar fuhren wir durch ein Straßenlabyrinth
nach den Windmühlenbergen am Ende der Stadt, zu den
Khalifengräbern, einem außerhalbschen Stadtviertel von ver-
fallenen Moscheen, im braungrauen Wüstenstaube. Mir war
zu viel Kassura vorhanden, um Genuß daran zu finden, und
die ärmliche Anwohnerschaft erweckte kein Vertrauen zu
näherem Umgange. „Herr Zwilchhammer," sagte ich, „ich
bin jetzt vollkommen überzeugt, daß Moscheen nicht ewig
halten, sondern recht einsturzlustige Gebäude sind. Mehr mag
ich nicht davon." — Er entgegnete, daß man allerdings offenen
Sinn für dergleichen mitbringen müsse, aber wenn Einer sich
keine Vorwürfe gefallen läßt, dann braucht man sich nur an
mich wenden. „Wie Sie meinen," erwiderte ich, „allein meine
Großmutter pflegte zu sagen, man muß nicht von Allem haben,
und wenn schon, nicht zu viel auf einmal. Und das war eine
kluge Frau, die es bis hoch in die Achtzigen brachte."

Er mochte wohl einsehen, wie recht ich hatte, und wies
dem Kutscher eine Art von Weg an, der auf und ab, über
Sandgehügel und durch Kuten, nach der Zitadelle führte.
Links erhob sich der Bergrand der arabischen Wüste, rechts
säumte ein mohammedanischer Friedhof mit tausenden, weißen
Grabmalen die Stadt ein, vor uns baute sich die Festung
auf mit der Mohammed Ali-Moschee, deren feine Minarehs
wie Nadeln in das Blau des Himmels stechen. In diese
Betanstalt kriegte Herr Zwilchhammer uns noch hinein, dann
machten wir Schicht mit Moscheenbesehen. Es sind genau
genommen immer dieselben schwach möblirten Käseglocken
mit Dämmerlicht und beginnendem Verfall. Die Mohammed
Ali-Moschee wird freilich in einigermaßenem Zustande erhalten,
da sie die Leib-Moschee des Khedive ist, aber die Mauer-
bekleidung aus gelbem Alabaster giebt sich doch dem Ver-
bleichen hin, wodurch die ursprüngliche Schönheit Einbuße
erleidet. Das Innere ist glanzvoll. Goldgrund mit schwarzen
und farbigen Arabesken, bunte Glasfenster und rothgrundige
Smyrnateppiche von riesiger Breite schattiren in dem Halbdunkel prächtig zusammen, und die blauen, gelben und

kirſchrothen Sonnenſtreifen, welche, durch die Kuppelfenſter
einfallend, den weiten Raum durchſchneiden, wirken wahr-
haft prangend, zumal wenn ſie goldenes Gitterwerk treffen
oder von dem ſpiegelglatten Alabaſter der Wände zurück-
geworfen werden.

Von einem Moſcheenlungerer um das Gebäude herum-
geleitet, gelangt man an eine Brüſtung, von der die Stadt
ſich am herrlichſten ausnimmt. Der Blick iſt demjenigen vom
Dache des Nil-Hotels ähnlich, nur umfaſſender, weil der
höhere Standpunkt eine meilenweitere Rundſchau gewährt.
Noch einmal letzte das Auge ſich an dem Anblicke Kairos
im Farbenzauber des Sonnenunterganges und an der
Fernſicht in das Land der Pyramiden. Leider erinnerte
unerſättliches Bakſchiſchabfordern daran, daß wir nicht
träumten.

Im Hotel angelangt, hatten wir vor der abendlichen
Hauptmahlzeit einige Aufnahmen zu betrachten, die Herr
Zwilchhammer uns zeigte, die jedoch den eigentlichen Effekt
erſt in einem Stereoskopkuckkaſten hervorbringen ſollten, den er
allerdings noch nicht vollſtändig fertig erfunden hatte. „Wenn
es damit nur etwas wird,“ zweifelte ich im Stillen. In Gedanken macht ſich Vieles außerordentlich, was nachher nicht
klappen will. Hätte er erſt den Kaſten bewerkſtelligt und
dann die Photographien dazu, wäre er praktiſcher geweſen,
als beim verkehrten Ende anzufangen. Aber das lag nun
einmal ſo in ſeiner Natur. Vielleicht entdeckt ſpäter ein Anderer,
woran es hapert, und beſſert die Idee zu einer brauchbaren
und Gewinn einbringenden Sache aus, von der Herrn Zwilchhammer dann nichts weiter bleibt, als das Nachſehen. Mein
Karl rieth ihm daher: „Verpatentiren Sie Ihre Ausſichten
nur feſte, dann haben Sie wenigſtens die Papiere darüber.“

Wir ſahen auf dem Plane nach, welchen Weg wir
eigentlich gemacht hatten. „Er lernt es nie,“ ſagte mein
Karl. — „Wer?“ — „Herr Zwilchhammer; praktiſch ſein. Weißt
Du, wie wir gefahren ſind?“ — „Nun?“ — „Ungefähr ſo,
als wenn Jemand vom Schloß nach den Zelten über den
Belleallianceplatz geht.“ — „Er weiß zu viel, was er nicht
brauchen kann,“ entgegnete ich. „Laß es ihm bei Tiſch nur
nicht merken, er meint es gefällig. Komm nur, ſie klingeln
zur Table d’hote.“

Nach der Mahlzeit konnte man entweder in dem Garten verweilen oder, wie in europäischen Städten, ganz sinnig zu Biere gehen. Wo Deutsche sind, dauert es nicht lange, dann kommt das Bierfaß nachgerollt, und auch die Einheimischen gewöhnen sich bald an das Getränk, für das die germanische Rasse doch nur das richtige Verständniß hat, denn keine kennt das gemüthliche Zusammensein, Plaudern, Scherzen und Streiten am Biertisch, wie sie. Oft genug hatte ich harte Worte für den Stammtisch, aber in der Fremde lernt man ihn achten, da bildet er den Anziehungsmagneten der Lands= leute am Feierabend, als wäre mit ihm ein Stück Heimath herüber verpflanzt. Unser Bierquartier war bei Böhr, nicht weit von der Muski, nahe der Post gelegen. Ehe man hin= kommt, geht man auf das Haus zu, in welchem der erste Napoleon während des ägyptischen Feldzuges wohnte. Er wollte die Welt erobern, brachte es aber nicht zu Stande; das Bier betreibt seinen Eroberungszug im Stillen und kommt weit damit, woraus man abnehmen kann, daß das langsame Gute dauerhaftere Erfolge erringt, als aufein= malige Gewaltsamkeit.

Bei Böhr war es immer sehr nett: das Oesterreichische Bier, kühl vom Faß, wurde freundlich dargereicht, und das arabische Kellnermuffi in seinem weißen Talar war flink bei der Hand, wenn man „Nuß" rief, was so viel als ein halbes Seidelchen bedeutet. Der Biervater Böhr hat es schwer, seinen Gästen einen frischen Trunk vom Faß zu liefern, denn Keller sind in Kairo nicht zum Kühlhalten brauchbar, da sie jahraus jahrein eine Wärme von gegen zwanzig Grad bewahren. Deshalb muß viel Kunsteis herbei und die Tonne in Behältern lagern, die wie Eisspinde eingerichtet sind. Das Münchener Flaschenbier, Pschorr=, Löwen= und Spaten= bräu verlangt die gleiche mühsame Behandlung. Doppelt schenkt man daher dem Gebotenen seine Anerkennung und berappt stillschweigend.

Auch treffliche Auskunft wird dem Reisenden dort zu Theil. Herr Böhr ist in Kairo wohl erfahren, und die Herren, welche bei ihm verkehrten, waren mittheilsam. Herr Kauffmann, einer der ältesten ansässigen Deutschen in Kairo, Hofbuchhändler des Khedive, gab uns manche Schilderung von dem, was Kairo war, bevor die abendländische Kultur

es zu modernisiren anfing. Herr Dr. von Niemeyer, der die
Hieroglyphen liest, wie sonstige Gelehrte Lateinisch, gab sich
Mühe, uns das Nothwendigste von den ägyptischen Göttern
beizubringen, wobei ich mich jedoch auf meinen Karl und
mein Karl sich auf mich verließ, so daß hinterher er meinte,
ich hätte es behalten, und ich ihn vergeblich fragte: „wer
kriegte nun den Katzenkopf, die Pacht oder die Isis; eine
von beiden hatte ihn." — Wenn man in Aegypten Skatkarten
mit Mythologie einrichtete, würde sie leicht gelernt werden
können, selbst von Unbegabteren, die obersten Gottheiten als
Wenzel, und so die Bilder herunter; die Däuse natürlich als
Pyramiden. Denn nicht blos Skat wird am Nil gespielt,
sondern auch Kegel. Eines Abends nämlich — beim Frei-
herrn von Richthofen war großer Thee gewesen — hörten
wir auf dem Nachhausewege es bullern und ballern. „Mein
Gott," fragte ich, „was ist das?" — „Der Kegelklub Osiris,"
erklärte Dr. von Niemeyer, „lauter Deutsche und Schweizer."
— Osiris vergesse ich nun nie wieder, der sitzt. Es kommt
eben Alles darauf an, wie es gelehrt wird.

Herr Dr. Wilde konnte wegen tagüberer Abspannung von
der Krankenpraxis dem Stammtisch nur selten fröhnen; man
war erfreut, wenn er einige „Nusse" lang verweilte. Er ist
ein großer Verehrer vom Nordseebad Sylt, und läßt sich von
Frau Jacobsen dort Strümpfe stricken. „Keine besseren kenne
er," sagte er. Daß mein Karl gerade in Strümpfen groß ist,
wußte er wohl nicht. Er fragte auch, ob wir mit Dr. Adler
im vorigen Jahr auf Sylt zusammen gewesen wären. —
„Gewiß," antwortete ich. „Und wie gut that die Salzluft
seinem Tenor. Das Resedalied sang er zum Hinschmachten."
— Wir möchten ihn doch grüßen, er sei ein lieber Freund
von ihm. — Das versprachen wir, wobei ich die Neben-
absicht verband, Dr. Adler und seinen Vetter Hans im nächsten
Winter für einige Abende zu gewinnen. Das Klavier wird
gestimmt und dann los mit Schuberten. Na, der Neid von
der Polizeileutnanten.

Die Herren waren einhellig der Meinung, daß wir die
verhältnißmäßig kühle Witterung benutzen müßten, eine Nilfahrt zu unternehmen. Noch sei es nicht zu spät, den oberen
Nil kennen zu lernen, der erst ein richtiges Bild von Aegypten
gäbe. Die Reise mit einem der Postdampfer sei bequem und

in elf bis zwölf Tagen könnten wir wieder zurück sein, wenn
wir uns mit Luxsor und Theben begnügen wollten. Die
Fahrt bis zum ersten Katarakt beanspruche allerdings einige
Wochen. Wir nahmen uns vor, diesen Fall zu überlegen.
Unterbrochen wurde die gemeinsame, anregende Unterhaltung
durch fliegende Händler, welche Stickereien, Fächer, Metall-
arbeiten und alle möglichen bildschönen orientalischen Waaren
anboten, oder auch mit Eßbarem hausirten. Sehr angenehm
zum Bier sind in Salzwasser eingeweichte und dann geröstete
Pistazien und ein Gebäck, mit Salz und Kümmel bestreut.
„Fragen Sie den Araber doch, wie das Backwerk heißt,"
munterte Herr Dr. Wilde mich an. — „Versteht er Deutsch?"
„Sie brauchen nur zu sagen: ‚Ismo e'?" — Ich also gefragt:
‚Ismo e'? — „Stangerle," antwortete der Araber. Es waren
auch richtig vermißquemte Salzstangen.
    Brave Araber kehren häufig ein und trinken etliche
Töpfchen Bier. Mohammed hat es nicht verboten, weil es
zu seiner Zeit noch nicht hinkam, wenn auch die Streng-
gläubigen Bier als berauschendes Getränk mitsammt dem
Weine verdammen. Die Durstigen haben aber einen Aus-
weg gefunden, indem sie es Medizin nennen, und Medizin
können sie nach dem Koran so viel nehmen, wie sie ver-
tragen. Sie verstärken es sogar bisweilen mit einem Schuß
Kognak, verlieren jedoch nie ihr würdiges Benehmen. Zum
Radau sind sie nicht veranlagt, sondern mehr zum stieren
Stillsitzen, mit erzwungener Geradigkeit beim Hinausgehen.
    Herrn Böhrs Gartenjardin war auf dem Hofe wie ein
Berliner Weißbiergärtchen, nur statt der Epheutöpfe mit
einer Palme, in der fliegende Hunde ihr Wesen trieben.
Hunde, einerlei, ob sie fliegen oder nicht, gehören auf die
Erde, denn daß sie die Staupe hatten, laß ich mir nicht aus-
reden, so wirkte es von oben auf den Tisch und ins Bier-
glas. Das Ausräuchern mit Schießpulver war erfolglos, sie
kamen immer wieder.
    In das Hotel zurück konnten wir entweder fahren, Esel-
reiten oder gehen; wir zogen das Letztere vor, da am späten
Abend und in der Nacht das Straßenleben allerlei Neuigkeiten
brachte. Man warf einen Blick in die arabischen Kaffeehäuser,
wo arabische Sänger und Musikanten auf einer langen Wand-
bank hocken und eine grauliche Musik veranstalten, ungefähr

so, als wenn nächtliche Kater Noten gelernt hätten. Uns war der Singsang, das Geschnarre der zweisaitigen Geigen, das Gewimmer der Flöte und Klarinette und das Gepauke auf Topftrommel und Tambourin unerträglich, die Eingeborenen hingegen gaben ihrer Bewunderung durch häufiges und lautes „ya Salahm" Ausdruck. Eine Nummer klingt wie die andere, unsereins konnte keinen Unterschied bemerken. Wie die Sänger diese Tonfolgen behalten, ist mir ein unlösliches Räthsel.

Alle Art ihrer Musik geht nach demselben Leisten. Wenn sie in einer Straße den Stiftungstag einer Moschee begehen oder das Andenken eines Heiligen, wird die enge Gasse mit buntem Zeltdach überspannt und Fahnen hängen an den Wänden. Unter diesem Dache sitzen die Feiernden auf Teppichen; Lichter und Lampen erhellen die Stätte, daß der Schein weit hinausdringt, und bei Kaffee, Wasser und Tabak preisen sie Allah mit ziemlich denselben verwuzelten Weisen, welche in den Tingel-Tangels die Ohren orientalischer Kunstfreunde kitzeln. Vielleicht hat die amerikanische Heilsarmee hier gelernt, denn die gröhlt ihre Bußpsalmen nach ‚Gott' ist dodt' und ‚Fischerin, Du Kleine' und anderen weltlichen Melodien.

Mitunter begegnet man beim Heimgange einem Bräutigams-Geleite, das langsam durch die Straßen zieht, da es Sitte ist, der Sehnsucht des Freiers durch zögerndes Wandeln den Schein der Gleichgültigkeit zu verleihen. Ein langer Zug von Verwandten und Freunden des Bräutigams schreitet daher, in wohlgemessenen Zwischenräumen flache Gestelle tragend, die in der Form von Sternen, Dreiecken und Kreisen, dicht mit brennenden Kerzen besteckt, feuriger Mosaik gleichen. Das Licht dringt nach oben, die braunen Gesichter der Tragenden und Mitziehenden erleuchtend und die farbigen Kopfbedeckungen und Gewänder und die Häuser, deren Fenster sich öffnen, in denen Neugierige erscheinen. Von Zeit zu Zeit wird Halt gemacht und ein Gesang angestimmt. Dann verharrt die große weite Gruppe wie ein lebendes Bild in der Straße unter dem gestirnten Nachthimmel, bis es sich wieder regt und vorwärts wandelt. An den Biegungen der Gassen, durch welche der Zug seinen Weg nimmt, stehen schweigsame Fackelträger, unbeweglich wie Statuen halten sie doppel-

armige eiserne Gestelle, aus deren durchbrochenen Pfannen
kleine brennende Scheite flackerndes Licht auf die nächste
Umgebung werfen. Barbeinige Gestalten huschen von
einem der lebendigen Leuchterpfähle zum andern und ver-
sorgen die Pfannen mit kienigem Holz, wenn die Gluth
nachläßt.

Immer näher rückt der Zug, man vernimmt den Gesang, der Schein der Kerzen meldet die Kommenden. Nun
erfüllt heller Glanz die Straße; sie sind da. Jetzt gesellt sich
Musik dem Zuge. Trommel und Tambourin, Flöte, Klarinette
und Laute fügen sich der Melodie des Gesanges ein und
wie das Bild einer Zauberlaterne verschwindet der phan-
tastische Schwarm, von einer Krümmung der Gasse verdeckt.
Das war dann echter Orient, eine Fantasia.

Alles Außergewöhnliche, über das täglich Nothwendige
Hinausgehende bezeichnet der Araber mit Fantasia. Ein
wenig Feuerwerk, Musik und Tanz, ja das einfache Ringel-
Rosenkranz der Kinder ist ihm Fantasia. Unser kleiner
Affenbändiger im Garten des Hotels nannte das Spiel mit
seinem klugen Thiere Fantasia, und wenn ein arabischer
Maler die Wände eines Zimmers mit zierlicher Borte um-
rändert, macht auch er Fantasia. So genau unterscheidet
er zwischen dem unumgänglichen Bedarf und dem Schmucke
des Lebens. Wie oft sind wir gleichgültig gegen das, was
den Alltag verschönert. Ja, es giebt Leute, die jegliche
Phantasie für unnützen Schwindel halten. Was bleibt ihnen?
Höchstens Essen und Trinken.

Ganz ruhig wird es in Kairo, glaube ich, zu keiner
Stunde, mindestens leeren die Straßen sich nie, denn überall
vor den Thüren der größeren Häuser und der Kaufläden
liegt der schlafende Wächter, über den hinwegsteigen muß,
wer in das Haus will. Ein aus Palmrippen geflochtenes
niederes, schmales Gestell bildet das Bett, auf dem er sich
ausstreckt, und in eine Decke gewickelt gleicht er einem Packet,
das vergessen worden ist, hinein zu nehmen. „Da ist wieder
Einer weg", sagte mein Karl, wenn wir einem Schlafenden
ausweichen und von dem schmalen Bürgersteig treten mußten,
um nicht über das Nachtquartier zu fallen. Einige mummeln
sich in ihren Kaftan ein und schlafen, an eine Mauer gedrückt,
auf der blanken Erde. Das sind Arme, die keine Schlafstelle

haben und nicht einmal ein Korbgeflecht, das sie vor Skorpionen und sonstigem Kriechgethier schützt. Nur leicht schließt der Schlummer ihre Augen. Erschallt der Ruf des Muezzin vom Minareh durch die Nacht, richten sie sich auf, wenden das Antlitz nach Mekka und preisen Allah, den Allbarmherzigen, den Erbarmungsreichen, der das Geschick aller Gläubigen in seiner Weisheit vorausbeschlossen hat und auch die Armen und Elenden in sein Paradies führen wird, wenn sie bekennen: es ist nur ein Gott und Mohammed ist sein Prophet.

Nach dem oberen Nil.

Wankende Entschlüsse werden durch Zureden befestigt, und da Graf Arco, der Generalkonsul des deutschen Reiches obendrein die Freundlichkeit hatte, an den Konsular-Agenten in Cugsor die Weisung ergehen zu lassen, uns dort eine Fantasia mit Hammelrösten und Volksbelustigung zu veranstalten, war der Abstecher nach dem oberen Nil so gut wie abgemacht. Ich zögerte freilich mit meiner Einwilligung, indem ich die Beschwerden erwog und die Gefahren, welche mit jedem Kilometer wärter sich verdreidoppeln, bis die Regionen der Menschenfresser den Reisenden willkommen heißen und man ohne Sang und Klang in den Kannibalenmägen verschwindet. Deswegen widerstrebte ich: „Auf diese Methode möchte ich nicht der Vergessenheit anheimfallen." — „Auch nicht nöthig," sagte mein Karl, „nachher kann ja dem Wilden auf den Bauch tätowirt werden: „Hier ruht Wilhelmine Buchholz." — „Karl," entgegnete ich mit einem Tone, der etwas enthielt. „Willst Du Dich hier benehmen wie Onkel Fritz? Wenn sie mich essen, bist Du auch so gut wie gebraten." — „Und da saure Gurken zu," höhnte er. — Zur Strafe seiner Gefühllosigkeit geschähe ihm schon recht, wenn die Schwarzen mich aufmümmelten.

„Wilhelmine," suchte er mich zu beruhigen. „Würde man uns den Abstecher anrathen, wenn ernste Fährlichkeiten mit verknüpft wären?" — Hierin konnte ich ihm nicht Unrecht geben, denn als wir bei Kemmerichs zum Diner waren, drang die liebenswürdige Frau Kemmerich sehr in uns, diesem Theile Aegyptens jedenfalls vierzehn Tage zu widmen, sonst kehrten wir nach Europa zurück, ohne die Poesie des Landes empfunden zu haben. Gar Manches wußte sie begeistert von den Wundern des oberen Nils zu erzählen, und von der alten Herrlichkeit, die aus gewaltigen Trümmern zu dem Menschen spräche, und die Nilfahrt selbst pries sie als eine Erholung für Geist und Körper nach den Anforderungen, die Kairo an den fremden stelle, der wirklich sähe und beobachte. Eigentlich gehöre dazu, daß man auf einer Nilbarke reise, auf einer Dahabiye, mit Ruderern und Bedienung, ganz für sich, süßem Nichtsthun hingegeben, und unabhängig von Zeit und Stunde. Wolle man Ausflüge an das Ufer unternehmen, sei eine Felucke, ein kleines Boot, bereit. Dann besuche man die Ortschaften, erhandele Lebensmittel von den Eingeborenen, Geflügel, Eier, frische Gemüse und Früchte, oder dehne den Abstecher zu den Tempeln der Pharaonen aus, und den Orten, die bereits in der ältesten Geschichte von Sagen umwoben waren. Doch das seien nur schwache Umrisse einer Dahabiyenfahrt, der Reiz, den sie in sich schlösse, könne ebenso wenig beschrieben werden, wie das Glück eines Ferientages zur Sommerszeit, in unserer Heimath. Wenn wir nun wegen der kurzbemessenen Zeit auch von der Dahabiye absehen müßten, würden wir dennoch mit den Ergebnissen höchst zufrieden sein.

Wer konnte da widerstehen? Herr Zwilchhammer, der mittlerweile neue Platten erhalten hatte, beabsichtigte, dieselbe Strecke zu bereisen, und Mr. Pott sagte, er würde sich glücklich schätzen, wenn er sich betheiligen dürfe. Freilich könne er sich der Cook-Gesellschaft anschließen, aber zu viele eng gepackte Mitgenossen störten ihn. Er ist eben Gemüthsmensch und mag sich nicht stoßen lassen.

Wer keinen Begleiter findet, thut gut, mit einer Gesellschaftsreise zu gehen. In Berlin arrangirt Stangen alljährlich mehrere Orientreisen, jede mit beschränkter Personenzahl. Theilnehmer, welche wir sprachen, lobten die ausgezeich

nete Führung, die einer der Herren Stangen persönlich übernimmt, in jeder Beziehung. Von England und Amerika
dirigirt James Cook und Sohn solche Reisen, überall findet
man seine Büreaus und Angestellten. Hier wird der Mensch
zum Kolli, und geht ebenso sicher um die Erde, wie ein
richtig versicherter Koffer. Cook's Office nimmt ihn an, und
liefert ihn wieder ab, die Sehenswürdigkeiten stehen im
Programm und werden litermeise zugemessen. Wie kann auch
bei Massenbeförderung den Neigungen des Einzelnen Rech-
nung getragen werden, als wenn, wie bei Stangen, nur
Wenige sich zusammenthun, die sich die besonderen Gelegenheiten nach Uebereinkommen einrichten.

Da der Postdampfer am Mittwoch von Assiut abging,
mußten wir am Dienstag von Kairo mit der Eisenbahn eine
Tagfahrt machen, an die ich noch denke.

Die Waterbury-Uhr war natürlich wieder ohne Verlaß,
die Thiere in der Palme besorgten das Wecken. Ich verstand
ihre Sprache jetzt, sie schrien in Einem fort Bakschisch. Mit
Lebensmitteln versehen, fuhren wir in einer Droschke früh vom
Hotel, weil es besser ist, mehr als rechtzeitig am Bahnhof zu
sein, da die Abfahrt nicht immer mit dem Glockenschlag
stimmt, sondern bald früher, bald später stattfindet. Als wir
in Kairo waren, ereignete sich der Fall, daß der Zug nach
Sues zweiundzwanzig Minuten nach der vorschriftsmäßigen
Zeit abging, weil der Lokomotivführer den Fahrplan nicht im
Kopfe hatte, und ruhig wartete, bis man nach ihm schickte.
Vielleicht auch war er im Besitz einer Waterbury-Uhr.

Nach einer halbstündigen Fahrt erreicht man den Bahnhof Bulak-Dakrur, eine mise Station mit vorsündfluthlichen
Einrichtungen. Der Weg ist durch Akazien in eine schattige
Allee verwandelt und in den Morgenstunden außerordentlich
belebt. Wir zählten die uns begegnenden Kameele; es waren
zweihundert ein und achtzig an der Zahl.

Das Leiden des Tages begann mit dem Lösen der Billette
am Schalter, wenn man ein von Wilden belagertes Trallen-
fenster so nennen will. Ordnung war nicht. Wenn ein
Araber abgefertigt war, blieb er ruhig stehen, weil es ihn
seinerseits interessirte, zu sehen, wie der Nächste wohl zu
seinem Billet käme. So belagerte denn ein wühlender Men-
schenhaufe die Ausgabe und erst durch Hinzuziehung eines

Bahnbeamten, der nicht nur das Knuffen, sondern auch Um-
wege kannte, erhielten wir unsere Fahrkarten.

Mr. Pott bewerkstelligte mittelst Bakschisch die Vertheilung
derart, daß wir je zu zweit ein Kupeh hatten, mein Karl
und ich, er und Herr Zwildhammer, damit man sich bequem
ausstrecken könne, wenn die Hitze des Tages das Ausruhen
wünschenswerth erscheinen lasse. Bis Bedraschehn hatten wir
die angenehmste Gesellschaft, da die Familie Kemmerich eine
Partie nach den Pyramiden von Sakkara und den Apisgräbern
unternahm. Die Reitesel und Treiber, welche zu dem Aus-
flug nothwendig sind, wurden in einen Gepäckwagen geladen.
Der kleine Kemmerich hatte eine Peitsche mitgenommen, um
Krühen todtzuschlagen. Darauf stand sein Sinn. Das Alt-
ägyptische interessirte ihn noch nicht.

Bedraschehn war bald erreicht. Die Bahn führt an
Fruchtland und dichten Palmenwäldern vorbei, und an Schutthügeln, auf denen Fellachendörfer stehen. Ziemlich der Landschaft des Delta ähnlich ist die Gegend bis Assiut hin, nur
mit dem Unterschiede, daß nach beiden Seiten steil abfallende
Höhenzüge den Blick begrenzen und die Ebene einengen,
durch welche der Nil, von saftigem Grün umrandet, in Krümmungen dahinfließt. Es sind dies die Ränder der arabischen
Wüste links und der lybischen Wüste rechts. Das Hochland
hinter ihnen ist Sand, Sand und Fels und geht in die Sahara
über. Nun begreift man erst recht, warum die Aegypter den
Nil den Vater des Segens nennen: wohin sein Wasser gelangt, sprießt und grünt es, das Uebrige ist dürr und öde.

Auf den Feldern arbeiteten die Fellachen; Vieh weidend
und ackernd sorgten sie für ihr Dasein. An Zuckerrohrpflan-
zungen kamen wir vorbei. Das Rohr wurde geschnitten und
Kameelen aufgeladen, die es nach den Siedereien schleppten,
deren Dampfschornsteine an die Stelle der Obelisken getreten
sind. Auch die Stationen glichen denen im Delta, so daß es
uns vorkam, als passirten wir bereits bekannte Ortschaften.

Mein Karl äußerte daher die Absicht, die Unterhaltung
durch Frühstücken zu beleben. „Ist es denn schon so weit?"
Er sah nach der Uhr, aber die konnte das Eisenbahnfahren
nicht vertragen und stand. „Wir warten noch," entschied ich.
„Ich habe die Nacht schlecht geschlafen, wie immer, wenn
man sich vornimmt, rechtzeitig aufzuwachen, und werde das

Versäumte rasch einbringen. Nachher schmeckt es uns um so
besser. Betrachte Dir das Landschaftliche, die niedlichen
jungen Eselchen im grünen Kraut, die gerade so aussehen
wie Herr Kleines, und erzähle mir später, was Du Alles beobachtet hast." — „Wenn ich aber doch Hunger verspüre."
— „Karl, am wohlsten fühlt der Mensch sich, wenn er nach
der Uhr lebt. Sich selbst besiegen ist der schönste Sieg."

Ich war in der That müde. Die Hitze hatte zugenommen
und der Staub quälte die Augen. Meine Verfassung verlangte nach Schlummer, denn weder das Halten des Zuges
ermunterte mich, noch das schreckliche Pfeifen der Lokomotive,
das beim Verlassen der Stationen sein muß, um die Wilden
von den Schienen zu scheuchen, welche den Bahndamm für
einen neuen Weg halten. Erst nach geraumer Zeit hatte ich
ausgeruht. Aber was erblickte ich, als das Bewußtsein zurückkehrte!

Meine Seele von Mann, dies Lamm, saß vor mir, mit
einer Stange von Zuckerrohr, die selbst im geknickten Zustande
nur halb in das Kupeh ging, und knabberte daran, als
wäre er von Kindesbeinen bei dieser Art Naturvolksküche
jung geworden. „Karl," rief ich entsetzt, „was schlägst Du
Dir da hinein." — „Wenn Du den Eßkober als Kopfkissen
unterstopfst, muß ich mich nach anderweitigen Lebensmitteln
umsehen." — „Iß nicht zuviel davon, das Zeugs kann unmöglich lange gegen halten. Laß mal probiren."

Etwas Härtlicheres habe ich noch nie gekostet: man kann
nur den ungeheuer süßen Saft aussaugen, die Fasern bleiben
im Munde. Auch zieht es die Fliegen in erhöhtem Grade
an und verursacht, in Gemeinschaft mit dem Staube, Schmier-
finger erster Güte. Zum Glück werden an den Stationen
von halbnackten Knaben und Mädchen Wasserkrüge aus Thon
feilgeboten. ‚Moje, Moje' rufen sie, was so viel als Wasser
heißt. Den Krug nennen sie Gulle. Ueberall giebt es diese
Krüge, durch deren unglasirte Wände das Wasser schwitzt,
und das, indem es an der Luft verdunstet, Kälte hervorbringt, die sich dem ganzen Vorrath mittheilt. Auf der Gast-
haustafel stehen die Gullen in Näpfen, weil sonst das Tisch-
tuch naß würde. Der Aermste wie der Reiche hat seine
Gullen, ohne welche das Wasser lauwarm getrunken werden
müßte, da Eis nur in den großen Städten zu haben ist. Nun

konnten wir auch die Hände waschen und das Gesicht er-
frischen. Handtuch und Seifenblätter nimmt die Buchholzen
auf längeren Fahrten stets mit.

Mein Karl war froh, als ich das Rohr an die Luft beförderte und den Koffer mitten ins Kupeh stellte, der, sauber
mit Papier gedeckt, als Tisch diente. Eier, Karmenade und
Früchte gaben ein wohlangebrachtes Frühstück. Das gebratene
Huhn wurde für den Nachmittag aufgehoben.

„Nun erzähle mir, was Du unterwegs gesehen hast,"
regte ich die Unterhaltung an und kredenzte meinem Karl
einen Becher Wein. — „Nicht viel," antwortete er, „immer
dieselben Kameele in Braun und die Palmen in Grün." —
„Ist das Alles?" — „Die Bahnwärterhäuschen sind auch
aus Nilschlamm gekleistert." — „Was beobachtetest Du sonst
noch?" — „Einen Storch." — „Wie sah er aus?" — „Mit
rothen Beinen, wie alle Störche." — „Karl, ward Dir nicht
eigen zu Muthe, als Du ihn hier erblicktest, so gewissermaßen
eine Bestätigung von dem, was schon in der Fibel über ihn
steht?" — „Nein." — „Ich hätte ihm einen Gruß zugerufen."
— „Schade, Du schnarchtest gerade." — „Es wird höchstens
Staubröcheln gewesen sein. Wärest Du nur eine Spur dich-
terisch veranlagt, welche Ideen hätte Dir diese Begegnung
eingegeben." — „Ich hatte auch so meine Gedanken." —
„Heraus damit." — „Ich dachte, wenn er nach Onkel Fritz
flöge, und ihm einen kleinen Mohren in die Wirthschaft
brächte, welch' wahnsinnigen Spaß der daran hätte." —
„Karl, bedenke doch, die Umstände mit einem Schwarzen." —
„Durchaus nicht. Der würde des Morgens gleich mit den
Stiefeln gewichst und wäre für den ganzen Tag blank."

Die hierauf zweckmäßige Abfertigung ward durch Halten
des Zuges und Oeffnen der Thüren abgeschnitten. Wir
mußten aussteigen, und ein Bahnwilder russelte das Kupeh
mit einem Federwedel aus. Eine dichte Wolke stob hervor.
Wir benutzten die Gelegenheit, Mr. Pott und Herrn Zwilchhammer nach ihrem Befinden zu fragen. Mr. Pott lag unter
seinem Plaid, um sich gegen Staub und Fliegen zu wehren;
Herr Zwilchhammer dagegen saß in einer Ecke, seine Apparate neben sich auf der Bank. Ob es die Hitze allein war,
oder ob Mr. Pott ihm zu viel Kognak gereicht hatte, das
bleibt unentschieden, genug, er duldete grausam.   „Ich will

gerne leiden," sprach er kläglich, „wenn nur die Aufnahmen
gut werden." — „Nanu," tadelte ich, „stellen Sie Ihre Sachen
doch auf den Fußboden, damit Sie es bequem haben. Ihre
Maschine wird sich dadurch hoffentlich nicht beleidigt fühlen."
Es nützte aber Nichts. Für ihn ist das Praktische umsonst
erfunden.

Wir stiegen wieder ein. Warm wurde es und immer
wärmer, die Nachmittagsstunden waren schier zum Verzweifeln.
Das Ausstauben hätte füglich gespart werden können, in zehn
Minuten war Alles wieder grau. Das Huhn kam in dieser
Temperatur immer wieder hoch. Mandarinen und ein wenig
Wein mit Wasser bildeten das einzige Labsal. Ebenso zu-
gedeckt wie Mr. Pott fügten wir uns ohne Murren. Man
lernt im Orient Ergebung in das Unabänderliche. Inschallah,
wie Gott will!

Als ich so da lag, fiel mir ein, daß ich im Reisehandbuche
gelesen hatte, Aegypten sei die Wiege der menschlichen Ge-
sittung. — „Karl," fragte ich, „wie kommt Dir diese Wiege
vor?" — Er jappte nur noch.

Gegen Abend legte sich die Hitze, und als wir bei ein-
brechender Nacht in Assiut ankamen, befanden wir uns ziemlich verhältnißmäßig. Der Zug fährt bis an das Nilufer.
Kaum waren wir vom Bahnhof ins Freie getreten, als
zwei Wilde, schattenhaft von Gesicht und Händen, wie die
uns umgebende Dunkelheit, mich faßten und vorwärts zogen.
Die Füße verloren den wagerechten Halt, es ging eine steile,
steinige, staubige Böschung hinab, wobei ein dritter Wilder
mit einer Laterne unten auf der Erde vorleuchtete. Meinen
Karl hatten sie sich in gleicher Manier gelangt. „So," dachte
ich, „morgen ist Schlachtfest, nun blüht uns der Wurstkessel."
— Wie aber schon manchmal, hatte ich mich wiederum geirrt,
und das Menschenfresserische einige Breitengrade zu dicht an
die Zivilisation verlegt, denn die Muffis sorgten in rührender
Weise erstens für uns, daß wir auf dem Wege nach dem
Postdampfer nicht stürzten, und zweitens für sich, indem sie
an Bord so lange aufs Neue Bakschisch verlangten, bis ein
Matrose mit der Karbatsche kam und hinhaute, wo er traf.
Da purzelten sie vom Schiff herunter und verschwanden in
der Finsterniß. Vor dem Dampfer, am Ufer und auf dem
Schiffsrumpfe, der zum Anlegen dient, lagerten arabische Leute,

Männer, Weiber und Kinder, Eßwaare und kleine Gebrauchs-
gegenstände zum Verkauf auf Matten ausgebreitet, je mit
einem Lichtlein, das spärlichen Schein gab. Die Unterdeck-
passagiere versahen sich mit Kleinigkeiten für die Reise, und
so bot dieser Markt ein seltsam ägyptisches Bild.

Unsere in Kairo auf der Post genommenen Fahrbillete
trugen die Nummer der Kabine, von denen sechs im Ganzen
vorhanden waren, fast so geräumig wie auf großen Dampfern,
und sauber gehalten. Das Schiff selbst mochte in der Größe
einem der großen Spreedampfer gleichkommen. Mr. Pott
übernahm es, mit dem Koch das Abendessen zu bereden und
wir gingen vor allen Dingen an die Waschung, die Staub-
spuren der Eisenbahnfahrt zu tilgen.

Nach einer halben Stunde trafen wir uns in der am
Stern des Schiffes gelegenen Kajüte miteinander wohlauf
und erquickt durch die reine, frische Nachtluft. Auch Herr
Zwildhammer hatte sich erholt. Der arabische Steward
brachte das Mahl: Rührei, kalten Schinken und kalte Schnepfen,
sehr lecker. Dazu einen leichten Burgunderwein zu dem
billigen Preise von zwei und einen halben Franken die Flasche.
Mr. Pott hatte den Wein sofort in einen großen Thonkrug
stellen lassen, so daß er kühl und lieblich zu trinken war. Als
süße Speise erschien ein Auflauf mit eingemachten jungen
Datteln von delikatem Geschmack. — „Sie verstehen es,“
sagte ich anerkennend zu Mr. Pott. — „Oh,“ erwiderte er.
„Es ist nicht schwer, auch Vergnügen am Reisen zu haben,
man muß nur von dem Vorhandenen das Beste aussuchen
und sagen, wie man es wünscht. Für mein Geld verlange
ich das Recht, welches ich beanspruchen kann, vollständig.
Wer Schlechtes annimmt, wo er Gutes fordern darf, schreibt
sich selbst den Grund zu von Unzufriedenheit. Doch muß man
dabei wissen, daß ein gutes Wort viel weiter dringt als
Heftigkeit und Zornigkeit. Ich sehe in jedem Mann einen
anständigen Mann, so lange er nicht das Gegentheil beweist;
welche Stellung er im Leben einnimmt, ist gleichgültig, und so
behandle ich ihn.“

Mein Karl fand Mr. Potts Reiseweisheit lobenswerth
und fügte hinzu, daß scheltende, befehlshaberische Mitreisende
Einem die schönsten Genüsse verleiden könnten, indem sie durch
großpratschiges Betragen überall Skandal machten und Er-

bitterung erregten, unter der dann Alle zu leiden hätten. —
„Das kommt vom Mangel an Erziehung," sagte Mr. Pott.
„Lebensart will ebensowohl vererbt oder erworben sein wie
Geld." — „Es giebt verschiedene Sorten von Bildung,"
mengte ich mich in das Gespräch, „aber welche Nummer die
Bergfeldten hat, daran kann eine Sphinx sich den steinernen
Kopf zerbrechen." — „Ist diese Dame vielleicht eine Freundin
von Ihnen?" fragte Mr. Pott. — Bevor ich eine Antwort
gewählt, sagte Herr Zwilchhammer, der bis dahin ruhig zu-
gehört hatte: „Wenn ein Konversationslexikon hier wäre, ließe
sich der Begriff Bildung leicht feststellen, allein dergleichen
wird man hier in dieser Wildniß wohl vergeblich suchen."
„So glaube ich auch," sagte Mr. Pott. „Aber der Burgunder
ist gut, und das ist die Schuldigkeit von dem Restaurateur.
Wollen wir noch eine Bouteille nehmen?"

„Morgen ist wieder ein Tag," entschied mein Karl. „Ich
denke, wir gehen in die respektiven Kojen."

Gesagt, gethan, die Bettkästen nahmen unsere ermüdeten
irdischen Hüllen auf. „Weißt Du, was ich morgen in mein
Notizbuch schreibe?" fragte ich meinen Karl, als ich lag. —
„Nein." — „Daß die Betten im Orient sich durch Härte aus-
zeichnen. Schon auf dem „Gwalior" durften sie weicher sein.
Wir hätten in Bologna von den Federkopfkissen kaufen sollen,
welche dort am Bahnhof für die Nachtreise vermiethet
werden. Man drückt sich ja die Ohren in den Schädel
hinein."

Für wirklich Müde ist der Schlaf dasselbe wie Opium.
Mir war, als hätte Dr. Wrenzchen seiner geliebten Schwiegermutter (mitunter äußert Er ja eine gewisse Erbschafts-
Zärtlichkeit) einen Gemüselöffel voll eingegeben, so daß ich
von dem Lärm, der um Mitternacht bei der Abfahrt entstand, nur für kurze Zeit erweckt wurde. Mit dem Gedanken, ob wir wohl den im Reisebuche sich auf Sandbänken
sonnenden Krokodilen, dem Ibis und dem Pelikan begegnen
würden, versenkte ich mich in die zweite Hälfte der Nacht.

Am Morgen erhoben wir uns mit der Sonne. Wie
goldene Blitze schossen ihre Strahlen im glühenden, wolken-
losen Osten auf, breit lag das trübe Wasser des Nils vor
uns, der nur aus der Ferne blau glitzert. An beiden Seiten,
bald hoch, bald niedrig, fassen dunkle, schlammfarbige Ufer

den Strom ein, Streifen von Fruchterde, welche bis an die hohen Ränder des Wüstengebirges reichen, die wie kahle, gelbe Schutzmauern das Nilthal begrenzen. Oft ist der fruchtbare Streifen nur schmal, wie ein Fahrweg, dann wieder dehnt er sich auf etliche Meilen aus, überall beackert und bestellt. Dörfer und Städte, Wäldchen von Dattelpalmen und grünende Felder gleiten an dem Auge vorüber, ein Wandelbild, das trotz seiner Einförmigkeit dennoch ununter» brochen fesselt, weil die Sonne Aegyptens ihren Glanz darüber gießt, und das Grün der Fluren unter dem azur» blauen Himmel in wunderbarem Gegensatze zu den öden Gebirgszügen steht, deren Umrisse wie mit einem spitzen Bleistift gezeichnet erscheinen. Zuweilen treten die weißgelben Abhänge der Wüste dicht an den Fluß; wildes Geröll ist das Kleid der Berge, kein Moos schmückt sie, kein Halm, kein Strauch. Und doch tragen sie Spuren menschlicher Thätig» keit. Hoch oben am Rande, in der Mitte, an schier unzu» gänglichen Stellen, öffnen sich viereckige Löcher, die Eingänge zu ehemaligen Grabkammern, die längst ihres Inhaltes be» raubt sind. Auch der Felsrand der Wüste war ein Be» stattungsort der alten Aegypter, wie das Gräberfeld bei Giseh und Sakkara. Der grünende Garten des schwarzen Erdreiches gehörte den Lebenden, der starre, öde Fels und die Wüste den Todten. So waren Tod und Leben geschieden, und doch so nahe bei einander.

Herr Zwildhammer richtete seine Kamera, Bilder von den steilen Höhen mit den Grablöchern aufzunehmen. Nament» lich eine Ansicht machte sich sehr malerisch. Unten auf einer Landzunge stand ein weißes Kuppelgebäude, das Grabmal eines muselmännischen Heiligen, von einigen Palmen und einer Sykomore beschattet. Beduinen hatten ihr Zelt in un» mittelbarer Nähe aufgeschlagen und saßen in ruhiger Be» trachtung bei den Kameelen, welche mit hochgerecktem Halse die Morgenluft einsogen. Dicht dahinter erhob sich jäh die zerklüftete Felswand mit einer Schlucht, die in das Gebirge verlief. Herr Zwildhammer drückte, der Apparat schnickte und die Aufnahme war gemacht. „Ich bin neugierig, wie es geworden ist," sagte ich. — „Das werden wir später erfahren," entgegnete er. „Noch ist auf der Platte nichts zu sehen, erst unter chemischer Behandlung kommt das Bild

zum Vorschein." — „Das ist merkwürdig." — „Nur den
Lichteindruck nimmt die Platte auf," belehrte er mich, „der
sich sogar wochenlang hält." — „Wie ist das möglich?" —
„Ueber das ‚Wie‘ dieser Erscheinung steht noch nichts Sicheres
in den Büchern. Es ist eben sonderbar, daß das Wesen des
unsichtbaren Bildes auf der photographischen Platte unseren
Physikern bis jetzt unklar ist, obgleich die Photographie täglich ausgeübt wird, Tausenden Beschäftigung giebt, neue
Industriezweige ins Leben gerufen hat und garnicht mehr
entbehrt werden kann. Wir haben maßgebendere Theorien
von den Vorgängen auf dem Sirius und der Sonne als
von dem Spiel der Kräfte bei photographischen Aufnahmen."
— „Das wäre. Vielleicht denken die Hochgelehrten, das
Photographische ist nicht weit genug weg und deshalb zu
gering. Zeigen Sie mir mal die Platte, es muß doch etwas
daran zu sehen sein." — „Unmöglich. Wenn nur eine Spur
Tageslicht daran käme, wäre sie verloren. Der schwache
Schein einer rubinrothen Lampe muß uns bei den Arbeiten
in der Dunkelkammer genügen."

Dies Geheimnißvolle regte mein Interesse für die Photographie bedeutend an, und mit einer Art Jagdvergnügen
half ich Herrn Zwilchhammer, nach aufnehmungswürdigen
Gelegenheiten spähen. Wenn der Dampfer bei einem Städtchen anlegte, um die Post auszufertigen, gab es alle Hände
voll zu thun. Herr Zwilchhammer äugelte durch seinen
Apparat, ich half ihm beim Wechseln der Rahmen, in denen
sich die Platten befanden, und mein Karl schrieb den Namen
der Ortschaft auf, welchen wir uns von dem Postmenschen
sagen ließen, einem jungen Kopten in gelbgrauer Joppen-
uniform mit grünem Besatz. Dieser war gleichzeitig Kom-
mandant des Schiffes und hatte nach dem Rechten zu sehen.
Vorne am Bug saß der arabische Steuermann, ernst und ge-
messen das Steuerrad drehend, ohne auf etwas Anderes Acht
zu geben, als auf die Krümmungen des Flusses und das
Fahrwasser, welches sich täglich ändert, weil die Sandbänke
sich verschieben. Durch Glockenzeichen giebt er dem Maschi-
nisten Befehle, der seinen Stand hinten im Raum hat. Das
Schaufelrad ist nämlich am Stern angebracht, und treibt das
flache Fahrzeug nach Art der Schraubenschiffe von rückwärts.

Auf diese Weise gelingt es, auch bei niedrigem Wasserstand stromauf zu kommen.

Das Annehmen und Abgeben der Post war jedesmal ein eigenartiges Schauspiel. An den Uferwällen hatte sich Volk versammelt: Weiber, von Kopf zu Fuß in dunkelblaue Tücher gehüllt, Männer in malerischen Trachten, Lappen, Lumpen, je nach ihrem Vermögen, Kinder von gänzlicher Zenglosigkeit oder mit Hemdchen aus grellfarbigem Kattun angethan. Schreiend und lärmend drängten sich die, welche Lebensmittel zu verkaufen hatten, bei der dort herrschenden allgemeinen Gewerbefreiheit in rücksichtsloser Konkurrenz an das Schiff, mit den Unterdeckspassagieren Geschäfte anzubändeln, und lebhaftester Handel entspann sich. Da wurde Käse angeboten, gebratenes Ziegenfleisch, Etliche hatten gebackene Fische, Eier, Datteln, Lauch. Andere kamen mit Zuckerrohr, Salatstauden, lebenden Kaninchen und Tauben. Brot war ein begehrter Gegenstand. Eine mir unbekannte, braune Masse, in Gestalt kleiner Kegel, fand ebenfalls Nehmer; es war, wie ich nachher erfuhr, eingedickter Rohzucker. Herr Zwilchhammer zielte mit seinem Apparat auf den Trubel und meinte, diese Aufnahmen müßten in Europa Aufsehen erregen, da sie ein getreues Bild von dem Treiben am oberen Nil lieferten, geradezu eine Völkerkarte von Typen und ägyptischen Gesichtern im Ausdrucke der Leidenschaft.

Abseits von der erregten Menschenmenge, hoch am Ufer, hielt die Post: Zwei Reiter zu Pferde in blauer Turko-Uniform und ein Kameel zum Tragen der Briefkiste. Wie Bildsäulen standen die herrlichen arabischen Rosse, weiße Schimmel mit seidenglänzender Mähne, neben dem Kameel, das, allerdings sehr praktisch eingerichtet, auf Schönheit jedoch keinerlei Anspruch machen kann. Nie ward mir der Adel des Pferdes so augenscheinlich wie hier durch den Gegensatz zu dem stets mißmüthigen Lastthiere.

Zwei Gensdarmen, mit aufgepflanztem Bajonett, geleiteten den Landpostführer durch den Menschenknäuel auf das Schiff. Einer ging, Platz machend, vorauf. Der Zweite folgte dem Träger der Kiste, welche, an den Ecken mit Messing beschlagen, manchen Stoß vertragen konnte. In der Briefkammer auf dem Schiffe ward diese Kiste gegen eine andere ausgetauscht, und nachdem die Papiere unterschrieben und die Uhren ver-

glichen, traten die Drei den Rückweg in gleicher Weise an.
Dann wurde das Kameel mit der Kiste beladen, der Land=
postbeamte stieg auf das Thier, und die kleine Karawane
setzte sich in Bewegung. Ein bewaffneter Reiter voraus, das
Kameel in der Mitte, der zweite Reiter als Deckung, so zog
die Post landeinwärts, mit frohen Nachrichten und traurigen,
Geld bringend und Schulden einfordernd, in treuer Pflicht=
erfüllung. Wie die Post, so auch die Zivilisation.

Unser Post=Kapitän war ein junger, in jeder Beziehung
aufmerksamer Mann, der ein wenig Deutsch sprach, im Eng=
lischen sich jedoch fertig auszudrücken verstand, weshalb Mr.
Pott als Dolmetscher angestellt wurde. Nun erfuhren wir,
daß kurz vorher mit demselben Schiffe Schliemann und Virchow
nach Assuan hinaufgefahren seien; einer von ihnen habe in
der Kabine geschlafen, die mein Karl und ich inne hatten,
wer jedoch, das war ihm entschwunden. So hatte denn einer
von uns in einem berühmten Bette genächtigt, aber was
half das, da die genauen Atteste darüber fehlten? Konnte
ich mich Schliemanns rühmen oder Virchows, oder war mein
Karl Derjenige, dem das Glück des geweihten Pfühls zu
Theil geworden? Ewiger Zweifel wird über dieser hoch=
wissenschaftlichen, interessanten Thatsache walten.

Als der Postfritze meinen Kummer sah, suchte er mich
mit dem dritten Passagier zu trösten, der zugleich nach Assuan
gereist sei, und den er bei der Rückkehr in Luqsor abholen
solle. Dies war nach der Visitenkarte, die er als Adresse
aufbewahrte, Lieutenant Fischer. „Den stelle ich," sagte ich
zu meinem Karl, „der muß berichten. Vielleicht kennt der
das richtige Bett."

Je länger wir auf dem Nil fuhren, um so trauter ward
uns der Strom. Die reine frische Luft erquickte trotz der
Nachmittagssonne, die nicht übel auf das leinene Schutzdach
brannte, und wohliges Nichtsthun mit traumhaftem Leben
umfing uns. War dieses Vorüberziehen der fremdartigen
Landschaften doch wie das Schauen im Traum. Nichts er=
innerte an die Heimath. Die Bäume und Sträucher, die
Vögel auf dem Wasser und den Sandbänken, die Menschen
und ihre Behausungen, das Alles gehörte einer anderen
Welt an. Die Nilschlammhütten trugen hohe, schräg zugehende
Stockwerke, welche ihnen das Aussehen von Festungen ver=

liehen, und doch sind diese mit alten Thonkrügen durch-
mauerten Aufsätze nur harmlose Taubenhäuser, deren Be-
wohner in dichten Schaaren über den Palmenhainen kreisten
oder gurrend auf den Reisigzweigen saßen, welche den Eingang in die Schlupflöcher erleichtern. Bei den Dörfern
wateten Büffel im Nil und verschleierte Weiber schöpften
Wasser aus dem Flusse. Auf dem Kopfe trugen sie die großen
schweren Thonurnen nach ihren Hütten, schlanke Gestalten,
barbeinige wandelnde Säulen, von indigogefärbten Laken um-
schlottert.

An den steileren Uferwänden arbeiteten Männer am
Schaduf; dies ist die Schöpfvorrichtung nach Art der Zieh-
brunnen im Gegensatz zur Sakkiye, welche von Zugthieren
getrieben wird. Der Eimer daran ist ein kesselartig geformtes
Ziegenfell, das Gegengewicht ein großer Klumpen Nilschlamm.
Damit hebt ein Fellache das Wasser in eine Grube, die in
das Ufer gehöhlt ist, aus dieser schöpft ein Zweiter in eine
weiter nach oben angebrachte Vertiefung und so fort ein
Dritter und Vierter, bis das Wasser den hochgelegenen Acker
erreicht. Vom frühen Morgen bis zum späten Abend stehen
die Fellachen in den Spalten des Ufers, die sie schürften,
um einen Halt zu haben, mit maschinenmäßiger Ausdauer
bei ihrem schweren Tagewerk, ohne welches die Saaten und
Anpflanzungen verdorren würden. Ihr blaues Gewand haben
sie von sich gethan, nur ein Hüftentuch bekleidet sie; kaum
heben sich die nackten braunschwarzen Körper von dem feucht-
dunklen Erdreiche ab, als wären sie aus demselben Schlamme
gebildet, dem sie ihr Leben mühselig abgewinnen. Herr Zwilchhammer meinte, auf einer gewöhnlichen Photographie würden sie schwer zu erkennen sein, in dem Apparate jedoch, den
er zu konstruiren vorhabe, müßten sie ebenso unheimlich zum
Vorschein kommen wie in der Wirklichkeit. Unheimlich war
diesmal das rechte Wort, so denke ich mir unselige Todte,
die ein erbarmungsloser Fluch zu endloser Arbeit aus dem
Grabe aufscheucht. Und doch ist's nicht so arg. Sie sind gewohnt, also zu werken, und bei ungekochter Pflanzenkost obendrein. Nur am Abend essen sie Warmes, das die Weiber
vor der Schlammhütte am Kameelmistfeuer bereiten, namentlich Bohnen und Linsen, mit Zwiebeln stark gewürzt und
reichlich mit Sesamöl und Butter gefettet. So sagte der

7*

Postmensch auf unser Befragen aus. Als ich zu wissen be-
gehrte, wie das schmeckte, antwortete er: „very good".
Fleisch bekommen sie selten, Milch und Eier, Käse dagegen
täglich zu dem flachen Brote, welches, wie ich mich selbst
überzeugte, trotz seiner grauen Farbe kräftigen Wohlschmack
besitzt. Europäische Landarbeiter würden mit dem Fellachen
niemals wetteifern können, unmöglich wäre es ihnen, bei
derselben dürftigen Verpflegung auch nur annähernde
Leistungsfähigkeit zu entwickeln. Am Abend giebt auch der
Fellache sich seinem Keef hin und da er kein anderes Leben kennt,
als das hergebrachte, hält er seine Lage noch lange nicht
für die schlechteste. So kann der Mensch die bedauerlichste
Existenz ertragen, wenn er sich nur zufrieden fühlt.

Mancherlei Fahrzeuge begegneten uns. Fischerboote, mit
braunen muskulösen Gesellen darin, sahen wir und Fracht-
schiffe, mit Waaren und Passagieren, die vom Dorfe zur
Stadt fuhren, welche sich von jenem nur durch die Größe
und einige weiße Minarehs unterscheidet, keineswegs aber
durch die Bauart der Nilschlammhäuser. Auch einen Postdampfer begrüßten wir und ein Räderboot der Firma
Cook & Sohn, das mit zurückkehrenden Engländern voll-
gepfropft war. Ganz wunderlich nahmen sich die Gullenflöße
aus: schwimmende Berge von Thonkrügen, deren Mündungen
mit Nilschlamm verstopft sind. In Kenneh werden diese
Krüge fast für ganz Aegypten fabrizirt, ihre Scherben sind
es, die sich millionenweise in den Schutthügeln der untergegangenen Städte finden, woraus hervorgeht, daß diese
wasserkühlenden Gefäße schon im Alterthum massenhaft verbraucht wurden. Wer ihre Tugenden kennen lernte, vermißt
sie ungern, gewiß würden sie in Berlin zur heißen Zeit Anklang finden, zumal sie wenig mehr als den Transport
kosten.

Auch Dahabiyen holten wir ein, reizende auf dem Flusse
treibende Sommerwohnungen, von kräftigen Bootsleuten mit
riesigen Rudern unter taktmäßigem Gesange vorwärts ge-
zwängt. Freundlich glänzten die Fenster der Kajüte der Einen;
blühende Gewächse rahmten die Thür ein, echte Teppiche
lagen auf dem Deck, zierliche Korbmöbel dienten zum Sitzen
im Freien, eine Puppenstube kann nicht reizender sein. Als
wir vorbeirauschten, trat ein junges Paar aus der Kajüte

unter die Blumeneinfassung der Thür. Er hatte seinen Arm
um ihre liebliche Gestalt geschlungen, ihre Hand ruhte auf
seiner Schulter. Es bedurfte keiner weiteren Erklärung. Ich
winkte ihnen mit dem Taschentuche zu. Das sollte ‚vergnügte
Flitterwochen‘ bedeuten. Ich glaube, sie haben es verstanden,
denn glückselig lächelnd grüßten sie wieder. So eine Hoch-
zeitsreise mit der Dahabiye auf dem Nil muß geradezu über-
irdisch sein. Wir fühlten uns schon wonnig auf dem Postdampfer, wie unbeschreiblich Jenen wohl zu Muthe sein
mochte in der süßen Abgeschiedenheit inmitten des uferbelebten
Stromes. Wer da noch einmal jung wäre.

Und wenn nun der Abend kam, woher nahm die untergehende Sonne die Farbe, mit der sie den Himmel in unge-
ahnte Pracht versetzte und das Gebirge? Tiefblau und violet
füllten sich die Schluchten der Höhenzüge, brennendroth
leuchteten die lichtgetroffenen Abhänge. Wie eine Feuersbrunst loderte der Abendhimmel, orangegelb, goldfarbig, mit
blutrothen Streifen untermischt. Sobald die Sonne gesunken
war, erlosch der Farbenzauber, die weißen Felsen erschienen
grau, das lohende Gelb ermattete. Nach kurzer Weile aber
kamen die Wunder der Dämmerung. Tiefer Purpur wallte
von unten auf, wo die Sonne verschwunden war, und tönte
sanft bis zur höchsten Wölbung des Himmels ab. In seinem
Widerschein schimmerten die wilden Gebirgsränder der Wüste
rosig; wie aus schwarzem Papier geschnitten, hoben sich die
Palmen des Nilufers von dem verglimmenden Hintergrunde
ab. Dann erschien ein Stern nach dem andern, anfangs
bleich, kaum sichtbar, allmälig aber an Helligkeit zunehmend,
bis das letzte Tageslicht gegangen war und das Heer der
Sterne am nächtlichen Himmel funkelte. Welch' ein Glanz,
welch' ein Glitzern. Lange Lichtlinien zogen die Sterne
in dem Wasser des Nils, ihr Schein breitete mildes Licht über
die in Schweigen ruhende Gegend. Nur das Bellen der
Hunde scholl vom Ufer her, wenn unser Schiff an bewohnten
Stätten vorbeiarbeitete. Wie ein silberner Schein schwebte
die Milchstraße über uns und im Westen erhob sich ein ähn-
liches, noch helleres Licht in Gestalt einer schmalen Pyramide.
Nie hatte ich Derartiges zuvor gesehen und auch meines
Karls Schulunterricht war hier zu Ende. Mister Pott wußte
jedoch Bescheid. „Oh," sagte er, „das ist das Sodeickel-

Leit" — „Was für'n Ei?" fragte ich nach. — „Mister Pott
meint das Zodiakal-Licht," erläuterte Herr Zwilchhammer,
„das ‚i‘ wird bekanntlich im Englischen wie ‚ei‘ ausge-
sprochen." — „Auf das ‚i‘ kommt es hier nicht an, sondern
auf das Licht," stieß ich ihn zurecht. „Was hat es damit
auf sich?" „Als Licht schlägt es doch in Ihr photographisches
Fach!" — „Gelesen habe ich allerdings darüber, aber nach
der Beschreibung würde ich es nicht erkannt haben." —
„Woher stammt es denn?" — „Diese Erscheinung ist den Gelehrten noch ein vollkommenes Räthsel." — „Herr Zwilchhammer, machen Sie keine Flausen. Die Gelehrten wissen
Jedes; oder besuchen Sie nie populäre Vorlesungen? Herr
Krause hat mir einmal ein Buch zum Lesen gegeben, ich
glaube, es hieß ‚Kraft und Saft‘, darin stand, daß die
Wissenschaft Alles erklärte und längst heraus hätte, daß es
keinen Herrgott gäbe, der wäre durch das Fernrohr und den
Spektralkasten ermittirt. Ich klappte das Buch zu und brachte
es ihm zurück. Wenn ich ihn wieder sehe, werde ich ihm
sagen, ich für meine Person bliebe bei dem alten Glauben
so lange, bis er für seine Person mir alle Geheimnisse des
Himmels verdeutscht. Mit dem wunderbaren Lichte da kann
er ja den Anfang machen."

Ich hatte noch mehr auf dem Herzen, aber Zwilchhammer war im Grunde genommen nicht die richtige Adresse
und auch das Aufwarte-Muffi kam und meldete, das abendliche Mittagessen sei bereit. Mister Pott hatte es nach
Sonnenuntergang angeordnet, damit wir das Einbrechen der
Nacht ungestört genießen konnten. Unser griechischer Koch
übertraf alle Erwartungen, seine Gerichte waren mannich-
faltig und vorzüglich zubereitet. Ein Ragout von Geflügel-
lebern mit Champignons mundete meinem Karl so gut, als
wenn ich ihm recht etwas mit Liebe und Sechzehngroschen-
butter gekocht hätte.

Der nächste Morgen brachte windiges Wetter. Der Nil
schlug Wellen und das Schaufelrad warf Wasser auf das
Oberdeck. Von der Wüste fegten Windstöße Sandwolken
auf, die auch unser Schiff trafen. Dann war die ganze
Gegend minutenlang in einen Schleier gehüllt, die Ferne verschwand und die Nähe erschien trübe und verschwommen.
Um Zusammenstöße zu vermeiden, ließ der Maschinist die

Dampfpfeife ertönen. Ihr Echo hallte von den Gräberwänden der arabischen Wüste wieder, aber das schrille Rufen der Neuzeit fand Keinen in den Grabkammern zu wecken. · Die Mumien sind den Fellachen längst zur Beute gefallen, wie die alte Zeit der neuen. Gegen Mittag konnte Herr Zwilch-hammer Bilder nehmen, da der Wind sich legte. Die Ufer blieben bei, wie am gestrigen Tage. Von lustigen Affen, die sich in den Lianenranken des Urwaldes schaukeln, keine Rede, und von den Tausenden von Ibissen, Flamingos und sonstigen Ausstopfvögeln war höchstens das erste halbe Dutzend vorhanden. Bädeker und Meyer müssen den Rest nachliefern. „Karl," fragte ich, „hast Du noch kein sonniges Krokodil bemerkt, ich sehe mir schon die Augen danach aus?" — „O ja," erwiderte er, „eins, das in Kairo irgendwo als Ladenschild hing. Aber das hatte zu viel Stroh gefressen und war geborsten." — „Karl, verwildere nicht. Du bist auf dem besten Wege!" —

Je weiter wir hinauf kamen, um so ungemüthlicher wurde der Eindruck, den die Muffis bei den Anlegestellen machten. Und die Fliegen. Wo Menschen waren, gab es Massen. Unvergeßlich bleibt mir ein Kind, das splitternackt. auf der Schulter seiner Mutter reitend (wie alle kleinen Kinder der niederen Klassen getragen werden), mit beiden Händen den Kopf seiner braven Marmi umklammerte, die ihrem Sprößling keine Aufmerksamkeit schenken konnte, weil sie genug mit dem Zusammenhalten ihres dunkelblauen Talens zu thun hatte, das, wie ich vermuthe, ihr einziges Kleidungsstück war. Dieses Kind war am Leibe ziemlich hellfarbig, im Gesicht dagegen rabenschwarz. Als ich Herrn Zwilchhammer auf das Natur-spiel aufmerksam machte, algte das Kleine mit der einen Hand in seiner Physiognomie herum und siehe da, das Schwarze flog davon — es waren lauter Fliegen. Die Nerven zingern mir noch.

Oft genug sah ich schon in Kairo, daß die Fliegen den Kindern wie Brilleneinfassungen an den Augen saßen, aber dies war das erste, welches sich so komplet zum Fliegenstock ausgebildet hatte. Das Unbegreiflichste war mir die Mutter. Daß solches Weib die Thiere nicht wegpüstert. Einem Menschen mußte ich meine Empörung ausdrücken und dies war unser Kapitän. Dieser setzte uns durch Mr. Pott auseinander, daß die Mütter es für gut hielten, wenn die Fliegen den Kindern die Augen krank machten, denn hübsche Kinder würden beneidet, schlechte Menschen würfen ihnen dann den bösen Blick zu, und das Unglück käme über sie. Lieber häßlich und entstellt, als elend. Ueberdies sei es vortheilhaft, die Fliegen, welche satt wären, sitzen zu lassen: jage man sie fort, fänden sich neue hungrige ein, die das Kind nur um so heftiger peinigten.

Ueber Ansichten läßt sich nicht streiten; wo man von den Anfangsgründen des Hygienischen noch keine Ahnung hat, ist Karbol eine überflüssige Entdeckung. So viel ward mir aber klar, daß die zahlreichen Augenleidenden, halb und ganz Blinden in Aegypten mit der Fliegenzucht zusammenhängen. Der Sandwind und der Staub reizen die Augen, die Fliegen naschen an dem kranken Auge des Einen und setzen ihre schmierigen Füße an die entzündeten Lider eines Anderen, und das Gift der Krankheit ist übertragen. Wir gebrauchten die Fliegenwedel deshalb auch mit Forsche, sobald die Postauswechslung uns in die Nähe von Fellachenansammlungen brachte und das geflügelte Unzeug Appetit auf uns verspürte.

Immer weiter strebte unser Schiff. Eine Palmenart, die erst in Oberägypten gedeiht, mit gegabelten Aesten und schirmförmigen Blättern, Dumpalme genannt, brachte einige Unterbrechung in die Dattelpflanzungen. Auch blühende Mohnfelder bekränzten das schwarze Ufer und wurden fleißig bewässert, damit sie Opium für die Apotheker liefern. Früher soll das Opium- und besonders das Hanfrauchen stark im Schwunge gewesen, jetzt dagegen ziemlich ausgerottet sein. Mit größter Strenge fahnden die Zollbeamten auf die Einführung des Haschisch, das vom Hanf kommt und die Menschen entnervt. Da der Mensch jedoch ohne Betäubung nicht leben zu können scheint, destilliren die wohlhabenden Fellachen sich einen Branntwein aus gegohrenen Datteln, den sie Raki nennen und als Medizin betrachten. Unser Postmann wußte gut Bescheid und ich hatte viel aufzunotiren.

Das Einzige, was mir Kummer verursachte, war die Uhr. Um ein wissenschaftliches Tagebuch zu führen, hätte ich doch alle Stationen aufschreiben müssen, und die Minute unserer Ankunft, wie z. B. Homran 6 Uhr 25; Kasr Wel Sayad 9 Uhr; Dechna 11,25; Kenneh 2,15; Kus 5,50; Na-

Rada 6,20; Kamula 8,15; Luqſor 10 Uhr Abends, damit man
den Fahrplan pünktlich kontrolirt. Aber die alte wirrſelige
Butterdoſe war noch in der Zeit vom Tage vorher begriffen,
als wir in derſelben Nacht bei Luqſor landeten.

Wilde mit Laternen nahmen uns in Empfang und zogen
uns eine ſteinige Böſchung hinauf, die noch ſtolperiger
war, als das Ufer bei Aſſiut. Hilfreicherweiſe lag das
Hotel Karnak unmittelbar an dem hohen Uferrande, ein
weitläufiges Gebäude mit großem Speiſeſaal und Logir-
zimmern, die einen nach blühenden Orangen duftenden
Palmengarten umſchloſſen. Von der Terraſſe blickte man
auf den Strom hinab und auf die Sternenbilder, welche dort
unten noch einmal in zitternden, glänzenden Strichen wider-
ſtrahlten.

In den eben ausreichend möblirten Zimmern herrſchte
Dumpfigkeit, wir ließen die Abendkühle durchziehen und
lüfteten die, wenn auch harten, ſo doch ſaubern Ruheſtätten.
Da der Kellner, ein Neffe des Wirths, Deutſch ſprach, wurde
Miſter Pott ſeines Dolmetſcheramtes vorläufig enthoben und
zum Kellermeiſter ernannt. Er kundſchaftete Münchener
Löwenbräu in Flaſchen aus, und mein Karl fand den
Kladderadatſch und die Nationalzeitung. „Sieh da," rief ich,
„kaum haben wir den Fuß in Oberägypten aus Land geſetzt,
und Deutſchlands Gaben erfreuen uns. Iſt das Bier auch
nicht vom Faß, ſind die Zeitungen auch einige Wochen alt,
das ſchadet nichts. Man muß die Feſte feiern, wie ſie fallen."
Das thaten wir denn auch, zumal wir aufblieben, um den
Poſtdampfer von Aſſuan zu erwarten, mit dem Leutnant
Fiſcher eintreffen ſollte. Der Kellner erzählte, daß oben bei
Wadi-Halfa und Aſſuan herum aufſtändiſche Derwiſche An-
griffe auf den Dampfer gemacht hätten, und man nicht
wiſſe, ob das Schiff ausgeraubt ſei. Das Schlimmſte werde
vermuthet.

Dieſe Nachricht war nicht angethan, unſere Stimmung
zu erhöhen, denn außer dem Leutnant waren auch Schliemann
und Virchow in jener Gegend. „Iſt unſeren Landsleuten
auch nur ein Haar gekrümmt, wird das Deutſche Reich
Rechenſchaft fordern," ſagte mein Karl. „Dazu hat es
gottlob die Macht." — „Glaubſt Du, daß Virchows wegen
Krieg angefangen würde?" fragte ich, „der iſt doch ſo ſehr

gegen Militärvermehrung und kolonialische Seemacht, daß er
es am Ende garnicht annähme, wenn ihm zur Hülfe gekommen werden müßte." — „Wo es die Ehre der Nation
gilt, wird der Einzelne nicht gefragt, und daß das Reich,
Jedem, wo er auch sei, Schutz angedeihen lassen kann, das
ist die Wirkung seines Ansehens. Und Ehre und Ansehen
stehen auf demselben Brett. Doch hoffen wir das Beste,
Gerüchte sind stets viel ärger, als ihre Ursachen."

Während wir hin und her dachten, war Mister Pott
zu dem Entschluß gekommen, in der Frühe mit dem Dampfer
nach Assuan hinauf zu fahren und an den Kämpfen gegen
die Wilden theilzunehmen. Vergebens bat ich ihn, sich zu
schonen, da ihn die ganze Angelegenheit doch nichts anginge,
aber er war nicht zu halten. „Wie Sie auch frikassirt werden,
wir bewahren Ihnen stets ein herzliches Angedenken," sagte
ich beim Abschied. — „Ich verlasse mich auf mein gutes
Gewehr," entgegnete er. „Es ist Pflicht, die Wilden zu
zivilisiren."

Ich konnte lange nicht einschlafen. Die Zivilisirung
mittelst Pulver und Blei schob allerlei Gedanken, die garnicht
zusammenpassen wollten, wie auf Karren herbei, daß ich mich
nicht durchfinden konnte. Wenn die Wilden nun auf ihre Art
glücklich sind, haben wir das Recht, ihnen unsere Angewohn-
heiten mit dem Schießprügel beizubringen? dachte ich. Und
wenn sie Mister Pott in Kochstücke hauen, nehmen sie dann
nicht auch ihr Recht in Anspruch? Was würde die Welt
sagen, wenn die Eskimos die Neger glücklich machen wollten
und sie todtschlügen, wenn sie sich Robbenanzüge und Leber-
thran nicht gefallen ließen? Und wie viele Wollsocken
werden für die Heidenkinder gestrickt, weil man es sündhaft
findet, wenn sie barft in der Hitze herumlaufen. Bei all
diesen Bestrebungen muß doch das Klima zunächst in Betracht gezogen werden, und sämmtlich, was sonst damit zusam-
menhängt.

Als wir in der Frühe hochkamen, war der Dampfer mit
Mister Pott längst fort. Wir tranken Kaffee, aber die Butter
zum Brod war ungenießbar, richtige Bergfelden-Butter, die
ebenso grüngelb schmeckte, wie sie aussah. In Aegypten
lernt man Klingel-Bollen schätzen, das ist gewiß. Talg war
entschieden mang.

Da Herr Zwilchhammer schon in aller Frühe mit seinem Apparat und Mundvorrath aufgebrochen war, beschlossen wir, unseren Konsular-Agenten allein aufzusuchen, und machten uns auf den Weg. Auf der Hotel-Terrasse saß ein dickes Weib und rauchte Wasserpfeife. Mein Karl meinte, sie wöge mindestens hundert Kilo, ich gab ihr noch Zehn zu. Ich glaube nicht, daß sie Nilwasser trank, denn das ist so gut wie Marienbad.

Das Haus unseres Konsular-Agenten war leicht aufge- funden. Die schwarz-weiß-rothe Flagge wehte fröhlich auf dem Dache. Wir wurden von seinem Sohne, Herrn Mochareb Codrus, empfangen, eine Treppe hinaufgeleitet in ein hübsches Zimmer, das mit einigen Divans und Tischen möblirt war. An den Wänden hingen Photographien von vielen berühmten Reisenden, die sie dem würdigen alten Herrn zum Geschenk gemacht hatten, der nach einer Weile im Kaftan, mit Turban auf dem Haupte, uns feierlich begrüßte. Der alte Herr Codrus sprach kein Deutsch, der Sohn dagegen war unserer Sprache sowie des Englischen und Französischen ausgezeichnet mächtig. Wir wurden mit Kaffee und Zigaretten bewirthet, und besahen dann die treffliche Sammlung von Alterthümern, die zwei Nebenräume einnahm. Sehr belehrend waren die ausgesonderten Fälschungen, welche die Araber mit bewunde- rungswürdigem Nachahmungsgeschick herstellen, um die Kauf- lust der Fremden zu befriedigen. „Karl," sagte ich, „das Herein- legen scheint mir ebenso weit verbreitet wie das Hereinfallen. Vielleicht ist es schon so alt wie die Welt steht." — „O, ja," entgegnete er. „Die Schlange legte Eva herein, und die ihren Mann." — „Warum war er so dumm?" trumpfte ich ihn ab und richtete mit diplomatischer Wendung die Frage an Herrn Mochareb: „Was ist das Forschungswertheste von dem Ge- bröckel?" — „Dieser Skarabäus," antwortete er, indem er mir einen graugelben Stein reichte, der, in Form eines Käfers geschnitten, auf der unteren Seite, wie ein Petschaft, eingegrabene Zeichen trug. Ich wußte nichts daraus zu machen, und mein Karl meinte nach einigem Besinnen: „Merkwürdig, daß die alten Aegypter auch schon ihre Käfer hatten." — „Der Skarabäus war das Symbol des Werdens, der Entstehung und der Wiedergeburt und daher heilig," sagte Herr Mochareb. „Man gab sein Abbild den Mumien mit. Dieser hier ist

selten, denn die mit einem Ring umzogene Schrift nennt den
Namen Ramſes des Zweiten, des großen Eroberers, unter dem
Kunſt und Wiſſenſchaft in Aegypten blühen. — „Wann lebte
der Mann?" fragte mein Karl? — „Etwa Tauſendvierhundert
Jahre vor Chriſti Geburt." — „Dann wäre der Stein vor über
Dreitauſend Jahren geſchnitten?" — „Ja."

Dies reizte mich. Nun hätte ich ihn haben mögen. —
„fanden Sie ihn ſelbſt?" erkundigte ich mich. — „Die fellachen
durchwühlen den Gräberſchutt und bringen das Gefundene
zum Verkauf." — „Wo ſind die Gräber?" — „Hauptſächlich in
Theben, auf der anderen Seite des Nils." — Herr Mochareb
führte uns auf eine freie Gallerie, von wo aus wir das
andere Ufer erblickten; einen grünen Streifen bebauten Landes,
hinter welchem eine gelbſandige öde fläche lag, die von
Höhenzügen begrenzt war. In den Abhängen konnten wir
viereckige dunkle Oeffnungen erkennen, Gräbereingänge, und
auch Bauwerke machten ſich bemerkbar. „Das iſt Theben,"
ſagte er. Dort lag die hundertthorige Stadt, die Reſidenz der
Pharaonen. Sie werden morgen ihre ehemalige Größe an
den Trümmern erkennen. Ich werde Ihnen meine Eſel und
Diener zur Verfügung ſtellen. Um ſechs Uhr warten ſie am
jenſeitigen Ufer."

„So früh?" fragte ich. — „Theben erfordert mehrere Tage
auch nur zu oberflächlicher Beſichtigung," entgegnete er.

„Er ſchneidet mit dem großen Meſſer auf," dachte ich.
„Was kann dort in der Wüſtenei viel zu ſehen ſein."

Herr Mochareb übernahm nun unſere führung nach den
Ruinen des Tempels von Luqſor. Wir gingen durch das
Dorf an den Nilſchlammhütten vorbei. Ich ſah mir einige
von inwendig an. Nackte Wände, einige Strohmatten auf der
Erde, aus Palmenrippen geflochtene Körbe zum Sitzen, einige
Kameelhaardecken, etliche Töpfe und Waſſerkrüge war der
gewöhnliche Hausrath. Ein aus Nilſchlamm gemauerter
Divan mit einem Teppich darüber war ſchon Luxus. Was
die fellachen an Werthſachen beſitzen, tragen ſie entweder bei
ſich oder verſtecken es. Den Getreidevorrath bewahren ſie in
runden, aus Nilſchlamm geformten Behältern auf, die faſt wie
Oefen anzuſehen ſind, aber doch mehr Aehnlichkeit mit Champignons haben. Erſt kommt nämlich ein hoher runder fuß
und darauf iſt der backofenartige Raum für die Lebensmittel.

Auf diese Weise können weder Skorpione noch Schlangen oder anderes Geziefer dazu, das auch den jungen Hühnern nachstellt, die deshalb in ganz gleichen, ungebrannten Nil-schlammschränken verbleiben, bis sie kräftig und groß genug sind, sich zu wehren oder mit Erfolg zu fleuchen. Das wichtigste Geräth außer dem Kaffeetopf ist die Handmühle aus zwei Steinscheiben, mit welchen die Weiber das Korn zu Brotmehl vermahlen. Diese Arbeit ist hart und schwer; wenn man das gesehen hat, bekommt man erst eine Ahnung davon, was es heißt, Sklavin sein. Allerdings giebt es Mühlen, Herr Todrus besitzt eine, die von einem Pferde gedreht wird, aber dem Armen fehlen die Groschen, der läßt sein Weib an der Handmühle seufzen, die Aermste von Allen. Wie Manche schreit bei uns, sie könne das Sklavenleben nicht mehr ertragen und müsse zu Wasser gehen. Und worin besteht es? Meistens in eigener Unordnung oder in nicht genug Amüsiren.

Wir wanderten durch die engen Dorfgassen auf der Straße, die aus demselben trockenen und graulichen Schlamm besteht wie die Häuser, bis Alt-Aegypten aus dem Boden auftauchte, und zwar in Gestalt von hohem Quadergemäuer, das mit eingemeißelten Menschen- und Thiergestalten und Inschriften überall versehen ist, wo sich Platz gefunden hatte. Das heißt: Kein Stein war unbearbeitet. Die ganzen Wände waren so zu sagen ein geschichtliches Werk in Bilderschrift. Es ist wirklich Schade, daß die Aegypter nicht gleich dabei geschrieben haben, was es heißen soll, damit der gewöhnliche Reisende es auch lesen könnte. Warum immer etwas Aus-genommenes für die Gelehrten?

Vor dem Gemäuer steht ein Obelisk, jedoch bis zur Hälfte verschüttet. Den Bruder dieses Obelisken haben die Franzosen nach Paris genommen und dort aufgerichtet.

Nun erfuhren wir auch, was so ein Obelisk kostet. Der Transport und die Aufstellung kamen auf zwei Millionen Franken zu stehen, und da der Obelisk fünfmalhunderttausend Kilo wog, macht das vier Franken für das Kilo. Lautet hiernach der Ansatz: Wenn ein Obelisk zwei Millionen kostet, was ist dann für die ganzen ägyptischen Tempel ausgegeben, so kommt staunendes Kopfschütteln heraus.

Das Mauerwerk war, wie Herr Mocbareb sagte, das östliche Thor des Tempels gewesen. Vor demselben standen

die beiden Obelisken und zwei Ramsesstatuen aus Granit.
Diese sind noch vorhanden, aber verschüttet. Nur die Schul-
tern, Kopf und die seltsame Königsmütze schauen aus der
Erde hervor, der übrige Körper steckt darin. Ein erwachsener
Mensch reicht, wenn er sich auf die Schulter der Statuen
stellt, bis an ihr Ohr, so groß sind sie. „Wie konnte dies
Alles derartig versinken?" fragte ich. — „Der Schutt häufte
sich im Laufe der Jahrtausende an," sagte Herr Mochareb.
Stürzte ein Haus ein, baute der Fellache die neue Wohnung
aus frischem Nilschlamm auf den alten Schutt hin, und so ist
es gekommen, daß das Dorf fast die Höhe des Tempels erreicht und dieser versunken erscheint."

Das stimmte, denn als wir in das Innere wollten,
mußten wir hinabschreiten. Gar viel ist freigelegt, und eine
Menge Fellachenmauern wurden abgerissen, daß man noch
sieht, wie sie an die Tempelwände angeklebt waren, aber
trotzdem wird es jahrelanger Arbeit bedürfen, um sämmtlichen
Schmutz zu entfernen, der hügelweise in den weiten Räumen
liegt und die Besichtigung derselben zu einer Bergpartie
macht.

Empörend ist, daß die Araber, den Gesetzen des Korans
folgend, welche die bildliche Darstellung von Menschen ver-
bieten, alle Figuren an den Wänden verstümmelt haben, indem sie ihnen die Gesichter mit scharfen Instrumenten weg-
hackten. Auch die beiden Granitstatuen vor dem Tempelthor
sind verschändet, Nase, Augen und Mund fielen der Frömmigkeit zum Opfer. Ein wahrer Jammer.

Wandert man in den Ruinen umher, weiß man zuletzt
nicht, was man mehr bewundern soll, den Fleiß, mit welchem
die Wände geschmückt wurden, oder die unsägliche Mühe,
mit welcher die Bildwerke ruinirt wurden? Eine Religion
vernichtet das Schöne, was die andere schuf. Welche hat
nun Recht? Es ist wegen der Schutthügel, der eingebauten
Viehställe und Wohnungen — eine ganze Moschee, das amerikanische Konsulat und zwei Kaffeehäuser liegen im Tempel, —
schwierig, aus der ursprünglichen Anlage klug zu werden.
Das Allerheiligste ist noch ziemlich erhalten, es diente jetzt
einigen halberwachsenen, auf dem Steinboden rangelnden
Wilden zu einem Hasardspiel mit Steinen um Geld. Herr
Mochareb jagte sie mit dem Spazierstock von dannen. Das

westliche Ende des Tempels hat früher einmal als koptische Kirche gedient; noch waren die Ueberreste von gemalten Heiligen an den Wänden. Da dem Tempel von Luqsor das Uebersichtliche fehlt, verwirrt er mehr, als daß seine Größe zur Wirkung kommt; von Grund aus renovirt, muß er jedoch ein gewaltiges Zeugniß von alter Baukunst ablegen. Aber woher soll das Geld kommen? Hätte der Ismael nur die Hälfte der Summe an diesen Tempel gewandt, die das Schloß an dem Wege nach Ramleh verschlang, er würde in dem alten Denkmal sich ein neues gesetzt haben. Für so etwas hatte er jedoch kein Gefühl.

Wir waren nicht die einzigen Bewunderer der vermüllten Großartigkeit, es krochen noch verschiedene Engländer von der karrirten Abart zwischen den Säulen herum. Uns fiel jedoch ein Herr auf, der seine eigenen Wege ging, Alles sinnig betrachtete und militärischen Anstand hatte. Sollte dies wohl Leutnant Fischer sein? Als wir uns daran machten, ihn abzufangen, war er jedoch in einem der Tempelgänge verschwunden. Genug, er war weg. „Ob sie ihn wohl schon zu Feuer haben?" fragte ich. — „Wen?" — „Nun Mister Pott." Mein Karl hatte keine Antwort, woher sollte er sie auch nehmen? Es war ein beengender Gedanke, daß die Wilden unseren Gefährten erwischt haben könnten.

Wir verabschiedeten uns von Herrn Mochareb, baten ihn, am Abend unser Gast im Hotel zu sein, er lehnte aber für heute ab und versprach, am nächsten Tage zu kommen. Wahrscheinlich war für ihn einer der vielen Fasttage, welche die Kopten mit großer Gewissenhaftigkeit halten.

Die Tempelbesichtigung hatte heiß und staubig gemacht. Noch nie hatte ich einen so ekligen, scharfen, nach Viehstall riechenden Staub geathmet, als den, welchen unsere Schritte in dem zu Pulver zerfallenen Fellachenschutt aufwühlten. Waschung, besonders der Augen, ward zum dringenden Bedürfniß. Auf der Hotelterrasse saß die dicke Donna in einem blauen Kleide wie eine junge Gewitterwolke und sog an dem Nargileh. Und dabei behaupten Einige, der Tabak zehrt. Die hätte ich in ungezehrtem Zustande sehen mögen.

Ich munterte mich für das Frühstück auf und schrieb mir etliche Bemerkungen nieder, vor allen Dingen, was Herr Mochareb über die Skarabäen gesagt hatte. Haben mußte ich

auch welche, das stand fest. — Als ich nun in den Garten
ging, fand ich meinen Karl im Gespräch mit dem jungen
schlanken Herrn aus den Tempelruinen. Ich ging auf Beide zu.
„Herr Leutnant Fischer?" fragte ich mit einer gesellschaftlichen Reiseverbeugung. „Sehr angenehm." — „Bedaure unendlich," sagte der Herr artig, „der bin ich nicht. Das Schiff,
mit dem der Herr Leutnant kommen, wird jedoch jeden
Augenblick erwartet."

Mein Karl war in demselben Irrthum befangen gewesen
und hatte den fremden Herrn angeredet, der Herr Dr. Prybil
aus Krems bei Wien war. Die Oesterreicher sind gemüthlich,
und so war der Wiener Doktor auch. Wir wurden gar bald
gut miteinander bekannt und beschlossen, am Nachmittag,
wenn die größte Hitze vorüber, einen gemeinschaftlichen Aus-
flug nach Karnak zu unternehmen. Beim Frühstück trafen
wir einen englischen Maler, Mr. Sommersett, und dessen
Freund, Herrn Kay, der in Wasserfarben malte; zwei lustige,
nette Leute. Die übrigen Engländer, welche mit Cook reisten,
logirten im Hotel Luqsor.

Das Mahl verlief recht gesellig. An ungebetenen Gästen
waren da: auf dem Tisch die Fliegen, unterm Tisch die
Hunde und überm Tisch die Spatzen. Das störte weiter nicht,
sondern wurde als ländliche Zwischengerichte hingenommen.
Außerdem waren wir mit Fliegenwedeln versehen.

Die Herren hatten bereits die Zigaretten angezündet und
der Aufstand von der Tafel rückte heran, als draußen eine
Stimme laut ward: „Was ist das hier für 'ne Zucht. Der
große Koffer ist noch nicht auf mein Zimmer geschafft." —
Dies mußte Leutnant Fischer sein. Er war es richtig.

Umständlicher Vorstellung bedurfte es kaum, wir hatten
ihn unbekannter Weise erwartet und er war erfreut, unerwartet Landsleute zu treffen. Gleich mußte er von dem
Ueberfall erzählen. Es sei nicht schlimm gewesen, sagte er.
Die Wilden hätten es auf einen Hammeltransport abgesehen
gehabt, den der Dampfer stromauf schleppte. Von beiden
Seiten wären einige Schüsse gewechselt, aber keine Kugel
habe das Schiff getroffen. — „Also Schliemann und Virchow
leben noch?" — „Munterer, wie je zuvor." — „Gottlob, daß
es nur Hammel waren und nicht die Wissenschaft, die den Wilden in die Augen stachen. Ist die Gefahr aber auch vorbei?"

„Ich glaube, ja!" — „Dann wird Mr. Pott hoffentlich auch dem Bratspieße entrinnen." — Der Leutnant meinte, Mr. Pott würde wohl auf Krokodile und nicht auf Wilde zum Schuß kommen.

„Haben Sie Krokodile gehabt?" — „Sogar eins ge- schossen, bei Assuan giebt es genug." — „Wir haben vergebens ausgespäht," sagte ich, „und glaubten schon, blos die Gelehrten kennten ihre Nester. Haben Sie es mitgenom- men?" — „Als es getroffen war, wälzte es sich auf Nimmer- wiedersehen in den Fluß." — „Man hört ja allgemein, daß diese Thiere niederträchtig sind," sagte ich, „aber daß sie selbst noch im Tode den Schützen durch Entweichung ärgern, wußte ich nicht." — Ich hätte dem Leutnant die Beute von Herzen gegönnt, denn er gefiel mir wegen seiner jugendlichen Patentigkeit, und wenn er auch leicht aufbegehrte, sobald ihm so gut wie Nichts derquere kam, — das haben junge Leut- nants wie Achselklappen an sich.

Die ersten Nachmittagsstunden füllten wir mit einem wohlthätigen Keef aus. Um Drei waren die Esel da, wir stiegen auf und trabten davon. Mein Esel war ein kleiner geläufiger und der Treiber ein allerliebstes Muffi mit lachen- den Augen und lachendem Munde. Er hieß Mustapha und war der Sohn unseres Hotelkochs. Sein Esel hieß Telegraph. Mit großer Genugthuung sagte er: „Telegraph very good donkey." — „Sprich deutsch," redete ich ihm zu, „Telegraph ist ein guter Esel." — Das lernte er im Nu, und freude- strahlend rief er: „Telegraph guter Esel." — Das ‚ist' brachte er nicht heraus, weil sie es im Arabischen nicht haben, wie der Wiener Doktor erklärte.

Wir ritten an Weizenfeldern vorbei, deren Aehren be- reits gelb wurden, dann an Palmengruppen, dann durch ein Fellachendorf, bald im Trab, bald im Galopp, je nachdem die Treiber die Thiere jagten. Wenn ich dicht daran war, in der raschen Fahrt die Balance zu verlieren, grinste Mu- stapha mich an und rief: „Telegraph guter Esel." — „Die Bestie soll nicht so rennen," schrie ich. Er aber schnalzte mit der Zunge, rief „yalla, yalla" und haute dem Thiere eins über, und los sauste die Kreatur. „Kannst Du Meerschaumkopf denn nicht hören," schalt ich, als die Esel den schwarzen Damm eines ausgetrockneten Kanals langsam hinangingen,

„ich will das Gerenne nicht." — Der Wiener Doktor kam mir
zu Hülfe. „Sagen Sie ‚schuwaje, schuwaje', das heißt langsam. — Dies begriff ich rasch und sah ein, daß Noth die beste
Lehrmeisterin ist. „Also schuwaje, hörst Du, Muffi?" — Nun
zogen wir auf dem Nildamm dahin, wie wir von dem Kupeh
und vom Schiffe aus schon so oft die Eingeborenen auf diesen
natürlichen Hochstraßen Aegyptens längstappeln sahen, und
lieferten ihnen jetzt reitende Bilder, wie sie sonst uns. Das
Malerische interessirt die Wilden jedoch weniger an den
Fremden als das Verdienstvolle, die Hauptsache ist ihnen
Bakschisch. Mein grau, roth und gelb bortiger Wüstenschleier,
den ich in künstlerischen Flusen um den Hut garnirt hatte,
erregte durchaus kein Erstaunen; ginge ich hingegen damit
die Linden lang — ei weih die Verkehrsstockungen!

„Telegraph" war wirklich ein guter Esel; er mochte lieber
„schuwaje" als „yalla, yalla". Dies machte sich Mustapha zu
Nutz, der wie ein Spaziergehhund den Weg vervielfachte.
Bald lief er zum Leutnant, den er ankrakehlte, bald zu meinem
Karl, dem er etwas zu erzählen versuchte, dann balgte er
mit seinen Kollegen oder warf mit Klietern nach Spatzen,
genug, etwas Nebenbeies hatte er stets vor. Und doch ließ
er seinen Esel nie außer Acht; wenn es galt, kam er ange-
prescht und stekerte ihn. Eine Mordsrange.

Unser Leutnant hatte einen ehrgeizigen Esel, der sich
darauf steifte, die Führung zu übernehmen. Er hielt das
Thier zurück, machte Front, wenn wir vorbeiritten, und wartete,
bis wir eine defte Strecke vorweg waren. Dann ließ er
ihm die Zügel. Der Esel nicht schlecht ausgerissen, mitten
durch unsere Kavalkade hindurch, und hastenichgesehen voran.
Die Folge davon war ein regelrechtes Wettrennen, denn nun
wollten unsere Esel mit und klabasterten hinterdrein. „Herr
Leutnant," rief ich, „bedenken Sie, ich bin Mutter und
Schwiegermutter." — „Die Thiere sind sicher," entgegnete er.
— „Halb so hastig," beorderte ich. — „Zu Befehl," sagte er,
und verhielt sich eine Weile, vernünftig Schritt reitend, an
meiner grünen Seite. Es dauerte aber nicht lange und das
Steepelchasen ging wieder vor sich.

Auf diese Manier kamen wir nach Karnak.

Nachdem wir eine ehemalige Allee von Widdersphinxen
aus rothbraunem Gestein, die mehrstentheils umgeworfen und

geköpft waren, paffirt hatten, machten wir vor dem Tempelthor Halt. Wie groß, wie schön war dieses. Und wie erst
der Tempel selbst; man könnte ihn mit Fug und Recht eine
Stadt von Hallen und Höfen nennen, da die Gesammtanlage
nach den Handbüchern über eine Million Quadratmeter einnimmt. Zweitausend Jahre wurde daran gebaut!

Wehte eine andere Luft an diesem Orte oder was war
es, das uns wie mit kühlen Schauern umfing, als wir unter
die Säulen traten, die thurmhoch, schweigend nebeneinander
stehen? Menschenwille und Menschenkraft hat diese Stein-
lasten anmuthig geordnet. Die Baukunst bezwang die gewaltigen Massen, die Hand des Bildners grub geheimnißvolle
Schrift in ihre geglätteten Flächen und zierte sie mit lebhaften Farben aus. Die Kunst der alten Aegypter sprach zu
uns aus den Trümmern und den Spuren der Farbenreste,
wie muß sie frisch und unangetastet auf das Volk gewirkt
haben, das sich versammelte, die Gottheit zu verehren, das die
Vorhöfe anfüllte, den Gesängen der Priester lauschte, deren
Klänge aus dem Halbdunkel des Tempelinneren drangen, den
Hymnen, welche die Götter priesen und den Guten Wiedergeburt und unsterbliches Leben verhießen. Wer das schauen
könnte in seinem alten Glanze, in seiner entschwundenen Herrlichkeit.

Und doch sah ich schon ein Abbild dieses Tempels. Die
ägyptische Abtheilung im Museum zu Berlin giebt, wenn
auch in sehr verkleinertem Maße, seine Erscheinung wieder.
So farbig waren einst diese Hallen, welche im Laufe der
Zeit verblichen, deren Säulen theilweise von Erdbeben gestürzt wurden, deren Figuren die Mohammedaner mit dem
Meißel entmenschlichten.

Ueber den Ruinen dehnte sich der blaue Himmel aus,
das Licht der Sonne fiel grell in die abgedeckten Räume
auf die umgeworfenen Statuen, auf die Obelisken vor dem
Allerheiligsten, in die heidekrautbewachsenen Höfe und schrieb
mit ihren Strahlen allüberall hin: Vergänglichkeit. Neben einem
hellen Sonnenflecken auf dem Boden war zwischen Säulen
eine schattige Ecke mit einer dunklen Grube, aus dem ein
Wesen menschlicher Gestalt auftauchte, dem geblendeten Auge
nur geisterhaft wahrnehmbar. War es ein alter Aegypter,
der dem Grabe entstieg? Oeffnet sich so die Erde am

jüngsten Tage? Wer bist Du, grauenhafter Schatten? Was
willst Du?

Starr und stumm blieb das Bild, das sich bei näherer
Prüfung als ein von Museumswegen freigelegter alter
Granit-Pharao erwies. Wir gingen Alle ohne zu reden
weiter; mir war dabei, als wenn er uns nachsähe, und es
lief mir unheimlich über den Rücken.

Die Stunden waren verflogen, ich weiß nicht, wie, und
doch hatten wir die Ruinen kaum durchwandert, die Inschriften mit dem nöthigen Unverständniß blos gestreift, die
Darstellungen von Schlachten, erlegten feinden, Triumph-
zügen und ©pfern an den Innen- und Außenwänden nur
stellenweise und flüchtig betrachtet. Wer das Alles durchstudiren
will, muß gleich Wohnung für sein ganzes Leben nehmen.

Auf dem Rückwege nach dem Tempelthor kamen wir an
dem heiligen Teich vorüber, der noch theilweise mit dem
alten Mauerwerk eingefaßt ist. Ein fellache stand an dem
Ufer, die bloßen füße auf eine schmale Matte gestellt, die
ausgetretenen Galloschen daneben, das Antlitz nach Mekka
gewandt. Er sprach sein Gebet. Ein anderer kauerte am
Wasser und vollzog die vorgeschriebenen Waschungen vor
dem Beten. Ueber den See hinüber, nach der Seite, wo
in der ferne die Zacken des arabischen Wüstengebirges sich
im Abendlichte rötheten und ein Palmenhain seine dunklen
Wedel über hellfarbige Ruinen breitete, sahen wir zwei
Weiber, langsamen Schrittes den Uferrand umkreisen. In
gemessener Entfernung folgte eine der anderen, dicht in das
landesübliche schwarzblaue Tuch gehüllt. „Was mögen die
treiben?" fragte ich den Wiener Doktor. — „Sie wandeln
schweigend um den Teich," erwiderte dieser, „wie schon vor
Tausenden von Jahren die ägyptischen frauen, Kindersegen
von den Göttern erflehend. freilich sind die alten Götter
vergessen, aber der Glaube an den gewährenden Zauber
der heiligen Stätte ist bis auf den heutigen Tag geblieben."
— „Sympathien halten sich," bemerkte ich. „Eine sagt es
Anderen und so kommen sie auf die Nachwelt." — „Aus
Volksgebräuchen schließt der forscher daher auch häufig auf
Sitten und religiöse Anschauungen früherer Zeiten," erwiderte
der Doktor. „Leider hat der Islam in Aegypten stark aufgeräumt. Wären die alten Wandmalereien nicht, wir würden

von der untergegangenen hohen Kultur Altägyptens nur
wenig wissen." — „Herr Dokor," sagte ich, „soviel ist sicher,
nächsten Winter lese ich, was mir über Aegypten in die
Hände fällt. Mir kommt es vor, als wäre in der alten Welt
eine neue entdeckt, von der ich keine Ahnung hatte. Da gehe
ich heran."

Die sinkende Sonne mahnte uns an den Heimweg. Die
Eseltreiber kamen mit den Thieren, wir saßen auf, aber wo
war unser Leutnant? Weg. Wir ritten durch den Tempel
und riefen, er war nicht da. Zuletzt entdeckte Mustapha ihn
oben auf der Umfassungsmauer des großen Vorhofs. Da
saß er und schwelgte Abendbeleuchtung. Als er ohne Genick-
brechung herunter war, hielt ich eine leichte Vermahnung für
angebracht. Er versprach auch, sich in Zukunft nicht zu ab-
sentiren und keine waghalsigen Klettereien zu unternehmen.
Es waren aber noch nicht zwei Minuten vergangen, als ihm
einfiel, rasch noch eine abseits gelegene Thor-Ruine in Augenschein zu nehmen und um den heiligen See zu reiten. Und
alle war er wieder.

In gemüthlichem Trott ritten wir nach Luqsor zurück,
der Leutnant holte uns kurz vor dem Dorfe ein und erhielt
seine gesteigerte Epistel. „Nur nicht böse werden," bat er.
— „Ih wo doch. Wenn ich reell böse wäre, würde der alte
Ramses sich noch ein paar tausend Jahr weiter weg wünschen."
Er sah mich schief von der Seite an, ob ich wirklich ein
solcher Höllendrache sein könnte, aber in demselben Moment
begriff er, wie ich es mit ihm meinte. „Famos, daß wir
uns hier getroffen haben," sagte er. „Als ich so allein
herumreiste, war mir manchmal schauderhaft zu Muth." — Zu-
thunlich erzählte er mir, daß er seiner Gesundheit wegen
Urlaub bekommen habe, und ein Ohrenleiden, welches sich
während der Manöver verschlimmerte, in dem ihm verord-
neten trockenen und warmen Klima, merklich besser geworden
sei. Nun hielt ich es doppelt für meine Pflicht, ihn zu be-
glückwünschen, und sagte: „Von jetzt an nehme ich mein Recht
als Reisemama in Anspruch." „All right," rief er, haute
seinen Esel und setzte wieder ein unbarmherziges Wettrennen
in Szene. „Jugend muß austoben," seufzte ich, während ich
auf Telegraph hinterherstuckerte, „aber warum bin ich vom
Schicksal auserlesen, mitzutoben?" — Zum Glück war der Weg

zu Ende, wer weiß, ob mir sonst nicht doch noch irgendwo ein
Gypsverband geblüht hätte. Wir abendbroteten leidlich, die
Tempel und die Vergangenheit lieferten Stoff für die Unter-
haltungsmühle, zumal der Wiener Doktor sich in dem Geschicht-
lichen sehr auskannte. Herr Zwilchhammer dagegen entwickelte eine Niedergeschlagenheit, die mich veranlaßte, ihn
zu fragen, welche Petersilie ihm denn verhagelt sei. Natürlich war Alles wieder entgegengesetzt, wie die Bücher ihn
angeleitet hatten. Während er der Meinung gewesen war,
daß am Obernil Photographen als Seltenheit gezeigt würden
wie Hagenbeck'sche Völkerschafts-Proben in unseren zoologischen
Gärten, hatte er in Luqsor einen wohleingerichteten Licht-
bildner gefunden, der ein wohnlich eingerichtetes Haus besaß
und mit dem Verkaufe ausgezeichneter Aufnahmen von der
meilenweiten Umgegend an die Reisenden große Geschäfte
mache. „Die Hauptpunkte hat er alle vorweggenommen,"
klagte er. — „Dann machen Sie sich hinter das Seltene und
Wissenschaftliche." — „Das geht nicht, die Museumsdirektion
hat ein Plakat auflegen lassen, daß alle von ihr nicht ver-
merkten Inschriften und Gegenstände weder abgezeichnet noch
photographirt werden dürfen." — „Also Monopol," sagte ich,
„das hätte ich nicht erwartet." — „Ich auch nicht, ich habe
kein Sterbenswort davon gelesen. Im Gegentheil, es heißt
immer, die Forschung sei frei." — „Was die Museumsleute
frisch ausgraben, denke ich, wollen sie auch selbst einschlachten.
Uebrigens Sie haben ja Ihr eigenes Verfahren. Gehen Sie
doch damit den erlaubten Ruinen zu Leibe." — „Das ist mein
einziger Rettungsanker," antwortete er. — „Leider nur noch
nicht fertig," verkniff ich mir, hinzuzufügen. — Unser Leutnant
hatte sich inzwischen mit einer großen Spieluhr auf dem
Spiegeltisch des Speisesaals zu schaffen gemacht, die partout
nicht herumwollte und nur durch Nachschieben mit dem Finger
zu einem stoßweisen, spillerigen Klinkeringkling gequält werden
konnte. Der Kellner wandte ein, sie sei seit Jahren kaffura.
„Einerlei, ich werde ihr das Gehen schon beibringen," gab
er ihm zurück und dokterte so lange, bis sie ein zerrissenes
Stück abwalzte. Dann stand sie wieder. „Ich weiß nicht,
woran es liegt, daß sie nicht will," sagte er. — „Es wird wohl
Wüstensand mang den Sprechanismus gerathen sein," deutete
ich an, und kam ihm mit der Salatölflasche zu Hülfe. Und

richtig, nachdem die Spieldose ihr Fett bekommen hatte, ar-
beitete sie wie neu. Nur gerieth sie manchmal von einem
Stück in das nächstfolgende über, oder überschlug eins, aber
das verziehen wir ihr, hörten wir doch einmal andere Musik
als das arabische Geleier, wobei Einem oft innerlich friert,
als würde auf den eigenen Nerven gestrichen. Auch die
„blaue Donau" spielte sie dem Wiener Doktor zu Ehren.
Unser Leutnant wollte ein Tänzchen mit mir riskiren, was
jedoch insofern nicht ging, als die Uhr zum Schluß jedesmal
einen Choral in den Walzer verflocht. Um früh aufbrechen
zu können, kürzten wir die musikalische Abendunterhaltung
bald ab, obgleich der Leutnant meinte, er könne tagelang
zuhören, so eine Spieluhr sei zu famos.

Um sieben Uhr brachen wir am nächsten Morgen auf.
Unten an dem steinigen Ufer, das scheußlich herabzusteigen
war, lag das Boot, uns über den Fluß zu setzen; die Eseltreiber warteten am andern Ufer schon seit Tagesgrauen.
Der kleine Mustapha war unglücklich, daß ich diesmal den
großen, hellgrauen Konsulats-Esel nahm und nicht seinen
Ponax, den der Leutnant sich aussuchte. „Mein Gott!" rief
ich, als dieser zu Raum kam, „Sie wollen ja wohl Sklaven
jagen?" Denn er sah in seinem weißen Flanellanzug mit
rother Leibbinde und Schleierhut mindestens wie ein Plan-
tagenbesitzerssohn aus, was ihn um so täuschender ließ,
als er mit der Nilpferdpeitsche zwischen sich und den zu-
dringlichen Eseltreibern Abstand zu halten wußte. Dies
hatte er in Assuan und da herum gelernt. Vor der ‚Karbatsche' zeigten die Felladhen Heidenrespekt, was jedoch erst verständlich wird, wenn man erfährt, daß mit diesem Instrument
die Steuern eingetrieben werden.

Anfangs ritten wir über weißen, losen Flußsand. Dann
kam ein Nilschlamm-Dörfchen, mit Mohnfeldern und Aeckern
umgeben. Hierauf führte ein schmaler Weg durch reifenden
Weizen, und dann ging es einen hohen Damm hinauf. Die
Treiber stützten dabei unsere Rücken, damit wir nicht hinten-
überfielen. Ebenso steil war der Pfad abwärts an der anderen Seite. In meinem Augapfel drehten sich grüne und
gelbe Farbenspiele, aber wir gelangten unzerknickt unten in
dem ausgetrockneten Kanal an. In derselben halsbrecherischen Weise wurde der zweite Damm genommen, und dann

bot wohlbestelltes Land ebene Durchgänge. Mustapha nahm
die Gelegenheit wahr, mir mitzutheilen: „Telegraph guter
Esel." Unter dem Arm hatte er ein Bündelchen aus dem
Acker geraufter Wicken. Ich glaubte, es sei Futter für sein
Thier, aber er selbst aß die unreifen Körner aus den Schoten
mit großem Behagen. Dies war sein Frühstück. Die Esel
bekommen nur am Abend und am Morgen Futter, während
des Tages habe ich sie nie fressen gesehen. Das Hungern
scheint ihnen eine natürliche Angewöhnung zu sein, denn sie
sind wohl genährt dabei.

Schon war die Gerste reif. Die Fellachen heimsten das
Getreide ein; hochbeladene Kameele waren ihre Erntewagen.
Die Erwachsenen schnitten die Halme und luden die trockenen
Garben auf, Kinder leiteten die Kameele am Halfter nach
den Siedelungen. Wir sahen, wie ein solches Ungethüm sich
von einem Knaben lenken ließ, der höchstens drei Jahre sein
konnte. Und der Hemdenmatz hatte nicht einmal ein Hemd an.

Auf den Kleeäckern weideten braune Schafe und braune
Ziegen, von braunen Menschen gehütet; Büffel trieben die
Schöpfräder, welche bei jeder Umdrehung ächzen und wimmern,
als wären sie gequälte Geschöpfe, die sich plagen müßen von
früh bis spät, schon seit Jahrtausenden, und doch nie erlöst
werden. Ueberall sind sie durch das Feld zerstreut, die Saaten
und das Vieh zu tränken; kommt man ihnen näher, ist es, als
erhöben sie ihre Klage mit lauterem Geschrei.

Nach etwa fünfzehn Minuten erreichten wir wieder den
Damm eines Kanales, dessen Grund noch Wasser hielt. Wir
durch das nasse Element hindurch. Loben muß ich die Esel,
wie sorgsam sie die Stellen aussuchten, wo sie waten konnten.
Als wir den letzten Damm glücklich hinter uns hatten, lag das
Feld von Theben vor uns, wie ein weites von kahlen Höhen
halbumrahmtes Wüstenthal, vor dem sich ein wenig grünes
Fruchtland ausbreitet. Aus der Dürre erhoben sich rechts und
links sandfarbige Ruinen; im Hintergrunde, wo der Felsensand
ansteigt, haben Fellachen hin und wieder grauschwarze Schlamm-
gehöfte angelegt; dicht dahinter, in den gelblichen Bergwänden,
öffnen sich finstre, viereckige Thürlöcher, die Eingänge zu Grüften.
Mitten in der weiten Landschaft, vorne an, in grünem Klee-
feld sitzen zwei gelbrothe Riesen, und starren in die Morgensonne. Das sind die Memnonskolosse.

Die eine Statue soll früher beim Sonnenaufgang gesungen haben, ist jedoch längst Kassura, wie die Hotel-
Spieluhr. „Glauben Sie daran?" fragte ich den Wiener
Doktor. — „Es ist möglich, daß der kalte Stein summte, wenn
der erste wärmende Sonnenstrahl ihn traf," meinte dieser.
„Wenigstens berichten die alten Schriftsteller so." — Als wir
vor den Kolossen hielten, stieg ein Fellache auf eine der
Statuen, und amboßte sie mit einem eisernen Hammer. „Ist
ihm der alte Memnon noch nicht verruinirt genug?" — „Er
will uns eine Vorstellung von dem einstigen Klingen des
Steines geben." — „Laß das Sonnenstrahlspielen man nach,
Muffi," rief ich. „Das Gekloppe ästimiren wir doch nicht für
'ne Arie, dazu sind wir von Niemann und Betz viel zu ver-
wöhnt." — Unser Leutnant winkte ihm mit der Nilpeitsche.
Da gab er den Unfug auf, den er gewiß nicht aus sich selbst
hat, sondern von solchen Halbforschern angestiftet, die Alles
sofort zufriedenstellend herausgaben, aber hinterher von A
bis Z falsch. Ob Lichthauch oder Hacke, das ist den Brüdern
egal, wenn sie nur irgend was gehört haben.

Dies war unser Gespräch, als wir rechts nach den Ruinen
ritten, nach den Trümmern des Ramesseums, welches ein
Grabtempel war, den Ramses der Zweite erbauen ließ, und
mit einer großen Bibliothek versah. Kaum begreiflich, daß
hier einst bücherlesende Leute lebten. Wo blieben die
Häuser, in denen sie wohnten, die Straßen, die Märkte, die
Läden der Kaufleute, wo blieben die hundert Thore der Stadt
Theben? Wo sie standen, sind jetzt Luft und Schutt. Nur
die ungeheuren Steinbauten, die von Zeit und Menschen nicht
gänzlich zertöppert werden konnten, stehen noch halbwege.
Was aus Schlammziegeln, zumal aus ungebrannten, errichtet
war, das ist wie weggeblasen.

Die große Bildsäule des Ramses liegt elend auf der
Nase, entzwei und eingesandet. Der Zeigefinger der Hand
mißt einen Meter. Das Ohr ist noch fünf Zentimeter länger.
Solcher Statuen hatte Alt-Aegypten zahllose.

Im Ramesseum stürzten sich Araber auf uns, Grabfunde
zu verkaufen. Der Eine hatte kleine blaue Götzen, der Andere
Mumienleinewand, der Dritte ein Achat-Halsband, der Vierte
blaue Perlengeflechte, der Fünfte, Sechste und Siebente Skarabäen. Die Tempelwächter, an einem nummerirten Blechstreifen

um den rechten Arm kenntlich, schritten zwar mit langen
Knitteln ein, aber das war für die Katze. Erst als unser
Leutnant die Karbatsche hob, vermochte ich die Gnuffs mit
dem Schirm von mir abzuhalten. Mein Karl mußte sich selbst
mit dem Spazierstock vertheidigen, und konnte mir nicht bei·
stehen. Nun wurde gehandelt. Anfangs waren sie unverschämt
in ihren Forderungen, spannten aber billigere Saiten auf, als
wir ihnen unentwegt gerade so viel Groschen boten, wie sie
Franken verlangten. War ein Kauf abgeschlossen, die Waare
empfangen, und das Geld gegeben, dann reute sie das Ge·
schäft, und die großen Kerle fingen an zu weinen wie die
Kinder. Die Eseltreiber aber waren auf unserer Seite und
schrieen den Arabern zu, daß sie mehr als reichlich für ihren
falschen Plunder bezahlt seien. Dann schlugen die Tempel·
wächter wieder dazwischen, Nilpeitsche und Schirm halfen nach.
Meinen Gefühlen widerstrebte die Hauung auf Menschen, was
blieb jedoch übrig, da das Drohen nichts ausrichtete? Ein
Wilder, der sich so harmvoll anstellte, als sei er um seine ganze
Existenz gebracht, schmierte sich heimlich Spucke auf die Backen,
daß wir glauben sollten, es wären Thränen; ein krokodilhaftes
Benehmen, das mich innerlich empörte. Der kleine Mustapha,
der dies gleichfalls wahrgenommen, bat den Leutnant um die
Nilpeitsche, und fuhr auf den Wüsten·Pennbruder los, der
vor dem Zeichen der Herrschaft ausriß wie Schafleder.

Er kehrte aber baldigst zurück, als sei nichts vorgefallen
und verlangte Bakschisch. — „Mafisch" war die Antwort.
„Mafisch" heißt nämlich, es giebt nichts. Ein sehr schönes
Wort, in der Wüste aber unzureichend. Man giebt doch.

Unter Beihülfe des Leutnants erwarb ich etliche Skara·
bäen und einen blauen Götzen, in die Servante zu stellen.
Mein Karl hatte eine Kindermumienhand für den Doktor
angekauft, der ekelt sich nicht davor, und es sieht medizinisch
aus.

Wem mochte die Hand angehört haben? Wohl gar einer
kleinen Prinzessin? Oder dem Töchterchen eines Ministers?
Oder war ihr Vater Frohnvogt, der die Geißel über den
Vorvätern der Fellachen schwang, welche das Mumienklein
der ehemaligen Herrschaft jetzt an Fremde aus dem Abend·
lande verschachern? Als wir über das Todtenfeld von Theben
ritten, lagen braune Gebeine genug auf dem Schutt. Hund·

kauten daran. Mit den brennbaren harzigen Theilen kochen
die Fellachenweiber die ärmlichen Speisen. Schrecklich ist mit
dem Inhalt der Gräber gewirthschaftet, und doch birgt der
Felsboden noch zahllose alte Aegypter. Vorsichtig weicht der
Reitesel den Löchern aus, welche wie Brunnen tief hinab-
reichen, und die Schachte zu den unterirdischen, nach allen
Seiten verzweigten, mit Mumien vollgestopften Gängen, bilden.
Von diesen Todten und aus dem Schutt sammeln die jetzigen
Anwohner Thebens die Antiquitäten, von deren Ertrag sie
leben. Freilich ist der Handel verboten, aber so gewissenhaft
wie Zwilchhammer sind die Araber nicht, und wenn die
Männer des Gesetzes eine Razzia anstellen, werfen sie ihre
Alterthümer in den Nil, die dann für alle Zeit verloren sind.
Die unvermeidliche Jacke voll Prügel verschmerzen sie.

Wir waren durch den ungewohnten geschäftlichen Verkehr so aufgeregt, daß die in die Wände des Ramesseums
gemeißelten Heldenthaten des Königs nur unaufmerksame
Beschauer in uns fanden. Der Wiener Doktor las uns aus
einem Buche vor, was dort Alles geschildert sei, und die
Araber, welche meinten, wir hielten eine religiöse Andacht,
standen in ehrerbietiger Entfernung. Wir erfuhren, daß
Ramses der Zweite an Macht und Ehren reich war, Länder
eroberte, überall Siegesdenkmale errichtete, Künste und
Wissenschaften in seinem Lande pflegte, dem die Früchte der
Kriege zu Gute kamen. Solches erzählen die Räthselinschriften
der Tempel, die er erbaute den Kundigen.

Wir kreuzten nun nach der südlichen Seite des Todten-
feldes hinüber, wo bei dem Dörflein Medinet-Habu Palast-
und Tempelruinen aufs Neue Bewunderung abzwingen.
Man glaubt, das Sehenswertheste in Augenschein genommen
zu haben, und trotzdem hat die alte Zeit immer noch Ueber-
raschungen in der Hinterhand. Ja dies Theben ist ein Riesen-
Museum, in welchem man, anstatt zu gehen, stundenlang
umher reitet.

Die Mittagshitze hieß uns Schatten im Tempel aufsuchen, und die vom Hotel mitgegebene Zehrung diente zur
Stärkung. Kleine Mädchen stellten sich mit Gullen ein, das
darin enthaltene Nilwasser war kühl und eignete sich vortrefflich zum Mischen mit Wein. Eines der Mädchen war
gnitterrabenschwarz. Unser Leutnant rief das kleine Geschöpf

heran. „Na Mojebint, O, Waſſermädchen," ſagte er, „ta'
ale hene, komm hierher." — Schüchtern grinſend trat das
Mohrenweſen näher. „Enti masriye?" fragte er, „biſt Du
Aegypterin?" — „La," antwortete die Kleine, „ana Suda-
niye. Nein, ich bin Sudaneſin," und kauderte eine ganze Menge.
Leider war das Arabiſche unſeres Leutnants nicht ſo weit
gehend, um hieraus klug zu werden, er vermuthete aber, daß
das Mädchen von Seelenverkäufern aus dem Sudan ver-
ſchleppt ſei. „So jung, noch ein Kind," ſagte ich, „und der
Heimath entriſſen. „La' ale nach Großmama Buchholz," ſagte
ich, „heute ſollſt Du ſatt werden." — Und nun nährten wir ſie
und das andere Mädchen mit kaltem Fleiſch, Brot und
Früchten. Wein verſchmähten ſie.

Zwilchhammer war natürlich nicht da, der wurachte in
Karnak herum, ſonſt hätte er ein denkwürdiges Bild auf-
nehmen können: wie Mutter Buchholz und der Leutnant
Fiſcher zwei kleine wilde Mädchen in dem Säulengange
des Pharaonentempels nährten, während mein Karl und der
Wiener Doktor und die Göttergeſtalten an den Wänden
zuſahen.

Den Reſt des Frühſtücks theilte der Leutnant in neun
egale Theile, ſo viel Köpfe zählte unſer Gefolge an Eſel-
treibern und Dienern, und ließ die geſammte Mannſchaft in
Reih und Glied treten, worauf Jeder das Seinige bekam.
„Kattar cherack," riefen ſie, was ſo viel heißt als „Gott ver-
mehre Dein Gut," auf einfach deutſch „danke".

Ganz im Sinne Miſter Potts beſchloſſen wir, einen kleinen
Keef zu halten. Jeder ſuchte ſich ein Plätzchen, die Plaids
wurden ausgebreitet, und bald umfing uns gelinder Tempel-
ſchlaf, obgleich die Fliegen ihn zu vereiteln redlich bemüht
waren. —

Noch einmal durchwanderten wir die Ruinen, beſuchten
die Seitenräume, welche die Schatzkammern des Rhampſinit
geweſen ſein ſollen, ärgerten uns über die Rohheit, mit
welcher die herrlichen Säulen der zweiten Halle von Menſchen-
händen abgeſägt und umgeworfen waren, und ſandten einen
Blick zu den Wohngemächern Pharaos hinauf, die ſich in
dem einen ziemlich erhaltenen, wenn auch gefährlich zu be-
ſteigenden Flügel des Palaſtes befinden. Man ſagt, daß an
den Wänden dort oben noch Gemälde ſichtbar ſind, welche

Pharao, umgeben von seinen Frauen, darstellen, was den Leutnant mächtig anzog. Nur durch die Ermahnung, daß er mir versprochen, Waghalsigkeiten zu unterlassen, hielt ich ihn zurück. Alles eignet sich auch nicht für die Forschung, geschweige für junge Leutnants.

Als wir aufbrechen wollten, stellten sich uns Antiquitäten-händler und Bettelgesindel in den Weg. Energisches „Ruch" und „Imschi", sowie die Karbatsche schafften freie Bahn.

Ein kleinerer Tempel wurde noch mitgenommen, und dann ging es bergauf, durch Fellachensiedelungen, den Gräbern zu. Wir mußten absteigen und klettern, denn die Pfade wurden für die Esel zu steil. Ueber Geröll und Gestein erreichten wir das erste Grab, das in die Wand hinein-gehauen, sich wie ein langer Gang in das Innere des Berges verlor. Die Nachmittagssonne schien hinein und beleuchtete die mit Malereien bedeckten Wände des Grabes, welche all-mälig in das Dunkle hineinschwanden. Wir besahen die Bilder. Die alten Aegypter hatten eine eigene Manier im Zeichnen und Ausmischen, wie die Japaner und Chinesen noch heut zu Tage ihre Kunst nach hergebrachten Regeln ausführen, so daß man sich erst daran gewöhnen muß, um den Sinn zu verstehen. Bald erkennt man jedoch, was dies sein soll und Jenes, und da die Lieblingsbeschäftigungen des Verstorbenen auf den weißen Wänden des Grabes dargestellt wurden, so wie seine Besitzthümer an Heerden, Gärten, Korn, Wein, Waffen, Hausgeräth und Kostbarkeiten, sind die Gräber die bilderreiche Beschreibung uralter Vergangenheit. Nun kamen uns die dem Proviant beigegebenen Stearin-kerzen zu Statten. Wie einst die Bilder bei Lampenschein gemalt wurden, betrachteten wir sie in dem unsicheren Lichte der an Stäben befestigten Kerzen, welche die Diener trugen; damit sie uns nicht von oben bis unten bedrippten, nahmen wir die Beleuchtung selbst in die Hand.

An zwei Gräbern hatte ich für meine Person Genüge; es war zu warm in dem Inneren des Berges, und es roch zu abscheulich nach den Fledermäusen, die darin nisten und das ganze Lokal verstänkern, so daß undurchbohrte Nasen wünschenswerth sind. Mir war die freie Luft zusagender und der Blick nach Luqsor und Karnak hinüber und auf das ferne Gebirge der arabischen Wüste. Auf einem Stein, im Schatten

eines felsvorsprunges ſitzend, erwartete ich die Rückkehr der
Uebrigen, die wie Bienen von einem Grabe in das andere
krochen. Zu meinen füßen ſenkte ſich das Todtenfeld abwärts
bis an die Tempeltrümmer und die Memnonsſäulen. Hin und
wieder raſtete ein Geier auf den Schutthügeln, als hätte ſich
ein braungrauer Beduine hingekauert. Kein Luftzug regte ſich. Heißer Sonnenſchein brütete
auf der Erde und darüber wölbte ſich dunkelblau der Him-
mel. Kein rauher Laut ſtörte die einſame Stille, nur ein
leiſes Klingen drang herauf, faſt wie das Läuten verhallender
Glocken. Es war der Chor der Schöpfräder, deſſen klagender
Sang gedämpft aus der Ebene herweinte.

Der Leutnant kam und ſetzte ſich zu mir. „Schön, was?"
fragte er. — „Wohl iſt dieſer Anblick eigenartig ſchön," entgegnete ich, „aber mir will das Herz dabei nicht aufgehen.
Es iſt Alles ſo kirchhofsfeierlich. Ich könnte hier nicht frohlocken,
wie im grünen Buchenwald um die Pfingſtzeit daheim, ſelbſt
wenn ich wieder jung wäre."

„Ich habe die ewigen Palmen längſt dick," ſagte er. „Was
ſieht man hier? Wüſte oder Nutzgewächſe. Wo ſind die feld-
blumen, die bei uns an jedem Wege blühen? Ich botaniſire gern,
aber die fluren ſind pflanzenarm. Haben Sie in den fellachen-
dörfern je etwas gefunden, das einem Blumenbeete glich?" —
„Nein." — „Aber die alten Aegypter hatten Gärten, in den
Gräbern ſind ſie abgemalt." — „Vielleicht nur die Reichen.
Die Armen werden froh geweſen ſein, von einem Tage zum
andern zu krebſen. Ich habe ſo das Gefühl, als wären die
jetzigen Verhältniſſe nicht viel anders, wie vor Tauſenden von
Jahren. Die Erde und die Sonne ſind ja dieſelben geblieben."

Die Gräber waren beaugenſcheinigt, und der Rückweg
mußte angetreten werden. Mit den Abendſchatten kamen wir
in Luqſor an. Zwilchhammer war mit ſeiner Ausbeute in
Karnak zufrieden und hatte für den nächſten Tag Theben
vor. Wir wollten programmmäßig das Thal der Königs-
grüfte beſuchen, von denen er ſich, von ſeinem Standpunkt
aus, weniger verſprach. —

Das in den Hauptgerichten Hammel und Huhn bietende
Mahl wurde von dem melodiſchen Gezirpe der reparirten
Spieluhr begleitet. Uns war behaglich zu Muthe nach den

Strapazen. Da meldete der Kellner, daß Herr Mochareb draußen auf der Terrasse sei. „Wohl wegen der Fantasia," sagte ich, und da ich der Thür zunächst saß, ging ich, ihn hereinzuholen. „Sehr freundlich, daß Sie gekommen sind," begrüßte ich ihn. „Bitte, treten Sie näher." — Er aber zögerte.

„Es sind Nachrichten aus Berlin eingetroffen," sagte er mit gedrückter Stimme. „Traurige Nachrichten."

„Aus San Remo?" fragte ich bestürzt. „Ist der Kronprinz kränker geworden?"

„Nein," erwiderte er, „aus Berlin. Heute Morgen ist der Kaiser gestorben."

Ich war sprachlos. Es konnte nicht sein. Ein Mißverständniß mußte vorliegen. Kein Wort hatten wir erfahren, daß der Kaiser leidend gewesen. So plötzlich. Es war nicht denkbar. Ich rang nach Athem. „Sie müssen sich irren," sagte ich.

„Vor einer Stunde erhielt ich die Depesche vom Grafen Arco aus Kairo, Ihnen die Nachricht mitzutheilen. Der Kaiser Wilhelm ist sanft entschlafen."

Ich faßte ihn bei der Hand und zog ihn in den Saal. „Unser Kaiser! Unser Kaiser — —!" Mehr vermochte ich nicht herauszubringen.

Wie ein Blitzstrahl aus heiterem Himmel traf dieser Schlag. Stumme Trauer bemächtigte sich Aller. Die beiden Engländer standen auf und boten uns mit theilnehmenden Händedrucke „Gute Nacht". — Auch Herr Mochareb ging.

So waren wir Deutsche allein mit unserm Schmerz.

Mir brannte der Boden unter den Füßen. „Ich will nach Berlin, ich halte es hier nicht aus."

„Erst in zwei Tagen holt das Schiff uns ab," sagte mein Karl besonnen. „Wir können nicht fort."

Nicht fort! Abgeschnitten von der Welt, waren wir wie auf einer Insel im Meere. O ihr Wandervögel, warum haben wir nicht eure Flügel, daß wir dahin ziehen, wohin die Seele in banger Sehnsucht verlangt? Uns ist ein Vater gestorben und wir können nicht zu seiner Bahre.

Mit Ernst und schwerer Sorge erwogen mein Karl und der Wiener Doktor die kommende Zeit. Würden die drohenden Nachbarn jetzt daher stürmen, uns mit Krieg zu über-

ziehen, im blöden Wahne, der kranke Kaiser Friedrich sei ihnen
nicht gewachsen? Zog sich das Wetter zusammen über das
Vaterland, dem der Friede so lange Jahre hold gewesen?
Niemand gab Antwort. Reden gingen von Mund zu Munde,
es waren aber nur Meinungen ohne Bürgschaften. Und so
wurde es spät.

Der Leutnant war hinausgegangen auf die Terrasse.
Die Sterne leuchteten und glühten am Himmel und spiegelten
ihre Pracht im Nil. Er aber saß und barg das Antlitz in
den Händen. „Kommen Sie," sagte ich, „auch Sie bedürfen
der Ruhe." — „Er war mein Kriegsherr, ich hatte ihn lieb,"
sprach er bewegt.

„Ich hatte ihn lieb," — so brach es an diesem Trauer-
tage aus jedem deutschen Herzen hervor. Baue Du Denk-
male, unvergänglicher als die Steinkolosse des hundertjährigen
Theben, treue Liebe.

Der nächste Morgen begann trübe. Schwer war die
Luft, und Wolken verbargen die Sonne. Als wir den weißen
Sand des gegenüberliegenden Ufers betraten, fielen einige
Tropfen, eine seltene Erscheinung, die den Arabern Ausrufe
der Bewunderung entlockten, weil oft Jahre vergehen, ehe es
ein einzig Mal in diesen Gegenden regnet. Der Wiener
Doktor hatte den Herodot bei sich und las vor, wie dieser alte
Grieche schrieb, „daß es unter König Psammit in dem ägyptischen Theben regnete, welches niemals vordem noch nach
jener Zeit wieder geschehen sei, wie die Thebaner ihm selbst
sagten. Denn in Oberägypten regnet es überhaupt nicht;
damals aber wurde Theben wirklich tropfenweise beregnet."
Uns war der trauernde Tag ein Freund. Zwischen dem
Gestern und Heute hatte sich ein Schleier niedergesenkt, der die
frohen Stunden deckte.

Wir nahmen denselben Weg, durchzogen die Dämme und
Kanäle, die Aecker und die Wüstenei, und ritten dann rechts
auf den Tempel von Qurna zu, welcher in einer Linie mit
dem jenseitigen Tempel von Karnak liegt. Von da bogen
wir in das Thal der Königsgräber ein. Hier umgab uns
die Trostlosigkeit der Einöde. Durch Felswände windet sich
die Kluft, kein Halm, kein Kraut entsprießt dem braungelben
Gestein, nicht einmal eine Fliege summt durch die Luft. Furchtbare Blöcke sind von oben herabgestürzt, über Geröll geht

der steinige Pfad, kaum gangbar für die beinigen Esel. Hier wohnt die Verlassenheit.

Nach endlos scheinendem Ritt machten wir bei einem Königsgrabe Halt. Es war die Gruft Seti des Ersten. Wie in ein Bergwerk ging es hinab, erst auf einer Treppe von etwa fünfzig trümmerbesäten Stufen, und dann auf schrägem Boden allmälig über sechzig Meter tief hinein. Die Kerzen wurden angezündet und die Bilder der Wände betrachtend, stolperten wir langsam weiter durch Gänge, Thore und gedrückte Hallen bis an die große Kammer und den Ort, wo der Königssarkophag gestanden hatte. Der Leutnant brannte Magnesiumdraht an. Grell beleuchtete die blendende Helle Götter- und Menschenfiguren, die gespenstisch an der Decke schwebten und wie unwillig von den Wänden blickten, als seien sie aus dem Schlafe gestört. Das Licht erlosch, die Finsterniß schlich wieder aus den Ecken daher und das Grauen der Vergangenheit war bei uns. Ich hielt mich immer dichte an den Leutnant. Eine ganze Reihe von Erbbegräbnissen der alten Könige birgt das Thal. Merkwürdigerweise fand man bei ihrer Eröffnung die Steinsärge leer. Waren die Mumien geraubt? Wohin hatte man die alten Pharaonen gebracht, die, hier bestattet, der wiederkehrenden Seele entgegenschliefen? Hatten die Araber die Grabesausstattung gestohlen und die Gebeine auf den Markt gebracht? War solche Erniedrigung das Loos der Pharaonen?

Nein. Die Priester selbst hatten die Mumien der Könige und Ersten des Reiches heimlich den Gräbern entnommen und in sicheren, nur ihnen bekannten Schlupfwinkeln verborgen, damit die ehrwürdigen Leichname nicht in die entweihenden Hände der Eroberer fielen. Frömmigkeit und Treue hatten sie umgebettet.

Aber die gewinnsüchtigen Araber der Neuzeit stöberten die Stätten auf und verkauften Skarabäen, Papyrusrollen und glaubwürdige Gegenstände, an denen erkannt wurde, daß die Königsmumien noch vorhanden sein mußten. Geld und Nilpeitsche brachten die Leichenräuber zum Geständniß, und auf diesem in Aegypten nicht ungewöhnlichen Wege wurden die mit der größten Verschmitztheit verheimlichten Pharaonenverstecke entdeckt. Nun sind die Mumien im Museum zu Bulak bei Kairo untergebracht.

Frau Buchholz im Orient.

9

Wir gingen mehrere Gräber durch. Sie gleichen sich alle ziemlich und sind mehr für Forscher als für gewöhnliche Sterbliche. Auch waren wir nicht ganz bei der Sache; unsere Gedanken schweiften weit über Aegypten hinaus, dorthin, wo am Abend der Nordstern die Richtung nach der Heimath wies.

Als wir das letzte Grab verlassen hatten, kam der Schech der Araber, welche die Gräber als ihre Bakschischdomäne betrachten, auf uns zu, grüßte und fragte durch Mocharebs Diener, der etwas zu dolmetschen verstand: ob es wahr sei, daß der gewaltige König von Alemannia gestorben? — „Ja, Schech, so ist es. Woher aber hast Du die Kunde?" — „Das Leid um ihn geht durch das Land," antwortete er, „wie der Ruhm seiner Werke, da er noch lebte." — Seit wann wohl die braunen Männer etwas von Alemannia wußten? Ob es sie kümmerte, als es noch mit sich selbst zerfallen, fragte: Was ist des Deutschen Vaterland? Schwerlich. Aber als der Held die Helden zum Siege führte, als es in mächtiger Einheit erstand, und seine Stimme im Rathe der Völker den Ausschlag gab, da lernten auch diese Anwohner der Wüste Alemannia in bewundernder Schätzung nennen.

Der Schech wollte von uns Auskunft haben, die wir selber so auskunftsbedürftig waren. Wie sah es in Deutsch-land aus, in Berlin? Was hatten die letzten Tage gebracht, die für uns Zukunft waren, weil wir erst noch erfahren würden, was sich ereignet haben konnte? Ohne Verbindung mit dem lebenden Menschenstrom ist man so gut wie eine Mumie, die auch von Nichts weiß. „Wollen wir nicht lieber nach Luqsor aufbrechen? Es wäre ja möglich, daß De-peschen angekommen sind." — Der Antrag fand einstimmige Annahme.

Die kleinen Moje-Mädchen waren wieder da. Uner-müdlich liefen sie neben her, den Wasserkrug auf dem Kopfe, barfuß über das kantige Steingeröll, ohne daß sie solche runde Metallplatten unter dem Huf hatten wie die Esel, denen es sauer genug ward, nicht zu straucheln.

Wir bebakschischten sie reichlich. In Anerkennung dessen ruhte das eine der Mädchen nicht eher, als bis wir den lieben Ihrigen vorgestellt wurden, die nicht weit von dem Ausgange des Todtenthales seßhaft waren. Die schwarzblau

eingemummte Mutter und die sieben übrigen Geschwister
begrüßten uns mit ausgestreckten Händen, an welcher liebens-
würdigen Ermahnung zum Geben unsere kleinen Wasser-
trägerinnen sich sofort betheiligten. Sie krächzten nach Bakschisch wie die jungen Sperber in der Palme nach Futter.
Diese dankbare Familie wohnte in einem total ausge-
schliemannten Grabe, mit dem Hunde, der Ziege, einigen
Tauben und Hühnern und den unvermeidlichen Fledermäusen.
Unter das gastliche Dach treten und wieder an die Luft
fliehen waren zwei Schritte. Dies war der tödtlichste Muff
meines Lebens, denn weder Menschen noch Thiere machten
sich gegenseitig Vorwürfe über häusliche Unreinlichkeit. Der
Vater war abwesend, wahrscheinlich schwindelte er den
Fremden, die beim Ramesseum hielten, Antiken auf. „Kinder,“
rief ich, „Theben wird mir über.“

Als wir nach Luqsor zurückkehrten, ward uns klar,
warum der Schech der Araber gefragt hatte. Auf dem
Hause unseres Konsularagenten wehte die schwarz-weiß-rothe
Flagge halbstock. —

Der letzte Tag unseres Aufenthaltes war angebrochen,
und als wenn der bewölkte Tag nachgeholt werden sollte,
sengte die Sonne bereits am Morgen mit vermehrter Gluth,
so daß sich Nichts unternehmen ließ. Herr Mochareb brachte
uns das Fremdenbuch, welches zu durchblättern höchst an-
regend war; einstimmig ward darin der Umsicht und Zuvor-
kommenheit des alten Herrn gedacht und wir schlossen uns
dem Lobe an, das wir auf den Sohn ausdehnten, der die
Sitten des Vaterhauses redlich bewahrt.

Am Nachmittage ritten wir noch einmal nach Karnak.
Mustapha war selig, daß ich den ‚Telegraph‘ wieder genommen. Schade, daß die jungen Wilden sich nachher aus-
wachsen und das Niedliche und Zuthuliche verlieren, aber
anderwärts schichtet das kindlich Seraphhafte auch häufig ins
Flegelhafte um.

Der Karnak-Tempel ist der größte und schönste der dortigen Gegend, und wenn der Leutnant von weiter hinauf her
noch mehr großartige Ruinen kannte, befriedigte uns das Ge-
habte vollkommen. Das tagelange Verweilen in den Trümmern und das Betrachten der Bilder in den Gräbern wirkte
so eigenartig, daß man sich wahrhaftig wie in der alten Welt

9*

befand. Oft glichen die Fellachen den tausendjährig abge-
malten Figuren derartig täuschend in der Gesichtsbildung,
als wären sie richtige alte Aegypter. So wie in den Gräbern
dargestellt, warfen sie das Getreide mit den Händen aus der
gefüllten Schürze gegen den Wind, die Spreu vom Korn zu
scheiden, so pflügten sie, so trieben sie ihre Heerden, so geber-
deten sie sich überhaupt.

Wir trennten uns schwer von den majestätischen Hallen,
die unsere Augen wohl nicht wieder sehen, aber es mußte
sein, denn schon färbte sich der Abendhimmel. Noch einen
Blick warfen wir zurück. Da stand der Riesentempel in der
öden Ebene, der verwitternde Zeuge einer großen Vergangenheit. Das Licht der untergehenden Sonne überzog die
Quadermauern mit lieblichem Scheine, daß sie zart und luftig,
wie aus Rosenblättern gehaucht, sich von der grauen, dunklen
Ferne abhoben. Dann erblaßte das Bild und schwand dahin.

War das alte Aegypten nur eine Täuschung der Sinne
gewesen, oder war es wirklich vorhanden? Man kam schließlich ganz durcheinander.

Der Postdampfer lag bereits am Ufer von Luqsor. Die
Sachen wurden gepackt. Noch einmal durfte die Spieluhr
ihre Melodienmischungen zum Besten geben, und um Zehn
gingen wir an Bord. Vom Oberdeck zeigte der Leutnant
uns das Kreuz des Südens, das unten am Himmel, am Ende
der Milchstraße stand. Wunderbare, stille Nacht lag über dem
Nil und der Todtenstadt Theben. Der Maschinist heizte; in
zwei Stunden ging es fort.

Zweiter Aufenthalt in Kairo.

Denderah. — Der Samum. — Bei den Straußen. — Schloß Gesähre und Lauchhammer. — Der Leutnant und die Haremswächter. — Zwilchhammers Unglück. — Beim Schech-es-Sadat. — Tanzende und heulende Derwische. — Die Mumien der Pharaonen. — Eine Koptische Hochzeit. — Wozu lange Traureden gut sind.

Die Rückfahrt auf dem Nildampfer — ‚Amteh‘ hieß er — gestaltete sich zu einer recht geselligen. Am Tage: Betrachtung der Gegend, ungemein bildende Gespräche, verschrobene Bücheransichten von Zwilchhammer, der seine letzte Platte daran wandte, ein Gruppenbild von uns zu nehmen, Zorn des Leutnants, dessen großer Koffer nie den richtigen Platz fand, und am Abend ein kleiner Nilskat: das war unser Lebenswandel. Bei Kenneh wurde etliche Stunden Halt zur Besichtigung des Hathortempels bei Denderah gemacht. Eselritte, Schutthügel, Bakschischfellachen waren wie gewöhnlich, der Tempel dagegen ist fast unbeschädigt. Würde die Malerei aufgefrischt und räucherte man die Fledermäuse aus, wäre er ein Pomp Aegyptens. Das Portrait der Kleopatra ist an der Außenwand noch erkennbar, wenn sonst auch die Angesichter der halberhaben gearbeiteten Figuren, wie überall, ausgekratzt, und die Sphinxe und Statuen geköpft sind. Was die Mohammedaner stehen ließen, kleben jetzt nachträglich die Wespen zu, welche ihre Nester in den Vertiefungen der Inschriften und den Umrissen der Wandfiguren anlegen. Haushohe, bilderreiche Mauern sind von den fleißigen Thieren verkrustet, als wären sie mit Nilschlamm überzogen. Ob nun die Kleopatra ähnlich ist, wer kann das sagen? Jedenfalls sah sie hübscher aus als alle ägyptischen Antlitze, die das Schicksal vor der Zerstörung bewahrte. Von Figur war sie lang

und rank, und ihre etwas dicken Lippen lächelten. Das werden die Wespen ihr wohl nächstens besorgen.

Lobenswerth fand ich, daß der Tempel gegen das Ein-
dringen der Fellachen abgesperrt ist, obgleich der Aufenthalt
in der großen Halle Gesellschaft wünschenswerth macht, denn
oben an den Säulen sind nach jeder Himmelsrichtung die
Gesichter der Göttin Hathor angebracht, und von allen Seiten
glupen die Augen der ägyptischen Liebesgöttin auf Einen herunter. Anfangs amüsirt das, schließlich aber wird man bange.
Unter den Fellachen, welche am staubigen Ufer mit Antiquitäten und Früchten hökerten, war ein Mädchen von vielleicht
acht bis neun Jahren von einer so hinreißenden Schönheit,
wie ich seither in diesen Gegenden nicht sah. Das Ebenmaß
der Glieder, die Feinheit der Hände und Füße, das liebliche
Gesicht mit Augen, wie ein Reh, sind nicht zu beschreiben.
Das blaue Lumpenhemdchen zeigte mehr, als es verhüllte,
und wie sie so dastand, die Frucht der Dumpalme mit rührender Anmuth anbietend, glich sie einer Bronzestatue aus
Künstlershand. Wir nannten sie die kleine Kleopatra, um sie
der Erinnerung einzuimpfen. Mitten im schreienden Gesindel
war sie ein himmlisches Geschöpf.

Der Postdampfer kam von Kenneh wieder zurück, holte
uns ab, und weiter ging es. Am Abend sollten wir in Girgeh sein, wo große Messe mit allen möglichen Jahrmarkts-
belustigungen abgehalten wurde, auf die der Postkapitän unsere gesammte Neugier lenkte. Als wir jedoch vor Girgeh
anlangten, rannte das Schiff auf eine Sandbank und wir
saßen fest. Die Dampfpfeife heulte. Nachen kamen vom
Ufer, die Post zu holen und Männer zu bringen, uns flott zu
machen. Die Wilden sprangen ins Wasser und schoben. Dabei sangen sie: ‚Timsach, Timsoch.‘ — Timsach heißt Krokodil.
Ob das ihnen helfen sollte? Nach einer Stunde Timsach-
Timsoch-Geschrei bewegte das Boot sich vorwärts, hackte aber
gleich wieder an.

„Drüben sind die Meßvergnügten und wir sind die Miß-
vergnügten,“ sagte mein Karl. — „Solche Witze verbitte ich
mir,“ entgegnete ich. „Dafür ist mir der Nil zu heilig. Laß'
uns lieber einen kleinen Skat unternehmen.“ — Wie Recht ich
diesmal hatte, ging daraus hervor, daß ich zwanzig Piaster
gewann. Schön mitzunehmen, die zwei Märkelchen. Hätten

sie Piaster Tarif berechnet, wären es vier Mark gewesen, aber da der Spielsold mir zuflog, wurden Piaster Kurant gemeint, die blos die Hälfte gelten. Sogenannte Eden suchen stets zu schädigen.

Am Nachmittag des folgenden Tages waren wir in Assiut. Wir ritten in die Stadt, wo auf dem Marktplatz lustiges Leben herrschte. Tänzerinnen und Sängerinnen fanden den Beifall der Menge. Wir wurden, nach dem Gelächter der Wilden zu schließen, mit Spottliedern angesungen, als wir, auf den Eseln haltend, zusahen. Einige in das Tambourin geworfene Münzen schienen jedoch den Text zu ändern, denn die jetzt geleisteten Verse wurden von den umstehenden Wilden mit lautem „Ja Salahm" und anerkennenden Blicken auf uns begleitet. Auch den Bazar durchritten wir, der sich noch echt orientalisch erhalten hat, handelten Räucherwerk und einige rothe Thonpfeifen zum Mitbringen ein, worauf wir wieder an Bord gingen, allwo wir die Nacht verblieben.

Der Eisenbahnzug brachte uns am nächsten Tage nach Kairo. War die Hinfahrt schon grausam, die Rückfahrt überbot die Marterei um Vieles. Die Luft wurde schwüler und schwüler, der Himmel war weißlich grau, als sei Mehl ausgebeutelt: es wehte Chamsihn. In der Wüste heißt dieser Wind Samum, bläst er heiß aus Südwest herüber, nennt man ihn Chamsihn. Er pflegt zwei bis drei Tage anzuhalten, verschwindet und stellt sich beliebig wieder ein. Dies Spiel dauert fünfzig Tage, und daher hat er den Namen, denn Chamsihn ist so viel wie fünfzig. Ich war dem Wiener Doktor für die Erläuterung sehr dankbar, aber mein Gehirn glich einem ausgedorrten Acker ohne große Empfänglichkeit, und deshalb sagte ich: „Herr Doktor, ich kann Ihnen nicht folgen. Die Wilden haben den Aequator zu stark geheizt."

Auf der Station Bulak-Dakrur war der telegraphisch bestellte Wagen vom Hotel; jedoch für uns und das Gepäck dreiviertel zu klein. Trotzdem wurden wir fest darauf mitsammt dem Timsach, wie wir das Ungethüm von Leutnants-Koffer benannsten, nur frage man nicht wie? Es waren ebensoviel Gliedmaßen außerhalb der Karrete wie drinnen. Die Schwärze der Nacht bedeckte gnädig diese Fuhre und unser Erröthen.

Im Hotel waren Briefe. Zu Hause stand Alles wohl,
von den letzten Tagen konnten auch noch keine Mittheilungen
darin sein. Die französisch erscheinenden Zeitungen Kairos
brachten dagegen eine Depesche, welche uns meldete, daß
Kaiser Friedrich sich von San Remo nach Charlottenburg
aufgemacht. Weder Schnee noch Kälte noch die ununter-
brochene Fahrt hatten Schaden gethan, im Gegentheil, über
den Gesundheitszustand lagen die günstigsten Nachrichten vor.
Das Alles erfüllte uns mit Freude und Hoffnung. Mehrmals
mußte der Leutnant diese frohe Botschaft vorlesen, so unerwartet, so köstlich war sie uns. Mit welcher Spannung wir
den deutschen Zeitungen entgegensahen, empfindet nur, wer,
wie wir in den letzten Tagen, wußte, daß gewaltige Ver-
änderungen vorgingen, ohne Näheres darüber erfahren zu
können. Jetzt standen wir wenigstens halbwege mit der Welt
in Verbindung. —

Kairo war uns bekannt und dennoch wieder neu wie
am ersten Tage; das Getümmel der farbigen Menschheit hatte
Nichts von seiner Anziehungskraft eingebüßt. Und nun erst
die nähere und weitere Umgebung der Stadt. In Sakkara
fanden wir die Gräberherrlichkeit Oberägyptens wieder, nur
daß die Stufenpyramide und die merkwürdigen Apisgräber
mit den kolossalen Steinsärgen der balsamirten Stiere Novi-
täten waren. Dann Helwan, der Badeort mit seinen
Schwefelquellen, welche sehr gesund sein sollen. Wenigstens
schickt man die Lungenleidenden, welche von Europa nach
Kairo weggeschafft werden, aus der staubigen Stadtluft hierher.
Mir will es scheinen, daß zwei Tage Chamsihn einem
Schwindsüchtigen mehr Kräfte nehmen, als wochenlanger
Aufenthalt in dem milden Klima Aegyptens ihm geben kann.
Ein kranker Nordländer muß in der Hitze erschlaffen, und
was hat er dann zuzusetzen? Dagegen hat die Stärkungs-
kur, wie sie auf Falkenstein im Taunus von Dr. Dettweiler
geleitet wird, durch ihren abhärtenden Einfluß heilsame Erfolge, wie ich aus bekannten Kreisen weiß. Das Schädlichste
ist Verpimpeln.

Auch nach Heliopolis machten wir eine Ausfahrt. An
dem Wege dahin liegen das europäische Hospital, die Sternwarte, Kasernen und das Palais des Vizekönigs Taufick, mit
Hütten untermengt. Dann kommt, von Gärten umgeben, das

Dorf Matariye, wo der Baum steht, unter welchem die heilige
Familie auf der Flucht nach Aegypten gerastet haben soll.
Der jetzige Baum, eine Sykomore, ist jedoch im Jahre 1672
neu gepflanzt, weil sein Vorgänger abgestorben war. Die
Balsamstaude, von welcher der Balsam stammte, mit der die
Königin von Saba Salomon beschenkte, wuchs früher hier.
Der alte beturbante Gärtner reichte uns einige streng riechende
Blätter von einem Strauche, aber der Leutnant schwor Stein
und Bein, es seien keine Balsam-, sondern Mastixblätter. Es
wird ja auch nichts so sehr gefälscht als heilige Orte. Wir
tranken einen Becher klaren Wassers aus dem Schöpfbrunnen,
dessen doppelte Räder Tag für Tag von Büffeln getrieben
werden müssen, damit der Garten grün bleibt, und fuhren
dann nach Heliopolis, wo sie in den ältesten Zeiten den Vogel
Phönix hatten, der sein Nest anzündete, sobald er sich bei
Jahren fühlte, und verjüngt aus der Asche flatterte, wie man
immer in den Zeitungen liest, wenn für einen Umbau Reklame
gemacht wird. „Das Verbrennen macht Siemens bedeutend
verbessert," sagte ich; „blos das verjüngte Fortfliegen hat er
noch nicht heraus." — Der Wiener Doktor erklärte das Ganze
für eine, mit dem Sonnendienst zusammenhängende Sage, dem
in Heliopolis ein Tempel erbaut war, der nach dem Buche
zwölftausend Priester, Beamte und Unterbeamte beschäftigte,
die Zwilchhammer natürlich wörtlich glaubte. Die Tochter
eines dieser Priester war die Gemahlin Josephs, der damals
das Korn-Monopol erfand und von Pharao mit dem Lande
Gosen dotirt wurde, das bei Heliopolis seinen Anfang nahm.
Hoher Schutt hat sich um den Obelisken gehäuft, der allein
übrig geblieben ist, und wo einst Künste und Wissenschaften
so in Blüthe standen, daß die griechischen Weisen, wie z. B.
Plato, dort in die Lehre gingen, werden jetzt Strauße auf
Aktien gezüchtet, und kann man gegen Entree die Fabrikation
der Straußfedern von Anfang an miterleben. Da sind die
mit Petroleumlampen erwärmten Brutkästen, der Sonnenladen,
durch den vom Dunkeln aus das Wachsthum im Ei verfolgt
wird, die Ställe und Gehege für die jungen Strauße und
die Laufplätze für die alten. In einem dreiviertel mit Sand,
Kies und sonstigen Unverdaulichkeiten angefüllten Eimer
wurde der Inhalt eines krepirten Straußenmagens gezeigt,
wovon der Führer uns eine Handvoll zum „Souvenir" anbot.

Unserem Bedenken, daß durch solche freigebigkeit diese Sehenswürdigkeit der Anstalt sich bald auf den leeren Eimer beschränken werde, begegnete er mit dem Geständniß, daß sie immer wieder Steinchen nachfüllten. Es lag auch genügend Reliquien-Reserve draußen. — Ich kaufte einige federn, frisch ausgerupfte Qualiteh für Emmi, bin aber doch noch im Zweifel, ob ich sie mir nicht selbst anthue.

In der Abendkühle fährt die vornehme Welt auf Gesihre spazieren. Dies ist eine vom Nilarme umschlossene Insel, mit Alleen und Anlagen, Kaffehäusern, Spielplätzen für die eng-lischen Offiziere, einer Rennbahn, und dem Schloß Gesihre, das von franz Pascha in den sechziger Jahren für den Vizekönig erbaut wurde. Da das Schloß bewohnt wurde, durften wir es nur von Außen betrachten, dagegen war der Kiosk be-tretbar, der als das schönste moderne arabische Gebäude Aegyptens bezeichnet wird. Die offene Mittelhalle und der Springbrunnen sind aus Eisen und in Lauchhammer gegossen. Die Hinfracht allein hat über vierzigtausend Mark nach un-serem Gelde gekostet. Hiernach läßt sich das Uebrige aus-dividiren, wenn man von anderen Kleinigkeiten noch zwei Onyxkamine im Schlosse hinzurechnet, die zusammen mit hundert-zwanzigtausend Mark bezahlt worden sind. Uns war es an-genehm, zu hören, daß bei diesen Bauten vielfach deutsche Arbeit verwendet war, wenn auch die meisten Möbel und Möbelstoffe aus Paris bezogen wurden. Aber hatten wir in Deutschland dazumal ein Kunstgewerbe wie jetzt, daß es den Völkern sagen konnte: Seht her, was wir leisten, und kauft? Man fing eben an, daran zu denken. Das Einrichten von Ge-werbemuseen ging erst los, die alten Muster wurden aufge-sucht und werthgeschätzt. Der ganze Geschmack wurde un-ermüdlich durch Ausstellungen, illustrirte Blätter und Nach-bildungen schöner Sachen bearbeitet, bis wir unmerklich in das Stilvolle hineinglitten und die kunstgewerbliche Aus-schmückung des Alltags unentbehrlich ward. Wie sehen jetzt die öffentlichen Gebäude aus, die Bahnhöfe, die Läden, die Dekorationen auf den Theatern, die Gemächer der Vornehmen, die Stuben der Bürgerlichen? Kein Vergleich gegen ein Früher von knapp fünfundzwanzig Jahren. Und gar erst die Bier-paläste! Das sind Extra-Spezialitäten, bei denen das denkende Gemüth die frage aufwirft: Wie kann Wasser so große Dinae thun?

Wir waren zu jener Zeit nicht so weit und deshalb ging das schwere orientalische Gold nach Paris, wenn die Sultane, Paschas und Reichen ihre Paläste dem europäischen Geschmacke nachgepaßt haben wollten. Was aber nützt dem Muselmann ein dünnbeiniger Pariser Salonstuhl, da er sich doch daneben auf seinen Natursitz niederläßt?

Die großgedachten Gartenanlagen mit Teichen und Grotten, indischen Gewächsen und seltenen Bäumen entbehren der Pflege und auch die leeren Käfige der vizeköniglichen Menagerie verrathen Einschränkung der Ausgaben. Ein Geier, ein Flamingo, eine Antilope, deren Hörner aussahen, als wenn sie Spazierstöcke auf dem Kopf trug, und eine Kaninchenfamilie bildeten den Bestand. Von den Löwen und Tigern waren nur noch die Gitternummern übrig. Denselben geldmangelnden Eindruck macht das Schloß Giseh, welches an der Pyramidenstraße liegt. Die Kassura frißt ungehindert um sich. Es ist sehr bedauerlich, wie so bitter wenig für die Erhaltung der Bauten geschieht, die Millionen verschlungen haben. Und all diese Summen entstammen dem Nil, der das Land befruchtet: der trägt die Kosten.

Das Korsofahren auf der Insel Gesihre ist im höchsten Grade fesselnd. Ueber die Nilbrücke rasseln die Equipagen heran, die Vorläufer in reicher goldgestickter Tracht vorauf. In den Straßen machen die Läufer den Wagen Platz, hinter der Brücke bleiben sie zurück und warten bis zur Heimkehr der Herrschaften.

In den offenen Kutschen sieht man die elegantesten Toiletten der europäischen Damen sowohl wie die der Haremsfrauen, die natürlich verschleiert sind, aber nicht schwarz wie die Weiber des Volkes, sondern nach türkischer Weise mit weißem halbdurchsichtigen Muslin. Reiter zu Pferde und auf Eseln, englische Offiziere, arabische Stutzer in schwarzen Kaftans und farbigen seidenen Untergewändern suchen die Aufmerksamkeit der Fahrenden auf sich zu lenken und der Himmel mag wissen, was sich da Alles anspinnt. Umsonst schneiden die schwarzen Haremswächter auf dem Kutscherbock wohl keine so grimmigen Gesichter, als wollten sie ungemüthlich werden. Ich hatte meine liebe Noth mit dem Leutnant, bis er wenigstens die Butzenscheibe nicht mehr ins Auge klemmte.

Vor einigen Jahren war die Schubra-Allee der Sammelplatz der spazierenfahrenden feinen Welt, jetzt dagegen ist
Gesihre Mode geworden.

Der siebzehnte März war der Tag, an welchem die
Deutschen Kairos den Trauergottesdienst für unsern heimge-
gangenen Kaiser feierlich begingen. Die protestantische Kirche
hatte nicht Raum für Alle, die gekommen waren; Viele blieben
in dem Vorgarten, um den vizeköniglichen Ministern, den englischen Stabsoffizieren und den Angehörigen der Konsulate
anderer Staaten den Vortritt zu lassen. In den zur Kirche
führenden Straßen bildete das ägyptische Militär Spalier und
Wagen auf Wagen mit Herren und Damen in tiefer Trauer
fuhren vor. Die englische Militär-Kapelle führte die Musik
während des Gottesdienstes aus. Herr Pastor Boit sprach schlicht
und innig die Rede zum Gedächtnisse Wilhelms des Siegreichen und Gütigen, und in gemeinsamem Gesange vereinigten sich die Stimmen der leidtragenden Kinder des fernen
Vaterlandes.

Am Nachmittage wurden Briefe geschrieben; man mußte
sich mit den Seinigen aussprechen. Wie wir nun in diese,
durch die Hitze des Tages erschwerte Arbeit versunken da sitzen,
klopft es. Mein Karl, der nicht daran denkt, daß ich mich
der afrikanischen Kleidlosigkeit hingegeben, ruft „Herein". Ich
habe kaum Zeit, mich in den Plaid zu wickeln, der glücklicherweise zur Hand lag, als Herr Zwilchhammer auch schon eintritt. „Na nu?" frage ich. „Was ist denn los? Sie sehen
ja aus, als sollten Sie hingerichtet werden?" — „Ach," rief
er, „es ist Alles vorbei, alle Mühe, alle Arbeit vergebens."
— „Ich habe mir gleich gedacht, daß Ihr Kuckkasten nicht
gehen würde." — „Um den handelt es sich nicht, — aber
meine Platten, — meine Platten!" — „Herr Zwilchhammer, für
Parlamentsreden haben wir keine Zeit. Also bündig heraus
damit: was ist Ihnen?" — Sich kurz fassen, ist ihm nun einmal nicht angeboren, man muß ihn darauf stoßen.

Nun kam denn das Malheur zum Vorschein. Er hatte
mit einem Photographen in Kairo das Uebereinkommen getroffen, in dessen Dunkelzimmer die Aufnahmen von Oberägypten herauszuarbeiten, und ihm dafür eine Entschädigung
zu zahlen. Das war vernünftig. Aber wie er die Angelegenheit anfing, das war richtig zwilchhammerisch. Er also die

Plattenkasten genommen, und einem Wilden zum Hintragen gegeben. „Ging der Wilde damit durch?" fragte ich. „Er lieferte sie richtig ab. Aber als ich die erste Platte entwickelte, ward sie über und über schwarz, und so die zweite, die dritte und vierte. Alle, alle wurden schwarz." — „Hatten Sie denn lauter Neger aufgenommen?" — „Sie spotten noch über mein Unglück. Es war Licht an die Platten gekommen, helles afrikanisches Sonnenlicht." — „Wie ging denn das zu?" — „Ich dachte nicht an die Neugier des eingeborenen Packträgers. Der hat unterwegs die Kasten geöffnet, um zu sehen, was darin war?" — „Mit Gewalt aufgebrochen?" — Herr Zwilch-hammer ließ den Kopf hängen, und besah sich den Fußboden. „Ich hatte ihm die Schlüssel mitgegeben," gestand er bedrippt. — „Die Schlüssel zu den Plattenkasten?" Er nickte blos noch. „Ist unsere Gruppe auch hin, die Sie auf dem Schiffe auf-nahmen." — „Die Platte befand sich noch in der Kassette." — „Gut. Hiervon werden wir Alle mehrere Abdrücke nehmen, daß Sie wenigstens Handgeld haben." — „Ich hoffe, sie wird wenigstens theilweise brauchbar sein," sagte er mit auf-fälliger Unsicherheit im Tonfall. — „Zeigen Sie mal her." — Er gab uns die Platte. — „Was sind denn das für welche, die mit den Hörnern?" fragte ich, nachdem ich das photo-graphische Erzeugniß seiner Fähigkeiten durchgegrübelt hatte. — „Ich vergaß, daß diese Platte schon einmal belichtet war," entgegnete er verlegen. „Ich hatte eine Büffelheerde darauf aufgenommen. Die ist nun zwischen die Gruppe ge-rathen." — „Und wie! Ich habe vier Ochsenbeine gekriegt, und meinem Karl sieht so'n Apis durch die Weste. Herr Zwilchhammer, auf dieses Historienbild können wir leider nicht abonniren. Onkel Fritz hat Familie, wenn der es sähe, der krieschte seine Kinder zu Waisen." — Er zuckte schmerzlich mit den Mundwinkeln. „Auf Oberägypten hatte ich gerechnet," sprach er verzagt. „Das übrige Land ist längst abphoto-graphirt. Fast jeder Reisende hat einen Apparat mit sich, wohin man kommt, sind Photographen, entweder von Fach oder Dilettanten. Woher soll ich nun die Mittel nehmen, meine optischen Pläne zu verwirklichen, meine Erfindung zu konstruiren und zu patentiren? Warum wird überall geschrie-ben, Afrika sei das Land der Zukunft, und von der Konkurrenz kein Wort erwähnt? O, die verfluchte Druckerschwärze."

„Herr Zwilchhammer," verwies ich ihm, indem ich mich, in das Plaid gehüllt, ziemlich pharaonenhaft erhob, „solche Stoßseufzer verletzen nicht nur mein Ohr, sondern die gesammte Kultur. Druckerschwärze und wohlfeiles Petroleum sind die Grundelemente des Fortschritts." — „Wilhelmine, kniee nur nicht zu tief hinein," warf mein Mann dazwischen. — „Karl, Deine Lebensaufgabe ist Wolle, was redest Du? Herr Zwilch-hammer sieht jetzt ein, daß es in den überseeischen Welttheilen ebenso schwer ist, ein Geschäft anzufangen, wie im eigenen Lande. Wohin man kommt, sitzt schon Einer von derselben Sorte. In Kamerun mag es leichter sein, aber ist da menschen-würdige Bildung?" — „Wilhelmine, spare Deine Leitartikel. Herr Zwilchhammer hat Verluste gehabt, darum handelt es sich." — Er zog sein Jaquett an und verschwand mit ihm.

Als mein Karl wiederkam, sagte er: „Ganz ohne Mittel ist Zwilchhammer nicht, wenn seine sonstigen Aufnahmen etwas taugen, sind die Auslagen nicht verloren." — „Wie viel hast Du ihm geliehen?" — „Findet er eine Stellung bei einem Photographen, gelingt es ihm hoffentlich, sich zu halten. In der Fremde ist Mancher mit einer bescheidenen Existenz zu-frieden, die er aus anerzogener Großspurigkeit in der Heimath für Schande hält. In dieser Beziehung sind wir trotz Drucker-schwärze und Petroleum zurück." — „Karl, laß das Sticheln unterwegs. Der Mensch muß nach Höherem streben; nicht Jeder kann Hausknecht werden." — „Das ist unumstößlich wie Gußstahl. Ich meinte, Du wolltest Briefe schreiben?"

Nur mit sorgfältiger Zeiteintheilung konnten wir Kairo einigermaßen ausgrasen. Da war noch die Insel Rhoda mit dem Nilmesser, an welchem das amtliche Schwellen des Stromes und die Steuer der Fellachen festgestellt werden. Je höher das Wasser in dem Brunnen, um so höher die Steuer, wo sie bei uns nur nach muthmaßlicher Schätzung steigern. An dem Ufer dieser Insel soll Pharaos Tochter den kleinen Moses gefunden haben, der nachher ein so großer Mann wurde, und ein heiliger Baum steht dort, der dicht mit Lappen behangen ist. Wer ein krankes Glied hat, umwickelt dasselbe mit einem Tuche, und bindet selbes dann um einen Zweig des Baumes, worauf Gicht und Plage heilen. Mir fiel die Grunerten ein, welche ähnliche Sympathie mit dem Hollunderbusch trieb, als die Zahnschmerzen meinen Karl folterten, und oft, wenn ich solche

setzen zu demselben Zwecke an die Gitterfenster mohammedanischer Kapellen geknüpft sah, dachte ich: sonderbar, wie
weltverbreitet dieser Aberglaube ist. Hier sind Waggon-
ladungen von Aufklärung nöthig.

Links vom Eingange der Muski ist ein Thorweg, über
dem ein altägyptisches geflügeltes Sonnenrad und der Name
„Parvis" angebracht sind. Tritt man ein, findet man erst
einen Lebensmittelmarkt und kommt dann in die Möbelfabrik
und Niederlage von Parvis, deren Besichtigung uns dringend
aufgetragen war. Was wir sahen, glich einer Gewerbeausstellung von Möbeln in altarabischem Stile, geradezu ent-
zückend. Uns waren im Kiosk von Gesihre bereits Spinden
und Anrichten von eingelegter Arbeit und eigenartiger Form
aufgefallen, und nun befanden wir uns an der Quelle.
Diese feinen Gitterwerke — die Mascherabiyen — in den
Spindenthüren, die Mosaiken von Elfenbein, Perlmutter und
farbigen Hölzern, diese niedrigen Tischchen, Lesepulte, Eck-
schirme, Divans mit Goldstickerei, Metallkrüge, Hängelampen,
das Alles war köstlich. Unser Leutnant bekam unbändige
Lust zum Heirathen, blos um sich mit solchen Möbeln einzurichten. Vorläufig ließ er sich an einer hübschen Auswahl
für sein Rauchzimmer genügen.

Herr Parvis, ein Italiener von Geburt, hat klein angefangen, jetzt besitzt er ein Weltgeschäft. Und wodurch? Dadurch, daß er sich ganz in die altarabische Kunst einarbeitete,
anstatt den französischen Fludder nachzuahmen. Die Araber
mißachteten das, was ihre Vorväter im Kunstgewerbe leisteten,
und ließen es verkommen, ihnen war das sogenannte Moderne von draußen her lieber; Parvis aber fand das Alte
schöner und seinen Geschmack theilen die Fremden, welche
bei ihm bestellen. Er führte uns in den Palast des Mufti,
in einen Saal, der im Einsturz begriffen ist. Tausende bot
er dem Mufti für die Ruine, um sie renovirt bei sich aufzu-
bauen, aber der Mufti sagte: „Nein." — Die glasirten
Kacheln fallen von den Wänden, die Decke ist auf den
Mosaikspringbrunnen gestürzt, die bunten Glasfenster sind nur
noch Scherben, die gezackten Marmorflächen an der Wand,
über die das Wasser rieselte, auf welches das farbige Licht
der Fenster fiel, sind geborsten, die goldbemalten Tragebalken
drohen Menschen zu erschlagen, Gräuel der Verwüstung er-

füllt den Raum. Jetzt hat Herr Parvis dem eigensinnigen
Mufti den Saal abgemiethet, und ahmt ihn auf das ge-
naueste nach, den Besuchern seiner Werkstatt zu zeigen, wie
phantasievoll und herrlich die Kunst in diesem Lande war.
Der Mufti ist ein solches Gnuff, daß er auch nicht die kleinste
Klamotte von dem Schutt hergiebt.

Ein anderer altarabischer Saal, gut erhalten, wenn auch
durch etliche Pariser Zuthaten entstellt, ist in dem Hause des
Schech-es-Sadat, welcher Häuptling der Nachkommen des
Propheten ist. „Frau Buchholz muß den Schech und das
Haus sehen," sagte Graf Arco, der uns dort einführte. Der
Schech, in hellviolettem Hermelin-Kaftan, mit grünem Turban
auf dem Haupte und recht wohl genährt, war sehr zuvor-
kommend. Der Konsulatskawasse in seiner reichen Livree
redete als Dolmetscher. Wir wurden auf Divans genöthigt,
und kaum saßen wir, als vier Diener, mit den abgelegtesten
europäischen Anzügen angethan, in Strumpfsocken aufmar-
schirten. Der mittelste brachte auf einem Tablett von getriebener
Arbeit das Kaffeegeschirr, welches mit einer goldgestickten
rothen Sammetdecke verhüllt war, und schenkte ein, nachdem
er diese über die Schulter geschlagen. Die anderen Drei ergriffen gleichzeitig die Täßchen, welche in edelsteinbesetzten
Becherchen aus Silberfadenarbeit standen, und boten sie so
gleichzeitig an, daß Keiner auch nur eine halbe Sekunde später
bedient wurde, als die anderen. Zögerung wäre gegen den
Anstand gewesen. In derselben Manier wurden Zigaretten
gereicht. So viel Gäste anwesend sind, so viel Diener müssen
aufwarten.

Viel hübscher hätte es ausgesehen, wenn die Muffis
arabisch gekleidet gewesen wären, aber in den Augen des
Schechs waren mühlendämmrige Röcke und Hosen vornehmer
als die landesübliche Tracht.

Leider machen wir ähnliche Mißgriffe. Wo liegt z. B.
das Vornehme, wenn wir statt „danke" und „Verzeihen Sie"
uns mit „merci" und „pardon" aufputzen. Dieselben Worte
braucht in Frankreich jeder Stallknecht. Wo also sitzt ihre
Feinheit?

Mein Karl meinte zwar, man müsse Jedem sein Vergnügen lassen, aber wie meilenweit die Ansichten über Vergnügen auseinander gehen, das haben mir die tanzenden

um die heulenden Derwische beigebracht. Wenn die Leute
überzeugt sind, daß sie Allah'n einen besonderen Gefallen
thun, so ist das ihr Standpunkt, der meinige befindet sich am
entgegengesetzten Ende.

Das Kloster der tanzenden Derwische verräth von Außen
nicht viel Heiligkeit und inwendig gleicht es einem Zirkus.
Ein runder Saal, dessen Mitte ein mit niedrigem Holzgeländer
abgesteckter Kreis einnimmt, bildet den Schauplatz. Die Zuschauer stehen außerhalb des Kreises oder hocken sich hin,
wenn sie Gläubige sind und mit beten.

Wir mußten lange warten, ehe die Vorstellung begann.
Dann schritt ein gebückter Greis in den Kreis, dem etwa
anderthalb Dutzend Derwische folgten. Sie hatten farbige
Umschlagetücher übergeworfen und trugen hohe, hellbraune
Filzkappen auf dem Kopfe. Der Alte kauerte sich auf einen
Teppich, dem Eingange gegenüber, die jüngeren Derwische
stellten sich an dem Geländer auf. Nun wurde ein langer
Salm gesungen. Mit dem gläubigen Niederwerfen und Wieder-
aufstehen dauerte dieses Vorspiel geraume Zeit. Darauf er-
klang von einer oberen Gallerie, die für mohammedanische
Frauen zum Theil vergittert war, eine langsame, klagende
Flötenmusik. Dreimal umwandelten die Derwische im Gänse-
marsch den Kreis, und so oft sie an dem Teppich vorüber-
kamen, reichten sie sich die Hand und machten eine Art von
Verbeugung. Dies war die Polonaise.

Die Musik nahm jetzt eine schnellere Gangart an, die
Derwische warfen den Umhang ab und standen plötzlich weiß-
gekleidet da. Eine Aermeljacke und ein langer, bis an die
Enkel reichender, in der Hüfte enger, unten sehr weiter Falten-
rock war die Tracht. Wie auf Kommando fingen Alle, bis
auf den Alten, sich an zu drehen, daß die weißen Weiber-
röcke sich blähten und die Derwische aussahen, wie die
Brummtriesel.

Dabei streckten sie die Arme seitwärts, die rechte Hand
emporgerichtet, die linke abwärts. Das Haupt neigten sie
der rechten Schulter zu und schlossen die Augen, als schliefen
sie dreiviertel. Mit den bloßen Füßen gaben sie sich auf dem
glatten Boden den richtigen Schwung, und obgleich sie Alle in
lebhaft kreisender Bewegung wirbelten, berührte dennoch keiner
den Anderen mit dem Saum des weit abfliegenden Gewandes.

Nach etwa zwanzig Minuten verließen wir die religiösen Solowalzer-Tänzer und stiegen in den Wagen, um die heulenden Derwische aufzusuchen, die an demselben Tage arbeiteten. Die Vorstellung war bereits in vollem Gange, als wir ankamen. Wild fanatisch aussehende Kerle mit langen Bärten und lang herabhängenden Haaren standen im Halbkreise in dem Kuppelraume ihrer Moschee. Der Vorbeter gab ihnen die Touren an. Erst machten sie, ohne sich vom Platze zu rühren, langsame Verbeugungen und riefen jedesmal ‚uch!' Dann wurden die Beugungen des Körpers rascher und niederer, die Arme und Köpfe schlenkerten, die schwarzen Mähnen flogen und das ‚uch! uch! uch! uch!' nahm an Geschwindig-keit zu, als wenn eine Lokomotive auskratzt. Die Musik feu-erte nach, gräßliche Trompeten und Pauken, die bis dahin geschwiegen, wurden losgelassen und die Wuth der Grölenden steigerte sich ins Unmenschliche. Thierisches Gebrüll kam aus dem schäumenden Munde, das Weiße der Augen unterlief mit Blut, und als wären die Körper aus den Gelenken gedreht, zappelten die Gliedmaßen. Immer ärger rasselten die Trom-meln und gellten die Trompeten und immer wahnsinniger wurde das Rasen. Dann verstummte die Musik. Keuchend und stöhnend hielten die Derwische inne, ordneten das schweiß-triefende Haar und kamen allmälig wieder zur Besinnung. Nach einer kurzen Pause begann die künstliche Tobsucht aufs Neue mit dem langsamen ‚uch! uch!' Man sagte uns, nun würde es erst schön, bei den Wiederholungen gäbe es Krämpfe und Ohnmachten, aber ich ließ mich nicht halten. „Auf dieses Vergnügen verzichte ich," antwortete ich dem Manne, der das Trinkgeld für den gehabten Genuß einsam-melte. — Was für Unfug die Menschen anstellen, um dem lieben Gott angenehm zu sein, das ist schier vernunftwidrig.

Den folgenden Morgen verwandten wir auf das Museum in Bulak. Sobald Geld genug in den khedivialen Bänken ist, soll ein Prachtbau in dem Esbekiye-Garten für die Schätze des Alterthums errichtet werden, welche unter ihrem jetzigen Dach und Fach nicht einmal Raum zur Aufstellung finden. In dem Garten des Museums erhebt sich das Grabmal Mariette's, dessen Verdienste um die Erforschung Alt-Aegyp-tens und um die Begründung der Sammlungen Weltruf haben. Vier Sphinxe lagern vor seinem Sarkophage, und über lebensgroße Pharaostatuen halten die Todtenwache. „Hier wird die Wissenschaft geehrt," sagte ich, „und das fürstlich."

Wir fingen nun an zu besehen; ich für meine Person merkte aber bald, daß ich den Katalog wieder vergessen haben würde, bevor ich in Kairo zurück wäre. Dies ist beispielsweise eine kalksteinerne Darstellung, wie der Bewahrer der Essenzen des königlichen Schatzes und Hüter der königlichen Diademe Rom·a, seine Frau Su·cha, seine Tochter Ta·pu, sowie sein Enkel Ni·hi·a·i vor Osiris, Isis und Horus anbeten. Nun kann mir Einer Zucker versprechen, wenn ich ihm einen Saal weiter noch sagen soll, wer die Tapu war, und wer der Osiris, und wer die Isis oder die Sucha? Den Ni·hi·a·i behalte ich überhaupt nur so lange, als ich ihn buchstabire. Und so sind Tausende von Nummern in dem Museum, die gelernt sein wollen, wozu Jahre gehören.

Manche Sachen dagegen wie der Schmuck einer Königin, der Fächer aus Goldblech und Holz, an dem noch die Löcher für die Straußfedern erkennbar sind, ihr Diadem, ihre Arm· bänder und Kostbarkeiten, die der Mumie als Leichenschmuck beigegeben wurden, sind auch den Ungelehrten begreiflich. Die alten Aegypter verstanden nicht nur die Erbauung großer Tempel, sondern leisteten auch in zierlichen Geräthen Be· wunderungswürdiges. Ihre Gold· und Silberschmiede, ihre Elfenbein· und Holzschnitzer, ihre Glasbläser und Töpfer waren nicht minder geschickt wie ihre Bronzegießer und Schmelzarbeiter. Vielerlei machten sie vor tausenden von Jahren, wie heute die Eingeborenen noch arbeiten. Ein aus Schilf geflochtener Korb von anno 2855 vor Christi Geburt sieht den jetzt am oberen Nil verfertigten Körben zum Ver· wechseln ähnlich, und das in einem Grabe gefundene Muster· chen eines Hauses aus Ziegelerde zeigt, daß die fellachen· wohnungen bei Qurna noch immer ebenso gebaut werden wie damals. Sogar reguläre Würfel zum Ausknobeln von Getränk gab es in der grauen Vorzeit. Wahrscheinlich ent· stammen sie dem Grabe eines Studenten.

Der Wiener Doktor und unser Leutnant spürten die be· merkenswerthesten Gegenstände auf und gaben die Erklärungen aus dem Buche dazu, was die Mühe des Durchfindens we·

10*

sentlich erleichterte. So kamen wir zuletzt in den Saal der
Königs-Mumien, deren leere Gräber uns in dem Felsenthale
bei Theben mit Staunen erfüllt hatten. Die Museumswilden
zogen die grauen Decken von den Glaskästen und nun sahen
wir die Pharaonen von Angesicht zu Angesicht.

Es überlief mich mit kaltem Schauer. Dieser braune
Leichnam, mit den über der Brust gekreuzten dürren Händen,
aller Pracht entkleidet, nur von den Fetzen der Leinwand-
binden bettelhaft umhangen, war Seti der Erste, der Pharao,
dem die Tochter das Mosesknäblein brachte, daß er sich seines
annähme. Lag auch damals die Würde und Milde auf seinem
Antlitz, wie jetzt in dem tausendjährigen Todesschlafe, als er
den Bitten der Prinzessin willfahrte und befahl, den Findling
mit den jungen Aegyptern aufzuziehen, die er seinem eigenen
Sohne zu Gespielen gab, daß der Prinz Lebensweisheit im
Umgange mit Kameraden lerne?

Und dieser Sohn, Ramses der Große, liegt nun in einem
Glaskasten neben dem Vater. Scharf ausgeprägt sind seine
Züge. Hoch ist die Stirn, kraftvoll die stark gebogene Nase.
Den Pharao der Unterdrückung nennt ihn die Bibel; den
Sieger und Eroberer, den Liebling der Götter, heißen ihn die
Inschriften der Tempel, die er erbaute. Seinem Szepter
beugten sich die Völker, und jetzt — ist er eine Sehens-
würdigkeit im Museum zu Bulak.

Warum schloß man die den Fellachen entrissenen Mumien
nicht wieder in den Steinsarg, nachdem festgestellt, daß sie die
einbalsamirten Leichname altehrwürdiger Könige? Von ihren
Thaten spricht die Geschichte, von ihrer Macht zeugen die
Ruinen Oberägyptens. Sind sie jetzt nur noch gut genug, dem
Begaffen witzelnder Neugier zu dienen? Zwei junge Reise-
laffen wollten sich über die hageren, eingeschrumpften Mumien
in den elenden Palten vor Lachen ausschütten. Was war
ihnen Ramses, was die Wissenschaft, welche diesen Anblick
preisgab? Ein Spektakel. Scheu entfernte ich mich. Mir
war schon zu viel, daß die Buchholz aus der Landsberger-
straße den todten Pharaonen in die erloschenen Augen schauen
durfte; jenes aller Ehrfurcht bare Benehmen ertrug ich
nicht.

Als wir das Museum verließen, kamen wir wieder an
Mariette's Grabmal vorbei. „Wo wäre der Ruhm dieses

Mannes," dachte ich, „wenn Aegypten nicht unter den alten
Königen geblüht hätte? Er aber ward königlich bestattet und
sie· liegen da wie Plunder."

Diesen verletzenden Eindruck zu verwischen, beschlossen
der Wiener Doktor und der Leutnant, am nächsten Tage
Saktara noch einmal zu besuchen, und die Trümmer, in denen
die Größe vergangener Zeit sich spiegelt, auf sich wirken zu
lassen. Wir fanden im Hotel eine Einladung zu einer
koptischen Hochzeit vor, zu welcher ein Kairener aus ange-
sehenster Familie, ein Bekannter des Herrn Kaulla, uns führen
wollte.

Um fünf Uhr am anderen Nachmittage fuhren wir mit
Herrn Selim Gandur Bey, einem hochgebildeten jungen
Manne, der in Europa studirt hatte, durch endloses Straßen-
geschlängel nach dem Hause des Hochzeiters, der, kaum zwanzig
Jahre alt, eine Stellung als englischer Uebersetzer an der
Polizei einnahm. Wir wurden auf das freundlichste willkommen geheißen. Der Vater des Bräutigams reichte uns
die Hand und geleitete uns durch den mit roth und grün
geviereckter Zeltleinwand überdachten Vorgarten auf den
Treppenvorsatz des Hauses, der den besten Ueberblick gewährte. Der Vorgarten war in ein geräumiges Zelt verwandelt. Ringsum waren hohe Sitze angebracht, und in
der Mitte, ebenfalls von Sitzen umgeben, befand sich der
Platz für die Musik, welche den Abend verherrlichen sollte.
Nach und nach stellten sich Gäste ein. Die dicht verschleierten Frauen gingen durch einen Seiteneingang zu den
im oberen Stock gelegenen Haremsgemächern, wo sie mit
lautem Freudengeschrei empfangen wurden.

Diese Art von Begrüßung klingt, als wenn eine Loko-
motive trillern wollte. Dazu ertönte das Gebummer von
Topftrommel und Tambourin, wie es bei den Arabern geschieht.
Die Kopten, obgleich christlicher Religion, haben mancherlei
Gebräuche mit den Mohammedanern gemeinsam, wie das
Verschleiern der Frauen und die Sitte, daß der Bräutigam
die Braut erst nach der Hochzeit zu sehen bekommt. Die
Mutter sucht sie für ihn aus. Der Mohammedaner ist nur
insofern besser daran, als er die Anvermählte wieder weg-
schicken kann, wenn sie ihm nicht gefällt, der Kopte muß sie
dagegen behalten. Wie unserem koptischen Bräutigam an

diesem entscheidenden Tage zu Muthe sein mochte, das ist
schwer zu ergründen, kommt es doch selbst bei uns vor, daß
Jemand die Hochzeit sein ganzes Leben bereuen muß, obgleich
er freie Wahl hat. Aufgeregt war er, das sah man ohne
Opernglas. Er wanderte, wie von einem inneren Perpen-
dikel getrieben, ruhelos umher, machte sich zu schaffen, wo
nichts zu thun war, unterhielt sich, ohne zuzuhören, und that,
als suche er verlorene Stecknadeln in der Luft. Seine leicht
bräunliche Gesichtsfarbe war einige Schattirungen heller als
die seiner Freunde, welche kamen und ihn mit einem Kuß
auf beide Wangen begrüßten. Diese gingen theils in
arabischer Tracht, theils wie er in der schwarzen Stambulina,
der türkischen Amtstracht, mit dem rothen Fez auf dem Kopfe.

Herr Selim Gandur war zur Stadt gefahren, eine
amerikanische Familie zu holen, welche er uns später vor-
stellte. Es waren Herr Smith und Frau, geborene Bougthon,
aus New-York. Sie freute sich, die Buchholzen persönlich
kennen zu lernen. Daß dies in Kairo auf einer koptischen
Hochzeit geschähe, kam ihr höchst wunderbar vor. — „Frau
Smith," entgegnete ich, denn sie sprach allerliebst Deutsch,
„dieser Tag, der mich mit einer bis dahin unbekannten
Freundin zusammenführt, wird mir nicht aus der Erinnerung
schwinden." — Sie hatte so etwas Anmuthiges in ihrem Wesen
und war so hübsch, daß ich mich ungemein zu ihr hingezogen
fühlte.

Die Braut kam immer noch nicht. Pünktlichkeit ist im
Orient Nebensache. Um die Zeit auszufüllen, wurde Hoch-
zeitskaffee gereicht, der seltsam kräuterig schmeckte, weil er
mit Gewürznelken abgekocht war. Wir plauderten, gingen
umher, tranken Kaffee, betrachteten die neuen Gäste, entsetzten
uns über das Freudengekreisch, tranken wieder Kaffee und
widmeten unsere Aufmerksamkeit der Küche, die zwischen dem
Hochzeitshause und dem Nachbarhause im Freien eingerichtet
war. Auf den aus Feldsteinen geschichteten Herden standen
die Kochtöpfe, große und kleinere; Kohlenfeuer glühte
darunter. Ein Palmenbaum neigte sich herüber, seine federigen
Zweige gaben den emsigen Köchen Schatten, die eifrig mit
der Bereitung des Hochzeitsmahles beschäftigt waren. Ein
Mann mit gefülltem Schlauche auf dem Rücken trug Wasser
herbei, und unter den Gästen kreiste die Moje-Gulle fleißig
von Mund zu Munde.

Endlich erscholl Musik aus der Ferne. Die Braut nahte und Alle drängten hinaus auf die Gasse. Auf dem fast un- fahrbaren Wege schwankte die geschlossene Brautkutsche heran. Vorauf liefen jubelnde Kinder der Nachbarschaft, und dann kam die Musikbande mit Blasinstrumenten. Die Nigger und Araber, etliche in alten Uniformen, andere in weißen und bunten Kaftans, brachten einen ordentlichen lustigen Marsch zu wege, der viel Leute herbeilockte. Oben auf den flachen Dächern wurden Zuschauer sichtbar. Die mit rothen Taschentüchern und Schellen behangenen Pferde der Kutsche hielten. Aus dem Wagen stiegen die weiblichen Verwandten der Braut. Diese selbst blieb noch darin. Zwei Männer zerrten jetzt einen Hammel herbei, warfen ihn an der Schwelle nieder und im Nu war dem Schöpfen die Gurgel mit scharfem Messer durchschnitten. In rothem Strome stürzte das Blut hervor, und breitete sich zu einer dampfenden Lache aus. Rasch wurde das noch zuckende Opferthier entfernt, und nun erschien die Braut in dem ge- öffneten Wagenschlag. Ihr Antlitz war mit goldgesticktem Schleier dicht verhüllt, ein weißer leichter Stoff umgab ihre ganze Gestalt, doch verschob sich derselbe und ließ den Saum des golddurchwirkten Rosa-Seidenkleides sehen und den zier- lichen Fuß, den ein knapper Seidenschuh von gleicher Farbe umschloß. Mit dem zarten Füßchen mußte sie in das Blut treten, so wollte es altes Herkommen. Mir kam das grimmig heidnisch vor und gewissermaßen schrecklich. Freuden- kreische und Tambouringepauke zeigten nach einigen Minuten den Eintritt der Braut in die Frauengemächer an.

Als es dunkelte, fand die Trauung in einem großen Zimmer des ersten Stockes statt. Das Gemach war gepropft voll, doch hielten die weiblichen Verwandten sich in den Nebenräumen auf, und sahen ängstlich verschleiert durch die geöffneten Thüren zu. Der Bräutigam saß, mit einem Mantel aus Goldbrokat angethan, auf einem Stuhle, neben dem leeren Stuhl für die Braut. Vor dem Bräutigam war ein Tisch, auf welchem Wachskerzen, strahlig geordnet, blaakten; sie warfen hellen Schein auf eine uralte Bibel, die in silbernem Futteral von uralter getriebener Arbeit aufbe- wahrt wurde. Der Priester in schwarzem Talar, mit schwarzem Turban auf dem Haupte, hatte seinen Platz zwischen dem Tische und dem Bräutigam. Links von diesem in der Ecke des Zimmers waren die Chorknaben aufgestellt, in weißen langen Kitteln mit Goldstoffschärpen umgürtet und dem rothen koptischen Kreuze auf der Brust. In den Händen hielten sie brennende Kerzen. Ein alter schwarz gekleideter Küster führte die Oberaufsicht über die Jungens. Der Priester begann die Handlung mit Vorlesungen aus der Bibel. Dann fielen die Chorknaben mit ohrenzerreißendem Gesange ein: Melodien seltsamer Art. Und wieder wurde gelesen, und wieder gesungen, Triangel und Becken klangen dazwischen. Und dann nahm das Lesen und Singen noch lange kein Ende. Die Brüder und Freunde des Bräutigams traten an den Tisch, und Jeder trug laut einen Abschnitt aus der Schrift vor. Der Geistliche setzte sich so lange auf den platten Fußboden, worin jedoch keiner der Einheimischen etwas fand. Dieser Theil der Feierlichkeit nahm über eine Stunde in Anspruch.

Hierauf faßte der Priester einen der dreiarmigen Leuchter und ging mit den Chorknaben in das Frauengemach. Dem Bräutigam war heiß geworden. Ein guter Freund stellte sich neben ihn, und wehte ihm mit einem Fächer Kühlung zu. Man spürte die vielen Kerzen und Menschen in dem ge-schlossenen Raum. Dazu kam der betäubende Qualm von Räucherwerk.

In geordnetem Zuge kehrten jetzt der Geistliche und die Knaben zurück. Die Lichter brannten in ihren Händen, sin-gend und klingelnd traten sie ein, und vom Vater des Bräu-tigams und dem eigenen Vater mehr getragen, als geführt, folgte ihnen die Braut. Eine große, lange Negerin, ver-muthlich die Pflegerin ihrer Kindheit, in violettblauem Kleide, begleitete sie fächernd und blieb auch neben ihr, unaufhörlich den Fächer schwingend, als die Braut an der Seite des Bräutigams saß.

Aufs Neue ward gelesen und gesungen und geräuchert. Dann setzte man dem Paare Kronen von vergoldetem Blech auf, umwand sie mit einer rothen Schnur und nähte die Muslinschleier zusammen, die von den Kronen herabhingen.

Die Ringe wurden gewechselt, doch unter dem weißen Schleiergewande, das die Braut verhüllte. Zum ersten Male berührte der junge Mann die Hand seiner Gefährtin für das ganze Leben, die wie ein Postpacket neben ihm saß. Der Geistliche segnete das Paar ein und mit einem schmetternden Gesange endete die Trauung.

Die neu Vermählte ward in das Frauengemach zurück-gebracht, von Freudenschreien begrüßt. Sie aber war mehr todt als lebend. Man nahm ihr den erstickenden Schleier ab. Das reizende Gesichtchen war aschgrau, die Augen waren geschlossen, man hielt es für Zeit, sie zur Ruhe zu bringen.

Unten im Hause und im Zelte hatten sich mittlerweile zahlreiche Gäste angesammelt. Die Musikbande blies ein Stück nach dem andern auf der Straße und die Kinder tanz-ten dazu. Der Bruder des jungen Gatten ging hin und be-stellte „Heil Dir im Siegerkranz", das sie zwar nicht ordent-lich konnten, aber doch einigermaßen. Uns rührte diese Auf-merksamkeit und wir sprachen unsern Dank aus, worüber der junge Mann sich sehr freute.

Wir wurden nun gefragt, ob wir europäisch mit Messer und Gabel, oder arabisch mit den Fingern zu speisen wünschten.

„Was meinen Sie, Missis Smith?" taftete ich. — „Ara-bisch," antwortete sie, „man muß Alles mitmachen." — Sie er-zählte mir, daß sie dem Neuvermählten gesagt habe, sein Weibchen sei reizend, worauf er erwidert habe: Ich bin der glücklichste Mensch auf der Welt. Und doch bekommt er sie erst nach acht Tagen zu sehen.

Mir war unerfindbar, wo die vielen Menschen essen sollten, da ich kein größeres Gelaß und keine gedeckte Tafel bemerkt hatte, obgleich Herr Selim Gandur sagte, daß über hundertfünfzig Gäste bewirthet würden. Das Einzige, was ich sah, war ein großer blauhemdiger Araber, der fortwährend mit einem runden Tablet auf dem Kopfe, über das ein hoher Korbdeckel gestülpt war, zwischen der Küche unter dem Palmen-baum und dem Hause ab und zu ging. So viel war klar, daß er Gerichte hineintrug und leere Schüsseln zurück. Endlich nöthigte man uns hinein. „Wie dies wohl wird?" dachte ich.

In dem Zimmer, das als Speisegemach diente, standen zwei Gestelle von Stuhlhöhe und auf jedes derselben war ein rundes grünlackirtes Blechbrett gelegt. Zehn runde flache Weißbrote lehnten an dem Rande dieses also hergestellten Tisches, und je zwei Löffel, einer aus Horn, der andre aus

Elfenbein, lagen daneben. Niedrige, geflochtene Seffel standen
drum herum und zu Zehnt nahmen wir Platz an einer
der Tafeln. Die zweite war für den Hochzeitsvater und
deffen Freunde bestimmt. So faßen zwanzig Personen leich-
tiglich in einem verhältnißmäßig engen Raume zu Tisch.
Ein Polizeioberst und sein Söhnchen waren mit bei unserer Ge-
fellschaft. Er und Herr Gandur gaben uns die nöthige Anleitung und unter Heiterkeit und Scherzen ließen wir uns an-
leiten, da wir nicht gewohnt waren, uns mit den Fingern
zu behelfen.

Das Voreffen bestand aus scharf eingemachten Kürbis-
und Melonenschnitten, die, in ein kremartiges Gemisch von
faurer Milch und füßer Sahne eingetaucht, vorzüglich schmeckten
und den Appetit reizten. Hierauf kam Reissuppe von Hammel.
Diese wurde mit dem Hornlöffel geschöpft. Jeder fuhr mit
dem feinigen in die Suppenschüffel. Der Araber entfernte
fie und fetzte das gekochte Fleisch auf, zu dem Radieser eine
paffende Beilage bildeten. Man nahm das Fleisch mit den
Fingern. Der Griff besteht darin, daß Jeder nur den Biffen
berührt, den er abreißt, wodurch diese Eßweise viel fauberer
verläuft, als man anfangs denkt, und viel manierlicher und
gebildeter ausfieht, als das Effen mit dem Meffer. Die Finger
wifcht man in einem hübschen Tuche ab, das dem Speifenden
über die linke Schulter gelegt wird. Dann folgte gebratene
Hammelschulter. Ich habe nie ein delikateres Fleisch gegeffen,
als dieses geradezu vollendet geröstete. Nach dem Braten
wurde ein stark mit Salbei gewürzter Gullasch aufgesetzt.
Hierbei mußten wir das Herausfischen der Fleischwürfel
mittelst eines Stückchen Brotes erst einüben. Die kleinen,
mit Fleischfarce gefüllten Pasteten dagegen, die jetzt kamen,
waren uns verständlich. Zur Abwechselung erschien nunmehr
eine Schüffel Zitronen-Gelee und alsdann Huhn in einer
Knoblauchtunke. Um den strengen Geschmack zu dämpfen,
kam eine Torte, die von den im Orient beliebten Dolmas ab-
gelöst wurde: das ist ein Gemenge von Reis, gehacktem Fleisch
und Gewürzen, welches, in Weinblätter gewickelt, geschmort
wird und wie Würstchen aussieht. Ein makronenartiges
Mandelgebäck fand auch noch Zuspruch, den dann gebotenen
Reis mit Pilzen und Safran kosteten wir nur der Wiffenschaft
wegen. Rofengelee, mit Mandelkernen bestreut, machte den

Schluß. Die süßen Speisen wurden mit dem Elfenbeinlöffelchen genommen, die andern mit den Fingern oder mit einem Stückchen Brot. Wir bekamen auch Wein, trefflichen Bordeaux, der junge Gatte und sein Bruder ließen es sich nicht nehmen, uns einzuschenken. Auch Tischreden wurden ausgebracht, deutsche, englische und arabische und das Dolmetschen hatte nur so Art. Es war eine lustige Hochzeit.

Nach dem Essen kamen zwei arabische Diener mit Waschbecken und Kanne, gossen uns laues Rosenwasser über die Hände und reichten uns weiche Tücher zum Abtrocknen.

Inzwischen waren die arabischen Sänger eingetroffen. Weiblich ergötzte sich die rauchende, Kaffee und Wasser trinkende Gesellschaft an ihren Leistungen. Wir blieben bis zehn Uhr und immer noch trug der große Araber mit unerschütterlichem Gleichmuth Speisen von der Küche in das Haus. Dann brachen wir auf.

Da der Wagen bei Nacht die Straße ohne Gefahr des Umwerfens nicht passiren konnte, gingen wir ihm entgegen. Der Polizeioberst und zwei seiner Leute begleiteten uns, bis wir ihn trafen. So viel steht fest, wenn Mohammed seinen Gläubigen den Wein erlaubt hätte, müßte er unbedingt gleichzeitig eine Wegeordnung herausgegeben haben.

Die Nacht war schön. Die Sterne glänzten am Himmel. Von Zeit zu Zeit hörte man das laute Rufen der Nachtwächter, erst in der Nähe, dann die Antwort des Zweiten und Dritten aus weiterer Ferne, wie ein Echo.

Als wir im Wagen dahin fuhren, sagte ich: „Ich wünsche, daß die Beiden recht glücklich werden; es sind ja so nette Leute. Wenn eine lange Traurede hilft, die haben sie gekriegt."

Das gelobte Land.

Kairo hatte noch Mancherlei zu bieten, aber der Cham-sihn machte den Aufenthalt verzweiflungsvoll. Freilich setzte er einige Tage aus, aber wenn man ihn am wenigsten brauchte, kam er wieder angeblasen und ermattete die Lebensgeister. Wir kürzten daher den Aufenthalt ab, um die so gewonnenen Tage in Palästina anzubringen, zumal der Wiener Doktor und der Leutnant die gemeinschaftliche Reise nach Jerusalem der Trennung vorzogen. Da auch Mr. Pott wohlbehalten wieder auf der Bildfläche erschien, waren wir vollzählig. Herr Zwilchhammer hatte einen italienischen Photographen gefunden, mit dem er handelseins geworden und glaubte seinen Unterhalt erwerben zu können. Unter praktischer Leitung wird er wohl allmälig selbst praktisch werden.

Von Berlin lagen gute Nachrichten vor, Mackenzies Versicherungen erhoben unsere Hoffnungen zur Gewißheit, froh sahen wir der Zukunft und den nächsten Wochen ent-gegen. Dann kam das Abschiednehmen von den Landsleuten. Wir hatten gar viel zu danken. —

Am dreiundzwanzigsten März fuhren wir gegen Mittag nach Ismailiya ab. Die Eisenbahn geht durch fruchtbares Deltaland, das keine auffälligen Ansichten bietet, bis der Zug in Zakazik hält, wo eine längere Stärkungspause ge-

macht wird. Auf dem Bahnhofe wimmelte es von Antiqui-
täten-Wilden, die in den Schutthaufen der gänzlich verschwundenen Stadt Bubastis Krümelkram genug finden. Hier
soll es in ältester Zeit sehr munter zugegangen sein. Männer
und Frauen feierten dort das Fest der ägyptischen Liebesgöttin, wobei mächtig gepichelt wurde, denn damals hatte
der mohammedanische Glaube den Weinbau noch nicht aufs
Trockene gesetzt. Die Kinder ließen sie zu Hause. Es wird
auch wohl nichts für die gewesen sein. Ueberhaupt muß man
Kinder nicht zu All' und Jedem mitnehmen, aber das ist ja
gerade der ewige Streit wegen der Enkel. Hierin könnten
Emmi und Dr. Wrenzchen von den alten Aegyptern lernen.

Als wir eine Strecke weiter gefahren waren, fragte der
Wiener Doktor mich, für was ich das Land ansähe, durch das
wir jetzt kämen. — „Für gediegenes Ackerland," erwiderte
ich. — „Das ist das Land Gosen," sagte er." — „Darunter
habe ich mir ganz etwas Anderes vorgestellt," rief der Leutnant entrüstet. „Nachgerade fange ich an, den ganzen Orient
für Schwindel zu halten. Die Unordnung, die Unsauberkeit,
das ist ja gräßlich. Ich bin froh, daß ich herauskomme aus
dem — —." Das letzte Wort nahm er nicht in den Mund.

„Herr Leutnant," ermahnte ich ihn, „solche Propperteh
wie in Berlin finden Sie allerdings nicht im Orient, aber
warum murren Sie über das Land Gosen? Hat es Ihnen
denn Extraes versprochen?" — „Finden Sie es denn hübsch?"
— „Es ist fruchtbar." — Der Wiener Doktor nahm das
Buch und las: „Im Anfange dieses Jahrhunderts war dieser
Landstrich unter der Türkenherrschaft so verkommen, daß
kaum viertausend Araber spärliche Nahrung fanden, jetzt
aber, nachdem Lesseps den Süßwasserkanal durchlegte, gewinnen
mehr als zwölftausend Landbebauer jährlich reiche Ernten.
Hier rechts von der Bahn haben wir den Kanal." — Nun
wurde unser Leutnant ganz aufgebracht. — „Der schäbige
Graben ist der berühmte Süßwasserkanal, von dem so viel
Geschrei gemacht wird? Erbärmliches Ding." — Ohne ihn
würde der Sueskanal nicht fertiggestellt sein und könnten
weder die Städte Sues, Jsmailiya, noch Port Said existiren,
die ihr Trinkwasser einzig und allein durch diesen Kanal
erhalten. Von Jsmailiya aus wird das Wasser durch eiserne
Röhren nach Port Said geleitet. Sollten diese einmal platzen,

träte in Port Said Wassermangel ein und Tausende müßten
verdursten. Es wird daher ein zweiter fahrbarer Kanal
nach Port Said angelegt, der, gleichzeitig für kleinere Schiffe
fahrbar, den Sueskanal entlasten soll.

Unser Leutnant beruhigte sich. Unzufrieden sein und
quesen mußte er, sonst wäre er kein richtiger Seconde gewesen. Meistens sah er jedoch mit ziemlicher Plötzlichkeit ein,
daß er sich umsonst aufgeregt hatte und legte die Krakehl-
federn wieder glatt.

Da wir doch einmal im Lande Gosen waren, verlor sich
das Gespäch in die ältesten Zeiten. Die Pyramiden von
Giseh sollen schon vor Abrahams ägyptischer Reise bereits
mehrere Jahrhunderte gestanden haben.

„Man würde solche Bejahrtheit kaum für möglich halten,"
sagte ich, „wenn die Forscher sie nicht berechneten, ebenso
wie die Wissenschaft an den Mumien nachweist, wie unglaublich lange der Mensch todt sein kann." — „Ob sie die Poti-
phar wohl noch finden?" fragte der Leutnant. „Wenn die
nicht gewesen wäre, hätte Joseph sein Glück schwerlich gemacht." — „Wir wollen sie lassen," sagte ich, „daß dieses
Weib nebst mehreren andern Geschichten in Deutschland noch
nicht polizeilich konfiszirt worden ist, kommt wohl nur daher,
weil den kleinen Kindern das Sündhafte sonst nicht anschau-
lich genug wird. Sprechen wir nicht weiter von ihr, sondern
besehen wir uns die Gosener Gegend, Herr Leutnant."

Man konnte an dem schmalen grünen Fruchtlande, das
den gelben Sand der arabischen Wüste durchschneidet, an
einigen Stellen die segensreiche Wirkung des Süßwasserkanals
so recht deutlich erkennen. Den üppigen Feldgewächsen
stellten aber leider Heuschrecken nach. Wir fuhren fast eine
halbe Stunde durch einen Schwarm dieser Thiere, die im
Sonnenlichte halbaufgeklappten Taschenmessern mit Perlmutter-
schale gleichen und in weiten Abständen von einander
fliegen. Dann kam die Haltestelle Ramses, wo die Israeliten
Nilschlammziegel streichen mußten, — wegen welcher be-
drückender Arbeit der Auszug durch das rothe Meer stattfand. — Gegen ein Uhr Waterbury-Zeit waren wir in Ismailiya, nach des Leutnants Uhr war es Nachmittags vier.

Eine niedliche Stadt, dieser Ort, eine Oase in der Wüste
am Rande des Timsach-Sees gelegen, so genannt, weil er

früher voll von Krokodilen war. Jetzt gab es außer dem Koffer unseres Leutnants keinen Timsach in der ganzen Gegend. In dem New-Hotel eines Elsässers waren wir gut aufgehoben. Wir durchwanderten die Stadt, deren Häuser in Baumalleen und Gärten liegen und mit Vordächern ver- sehen sind, wie es in Indien Gebrauch sein soll. Das Ende einer solchen Allee ist gewöhnlich gelber Sand mit einer Aussicht auf eine weite gelbe Fläche — die pure Wüste.

Gegen Abend ward es kalt. Die Frösche quakten und der Mond schien. Ich mußte unwillkürlich an Ramleh bei Alexandrien denken, wo sie auch im Mondenlicht sangen. Damals war uns Aegypten eine gänzlich fremde Welt,. nun hatten wir es kennen gelernt, wie Durchreisende es vermögen, und lieb gewonnen durch die Landsleute, denen es zur zweiten Heimath geworden. Seltsam, daß Paddenkonzerte den Anfang und Schluß einleiteten.

Am nächsten Morgen peitschte ein heftiger Wind das Wasser des blauen Timsach-Sees so ungestüm, daß der kleine Dampfer nicht an der Landungsbrücke anlegen konnte, sondern uns ein Stück weiter hinauf im Sueskanal erwarten mußte. Der Hotelomnibus war sofort gefüllt. Wer einen Esel er- wischte, war froh, und wer keinen Platz neben den Koffern auf einem Gepäckwagen fand, mußte den fast halbstündigen Weg zu Fuß marschiren. Es waren viele Reisende da; die von Cook expedirten hatten einen Dampfer für sich und die Nichtcooker den anderen. Beide waren gerappelt voll.

Anfangs verlief die Fahrt angenehm, der frische Wind kühlte. Vom Kanal sieht man rechts und links die hohen Wälle, die der Wind langsam wieder in den Kanal hinein stäubt; allerdings nur wenig Sand auf einmal, aber nach und nach doch so viel, daß die Baggermaschinen streckenweise vollauf zu thun haben. Das Bewußtsein, sich auf dem viel- besprochenen Weltwunder zu befinden, muß jeglichen Mangel an landschaftlichem Genuß ersetzen. Wenn jedoch ein riesiger Indienfahrer langsam daher kommt oder sonst ein Handels- schiff, gegen das die kleinen Passagierdampfer sich wie schwimmende Pantinen ausnehmen, dann dämmert auch dem einfachen Menschenverstande die Bedeutung dieser künstlichen Wasserstraße auf, die, indem sie Zeit und Kohlen spart, jähr- lich Millionen einbringt.

Der frische Morgenwind hörte auf und der Himmel
überzog sich allmälig mit dichtem Dunst. Von Stunde zu
Stunde ward die Luft schwüler und sandiger und die Hitze
nahm in beängstigender Weise zu. Das war Chamsihn, wie
wir ihn noch nicht erlebt hatten. Wer saß, blieb sitzen, wer
sich rühren mußte, stöhnte. Und dabei kein Tropfen Selter-
wasser an Bord. Wenn Mr. Pott sich nicht mit einer Ladung
Apfelsinen versehen hätte, von der er mildiglich abgab, wir
wären verschmachtet, bevor die Station El-Kantara erreicht
wurde, deren Hotel genannte Bretterbude die Passagiere
im Sturm nahmen. Dort konnte man für theures Geld
wenigstens Wasser bekommen. In meiner Hinfälligkeit vermochte ich nur die volkswirthschaftliche Bemerkung zu machen:
„Karl, so 'n Chamsihn in Berlin, wie da wohl die Bieraktien
stiegen." —

Und weiter ging es in Dunst und Gluth. Die Wasser-
fläche links sollte den Menzaleh-See vorstellen. Das war mir
unglaublich gleichgültig, ich verlangte Schatten, Ruhe vor
den Fliegen und vor einem unartigen Jungen, der von seiner
Mama zum Störenbold verzogen wurde. So viel Kraft, den
Bengel gehörig durchzupeinigen, hätte ich noch zusammenge-
schrapt, aber ließ die Kröte sich steuern? Ih bewahre. Mir
fehlte leider das nöthige Englisch, ihm zu sagen: „Laß das
Herumrabbatzen und Drängeln und das Quängeln, Dir gehört
das Schiff nicht allein." — An dem wird der großbritannische
Krauts noch mal sein Vergnügen haben. Langsam trieben
wir nach Port Said. Von der Stadt war nichts zu entdecken,
sie lag in Staubnebel.

Auf der Landungsbrücke der Kampf mit den Wilden um
das Gepäck war schon nicht mehr schön. Ich saß auf unseres
Leutnants Timsach, die anderen Stücke wie Pyramidentrümmer,
vor mir, die Nilpeitsche in der Hand, von der Sonne, die
mattweiß am Himmel stand, angeschmort, während die Herren
ihre Handtaschen und Kofferchen auf dem Dampfer erfochten.
Erst in dem Hotel de France, bei leidlicher Verpflegung, er-
holten wir uns. Kühles Wasser war das größte Labsal.
Wir priesen den Süßwasserkanal und der Leutnant stimmte mit
in den Lobgesang ein. Er schalt ja auch nur immer anfangs.

Vorläufig waren wir auf Port Said angewiesen, denn
das Schiff, welches uns nach Palästina bringen sollte, fehlte

noch. Man vermuthete es in der Nähe auf dem Meere; die Einfahrt in den Hafen war ihm jedoch wegen des Chamsihns unmöglich, da man keine fünfzig Schritt weit sehen konnte. Um vier Uhr zertheilte sich glücklicherweise der Dunst und der „Said" konnte herein. Das Gepäck wurde an Bord gebracht und dann unternahmen wir eine kleine Bootfahrt. Zufällig lag die „Baiern" vom Norddeutschen Lloyd aus Bremen im Hafen und wir machten ihr einen Besuch. Welch ein stolzes, schönes Schiff, wie praktisch eingerichtet und wie kostbar. Darauf nach Indien zu reisen, muß schon mehr Wonne sein. Und diese militärische Ordnung und Sauberkeit! Unser Leutnant erließ eine glänzende Kritik. Wir wurden herzlich als Landsleute bewillkommnet. Vorzügliches Bremer Bier aus dem Eiskasten labte den angetrockneten Gaumen, deutsche Rede erquickte den Sinn. Aus dem Speisesaal drangen die Klänge der Matrosenkapelle herauf, die den Passagieren der „Baiern" Tafelmusik machte. Wir fühlten uns wie auf deutschem Boden und waren es ja auch, denn über uns am Hauptmaste flatterte der Wimpel schwarz-weiß-roth. —

Port Said ist eine Hafenstadt; die Konsulate und Agenturen der Dampfschifffahrts-Gesellschaften, die Läden mit Schiffsbedarf und häufigen Branntweins-Apotheken lassen das nicht minder erkennen wie die Konzertlokale für das seefahrende Volk, in denen böhmische Damenkapellen und ausgeschriene Sängerinnen aus aller Herren Länder sich hören lassen. Mit jeder Gesangshalle ist gleichzeitig eine Spielhölle verbunden. Unser Leutnant wollte dem Roulette ein Opfer bringen, aber es wurde nicht gelitten. „In die Tingeltangel bin ich der Wissenschaft wegen mitgegangen und weil mich hier Niemand kennt," sagte ich, „Hasard ist jedoch ein Laster, und wer das thut, hat bei mir ausgespielt. Betrachten Sie das Geld, welches Sie besitzen, als gewonnen, dann sind Sie schön heraus und machen sich die Hände nicht fleckig."

— Ich war froh, als wir um neun an Bord waren und zwischen uns und der Verführung das Wasser lag, denn mein Karl schielte auch schon nach den geldklappernden Bankhaltern, als hätte er Lust, zu verlieren. Und wie Mancher hat Weib und Kind verspielt. Mein Trost wäre jedoch gewesen: viel Glück hätte er mit mir auf dem Sklavenmarkt nicht gehabt.

Um ein Uhr in der Nacht setzte sich der „Said" in Bewegung. Wir konnten nicht in die Koje kriechen, weil das
Einladen der verspäteten Fracht einen Mordsspektakel machte.
Die Luft war dick, die Sterne drangen kaum durch. Nur
die rothen und grünen Lampen der Seezeichen und das
elektrische Licht des großen Leuchtthurms von Port Said
blieben lange sichtbar. So sahen wir von Aegypten zu guter
Letzt nur, was abendländische Kultur dahin gebracht hat,
Wie lange wird es dauern, bis das heutige Aegypten
späteren Reisenden nur noch in Ueberbleibseln vor die Augen
kommt und man Museen für die Trümmer der arabischen
Herrlichkeiten anlegt, welche jetzt noch entzücken, so sehr sie
auch der Kassura verfallen sind? „Der Orient geht an
Verwahrlosung zu Grunde," sagte ich zu Mister Pott, „er
leidet bedenklich an Entzweiigkeit.". — „Dafür bricht sich das
Neuere immer mehr Bahn," erwiderte er. „Alles gleicht
sich aus in der Welt, warum sollte Aegypten zurückbleiben?"
„Ich bin froh, daß ich es sah, wie es jetzt noch ist," antwortete ich. „Gute Nacht, Mister Pott!"

Der „Said" gehörte den Messageries Maritimes, und
war ein älterer Dampfer, der jedoch mit dem „Gwalior"
keinen Vergleich aushalten konnte, und mit der „Baiern"
erst recht nicht. Man vermißte die pünktliche Reinlichkeit,
die sich bis auf das Kleinste erstreckende Sorgfalt. Hätte es
meinem Karl sonst geschehen können, daß er mit seinem Bette
durchbrach? Für die Kürze der Fahrt Ansprüche machen,
war nicht der Mühe werth: zur Kaffeezeit tauchte die Küste
von Palästina aus dem Meere auf und nach dem Frühstück
warf der „Said" die Anker aus. Die Uhr ging natürlich
wieder ganz anders, als sie sollte. Gerade jetzt, da es sich
um Ankünfte und Abfahrten handelte, war kein Verlaß
darauf, und so tappten wir immer in muthmaßlichen Zeit-
angaben herum.

Das Baumkahle, was sich wie ein kleines Gebirge aus
Häusern aufbaute, war Jaffa. Aus den Kreuzfahrerzeiten
her stand noch Festungsgemäuer, das der Stadt einen roman-
tischen Anstrich verlieh und von der Sonne beschienen, erweckte sie das Verlangen zu näherer Bekanntschaft. Die
Boote ruderten auch schon heran, uns abzuholen. Wie sie
auf den Wellen schaukelten. Bald waren sie oben, bald unten

wie die Karren auf einer Rutschbahn. „Wenn das nur gut geht," dachte ich. Unser Dampfschiff lag nämlich auf offener See, die von dem Winde der letzten Tage sich noch nicht beruhigt hatte. Vor dem Hafen von Jaffa, dessen Wasser sich kaum regte, bildete ein Halbkreis von niedrigen Felsen und Klippen einen natürlichen Damm. Nur eine schmale Einfahrt gestattete den Zugang. Mit großem Geschick wußten die Ruderer stets die Wellen zu benutzen, welche glatt durch-gingen, diejenigen Wogen dagegen, welche gegen die Steine prallten und schäumend in die Höhe spritzten, würden die Barken bis an den Rand mit Wasser gefüllt haben. In der That ist die Ausschiffung bei Jaffa eine Ertrinksache und un-möglich, wenn die See hoch geht. Ein Dampfschiff, das vier Tage später anlegte, mußte mit sämmtlichen Reisenden wieder abziehen. Diese sahen das gelobte Land, konnten aber nicht heran.

Wir hatten mehr Glück. Freilich war es eine zurück-schreckende Arbeit, in die Boote zu kommen, die in einem Augen-blicke unmittelbar an die Schiffstreppe gehoben wurden, im nächsten Moment dagegen wie in einen Abgrund wegsanken. Aber ebenso gut wie Säcke werden auch die Passagiere von handfesten Matrosen stückweise verladen. Ehe man sich's ver-sieht, sitzt man in dem Boote und wippt mit auf und nieder, bis es Fracht genug hat. Unter Geschrei und wuchtigem Anziehen der Ruder ging es durch die Brandung, der salzige Schaum flog uns ins Gesicht, die Woge hob das Boot und wie ein Pfeil schoß es in den ruhigen Hafen.

Wir stiegen aus. Ein schmaler mit Kisten und Kasten voll gestapelter Quai war der erste Streifen gelobtes Land, den wir betraten. Da die Rinnsteine Jaffas nach diesem Landungsplatze hinabfließen, war Vorsicht beim Hintreten ge-boten, die jedoch insofern wenig nutzte, als fortwährend Kameele herangetrieben wurden, denen man die Ballen und Kisten abnahm, welche stehen blieben, wo sie gerade hinfielen. Dazu kam das Angedränge der Lastträger, der Hotelleute und müßiger Zuschauer. Einem unglücklichen Zollmenschen, der das Gepäck nachsehen wollte, wurden die Koffer einfach unter den Händen weggenommen, weshalb er sich damit be-gnügte, die Fremden um ein Bakschisch für die Douane an-zugehen. Das war ein Pröbchen türkischer Wirthschaft.

11*

Strenger dagegen war der Paßmensch. Alle Päſſe, welche kein türkiſches Viſum trugen, wurden abgenommen und konnten ſpäter für acht Franken wieder eingelöſt werden. Wir hatten die unſrigen glücklicherweiſe in Berlin auf der türkiſchen Botſchaft ſtempeln laſſen. Angeärgert und ange- ekelt folgten wir unſern Gepäckträgern in die Stadt. Enge Straßen, ſchlechtes Pflaſter oder gar keins, ein Marktplatz mit vielen orientaliſch gekleideten Leuten, ohne Nettigkeit, enttäuſchten uns ſehr. Maleriſch mochte Manches ſein, aber das Schmierige überwog. Wir mußten durch die Stadt klettern, durchwateten dann einen Sandweg und gelangten hierauf zum Hotel Jeruſalem, deſſen Beſitzer Hardegg heißt. Hier war nicht nur Jaffa zu Ende, ſondern auch der Schmutz.

Wohlgepflegte Gärten, Häuſer in heimiſcher Bauart, ein Kirchlein, eine Schule, von grünen Bäumen und Palmen um- geben, mit Ausſicht auf das Meer, durchhaucht vom Dufte blühender Orangen, ſchienen uns anreden zu wollen: „Will- kommen in Deutſchland“, worauf wir natürlich nichts ant- worten konnten als: „Nanu, was iſt denn hier los?“

Wir waren ja ſchon einigermaßen einexerzirt, von den gegenſätzlichſten Eindrücken förmlich gebufft zu werden, daß ich öfter ſagte: „Sobald wir vom Orient retour ſind, laſſe ich mein Gehirn ausbeulen,“ aber dieſer Unterſchied zwiſchen vernachläſſigender Gleichgültigkeit und ſorgſamer Pflege ſo eng neben einander gab uns dennoch einen hef- tigen Schlag. Wir erfuhren denn auch bald, daß der freund- liche Vorort die deutſche Kolonie ſei, von Württembergern be- gründet und treulich erhalten. Und ſo könnte es im ganzen Orient ſein, wenn der rechte Sinn für Ordnung und Sauber- keit, die Freude an der täglichen Arbeit an die Stelle des eingeriſſenen Schlendrians träten, denn Land und Witterung helfen dem Fleiße in jeder Beziehung.

Obgleich in allen Zungen geredet wurde, war das Schwäbiſche hier die Landesſprache. Die Bauern, welche ihr Fuhrwerk nach Jeruſalem anboten, ſchwäbelten nicht nur, ſondern mußten auch einen Schneider haben, der ihnen die Röcke genau nach heimathlichem Schnitt anmaß, und die Frauen und kleinen Mädchen ſahen ſo deutſch aus in Tracht und Benehmen, als wären ſie eben angekommen und friſch ausgepackt. Die Bauernwagen gefielen uns nicht beſonders,

da sie hauptsächlich aus Unbequemlichkeit und ledernen Vorhängen gebaut waren, die jegliche Aussicht versperrten.
Während Mr. Pott hierüber sein Mißfallen zu verstehen gab,
näherte sich ein kleiner jüdischer Mann, der uns zuflüsterte,
er wisse ausgezeichnet schöne Kutschen. Wir ließen uns von
ihm zu einem Fuhrwerksbesitzer führen, bei dem Mr. Pott
einen alten aber geräumigen Landauer aussuchte sowie die
besten Pferde und den sichersten Kutscher. Dieser, ein wetter-
brauner älterer Syrier, hieß Hassein und sprach Arabisch mit
Schwäbisch mang, das er sich nach und nach angenommen.
Und dies muß den braven Württembergern dort zur Ehre
nachgesagt werden: sie bleiben zäh bei ihrer Muttersprache,
die leider so mancher Deutscher in der Fremde zu vergessen
sich Mühe giebt, — die Sprache seines siegreichen und mächtigen Volkes. Schande werth.

Unser Leutnant hatte sich ein Pferd genommen, er wollte
nach Jerusalem reiten. Wir baten ihn, Quartier zu bestellen,
und lustig galoppirte er auf seinem arabischen Schimmel, vom
Führer begleitet, die staubige Landstraße dahin. Wir speisten;
Mr. Pott sorgte für Proviant, und um ein Uhr rummelten
auch wir mit dem Landauer los.

Durch die Apfelsinenanpflanzungen, in denen die köstlichsten und größten Früchte unzählbar wachsen, ging der
Weg, die Stadt Jaffa blieb rechts liegen. Ein sanft anstei-
gendes, mit Saaten bestelltes Gelände bot freundliche Aussicht, einzelne Dörfer ließen an den erdhügeligen Hütten erkennen, daß sie von Arabern bewohnt wurden. Die Hecken des
Weges bestanden meist aus hohen Kaktusbüschen, deren obere
junge Triebe vorüberziehende Kameele sich abgenagt hatten.
Ganz anders war die Landschaft als in Aegypten, und dennoch fremdartig genug. Vor uns in der Ferne ward ein
Gebirge sichtbar — das Gebirge Juda. Wir waren im gelobten Lande.

Als nächstes Ziel hatte Mr. Pott Ramleh ausersehen.
Auch Palästina hat sein Ramleh, das so viel wie Sand bedeutet. Einst hieß dieser Ort Arimathia. Wir erreichten ihn
vor dem Dunkelwerden. Minarehs, Palmen, die Mauern
eines alten Klosters, Wachtthürme und Ruinen aus der Zeit
der Kreuzfahrer gaben dem Städtchen ein eigenartiges Ansehen, als wenn Abendland und Morgenland ineinander ge-

rathen wären, wie Haſſeins Schwäbiſch und Arabiſch. Das
Wirthshaus an der Heerſtraße war draußen und drinnen
wieder württembergiſch. Es gab gute Koſt, Jaffabier und
Jeruſalemwein, Orangenblüthenhonig, Maulbeerſyrup, mit
Selterſerwaſſer zu trinken, und Fliegen.

Der Mond verſteckte ſich hinter Wolken, es waren die
erſten, die wir nach langer Zeit ſahen. Glühwürmchen
krochen auf dem Graſe am Wege, aus der Ferne wurde von
Zeit zu Zeit ein heiſeres Gekläff hörbar. „Des iſch Wawi,"
ſagte Haſſein. Wir ſchlugen im Buche nach und fanden,
,Wawi' heiße Schakal.

Früh am nächſten Morgen ging es weiter. Die erträglich gehaltene Chauſſee erleichterte den Pferden das Berg-
anziehen; nach einigen Stunden hielten wir vor dem Aus-
ſpann zum halben Wege, wo Haſſein ſeinen Thieren Futter
gab. Hier nun öffnete ſich das Thal, welches das Gebirge
Juda durchſchneidet. Schon vorher blühte es farbig am
Wegesrande, das Geſtein der Berge aber war mit Büſchen
und Blumen wie bekränzt. Rothe Anemonen leuchteten im
Morgenſonnenſchein Rubinen gleich. Alpenveilchen ſproßten zu
Tauſenden, daß man meinte, die Felſen wären erſt eben in
ſie hinabgerollt. Wir pflückten Kornblumen und weiße Ciſt-
roſen und wanden Sträuße zur Erinnerung an dieſen Feld-
blumengarten. Der laue Wind war ſchwer von Wohlgeruch,
den die Strahlen der Sonne aus den Balſamkräutern und
Stauden zogen. So Herrliches hatten wir in Aegypten nicht
gefunden; die freie Natur kargt dort mit Blühendem, wie
ſie hier verſchwendet.

Der Wiener Doktor griff eine Schildkröte, die in duften-
dem Lavendel ſpazieren ging. Wir ſtaunten, daß ſo etwas
wild herumkröche. Ein Ziegenhirt trieb ſeine Schaar durch
das Gebüſch, ein brauner Knabe in weiß- und braungeſtreif-
ter Kameelhaardecke. Das war ein anmuthiges Bild. Wir
ſchritten den Weg vorauf. Haſſein folgte mit dem Wagen.

So wanderten wir durch das ſonnige, blühende Thal.
Ich konnte immer noch nicht begreifen, daß wir auf dem
Wege nach Jeruſalem ſeien. Es iſt ſo wunderſam, ſich zu ſagen:
„Du gehſt jetzt nach Jeruſalem, dieſer Weg führt dahin."

Dann raſteten wir bei einem Brunnen im Schatten hoher,
dichter Bäume. Weißer Paläſtinawein und Jaffa-Apfelſinen

waren für den Durst; den Hunger stillten wir mit Gothaer
Servelatwurst. Mr. Pott hatte sie bei Hardegg in Jaffa
entdeckt. Sie war in Blechdosen eingekocht und vortrefflich.
Die Konserven lernt man im Orient schätzen, sie sind eine
große Wohlthat und dem reisenden Europäer unentbehrlich.
Die Straße war belebt. Reiter zogen vorüber, Fuß-
gänger im gestreiften Burnus, beladene Kameele mit ihren
Führern, Hirten mit Schaf- und Ziegenheerden. Die Männer
trugen lange Flinten über dem Rücken und Waffen im Gürtel.
In Aegypten sahen wir selten ein Schießgewehr, hier aber
schien die Selbstvertheidigung nothwendig zu sein. Das
Rauben soll auch nicht zu den Ungewöhnlichkeiten gehören.
Unser Kutscher schaute sich oft nach dem hinten aufgeschnall-
ten Gepäck um, namentlich wenn uns verdächtig aussehende
Wandersleute begegnet waren, die stillstehend den Koffern
noch lange Zeit begehrliche Blicke nachsandten.

Bergauf, bergab geht der Weg, fortwährend ansteigend.
Auf der Höhe ist das Land felsig und unfruchtbar. In einer
Senkung wurde den Pferden wieder Ruhe gegönnt; das
Kaffeeion eines Griechen gewährte Unterkunft. Dort oben
am Gebirge, das Dörfchen mit den gelblichen Häuserchen
aber war Emmaus. Wie waren nicht mehr weit von
Jerusalem.

Noch eine steile, steinige Strecke mußte überwunden
werden, und die letzte Höhe vor der heiligen Stadt war erklommen. Hassein trieb die Rosse an, auf staubigem Wege
fuhren wir zwischen Mauerzäunen und einzelnen Gebäuden
dahin; eine Art Kaserne oder sonstiges Massenquartier ver-
sperrte die Aussicht. Die Häuser und ummauerten Gärten
mehrten sich, der Wagen bog links ab auf einen ungeebneten
freien Platz und hielt vor einem stattlich aussehenden Gebäude mit dem Schilde über der Thür: „Hotel feil". Unser
Leutnant trat heraus und rief: „Endlich sind Sie da. Es
herrscht schon gewaltiger Kampf um die Zimmer. Eilen Sie."

Mir war in diesem Augenblicke Alles einerlei, so ent-
setzlich enttäuschte mich die Ankunft in Jerusalem. Diese
Neubauten auf öder Flur stimmten nicht mit dem Bilde, das
ich im Innern trug. Wo war denn die heilige Stadt, welche
die Kreuzfahrer mit Thränen begrüßten, bei deren Anblick sie
niederknieten und die Erde küßten? „Wo ist Jerusalem?" fragte

ich unwillig. — „Da vor Ihnen, die hohe Mauer mit dem
viereckigen Thurm ist die Festung Sion: die Stadt sieht man
von hier aus nicht." — „Und die Kreuzritter?" fragte ich
nach. — „Die kamen von der anderen Seite."

Zum Glück war Herr Feil wieder ein Württemberger
und ein lieber Herr mit schwarzem Sammetkäppchen und
Puschel dazu. Er hatte gar viel zu thun, denn sein Haus
hatte keinen Raum mehr für Gäste. Ostern führt die meisten
Fremden nach Jerusalem. Hätten wir unseren Leutnant nicht
als Quartiermacher gehabt, es wäre schwer gewesen, ein so
annehmbares Unterkommen zu finden.

Mich aber trieb die Unruhe, ich wollte Jerusalem sehen.
Am Nachmittage schritten wir zusammen fürbaß. Nach etwa
zehn Minuten waren wir vor dem Thor. Ein jäher Abhang,
mit Festungsmauern gekrönt, wie man in alten Büchern
abgebildet sieht, fällt in eine tiefe Schlucht ab. Dies ist die
Außenseite des Berges Sion. Die Schlucht heißt das Thal
Hinnom, wie der Wiener Doktor sagte, und darin stand der
Moloch, dem die lieben kleinen Kinder in die glühenden
Arme gelegt wurden, was mir von jeher zu gräßlich vorgekommen ist. Das Thor wird das Jaffa-Thor genannt, und
gleicht dem Eingange in eine alte Burg. Viele Leute wanderten daraus hervor, mit Feiertagsgewändern angethan. In
seidene Kaftane waren Manche gekleidet, von rother und
grüner Farbe, auch himmelblau und goldgelb. Andere gingen
einfacher in schwarzen Gewändern, aber doch mit bunten
Gürteln. Auch trugen sie pelzverbrämte Kappen und lang
herabhängende Korkzieher-Locken an den Schläfen. Das
waren Juden, die das Passahfest feierten. Freundlich grüßten
die Alten, die Jüngeren verhielten sich modern gleichgültig.
Die Frauen hatten weiße Tücher umgethan, und das Antlitz
mit dunklen großgemusterten Schleiern verbunden; sie hielten
sich truppweise zusammen, und lustwandelten vor dem Thore.
Wir drängten uns in die Stadt hinein. Ein kleiner Platz, auf
den enge Straßen mündeten, kümmerliche Läden mit Schnitzarbeiten aus Oelbaumholz und Perlmutter, Rosenkränzen
und ähnlichen Erzeugnissen frommen Gewerbefleißes und
Thomas Cook und Sons Firmenschild bildeten den Anfang,
noch engere bogenüberspannte Straßen mit düsteren Häusern,
krautbewachsenen, fensterlosen Mauern schlossen sich diesem

Anfange an. Ein Wagen kann in den Straßen nicht fahren, theils sind sie zu schmal, theils sind sie getreppt, ein bald kürzeres, bald längeres bergauf, bergab. Kameele, Pferde und Esel besorgen die Lasten; der Mensch geht zu Fuß oder bedient sich eines Reitthiers, wenn ihm der Schmutz zu arg wird. Und der ist arg, so arg, daß die Hunde mit Vorliebe auf den platten Dächern wohnen. Daß dieses Elend von Stadt Jerusalem sein mußte! Nichts von all' dem Glanz, nichts von aller Pracht, die von frühester Kindheit an die Farben zu dem Bilde lieh, das sich die Phantasie ausmalte, wenn der Name Jerusalem genannt wurde: nur graues Gemäuer, Müll in den Winkeln, glitschiger Schmutz auf den Gassen und arme Leute. Wir waren miteinander stumm und still. Ich weiß auch, warum? Uns that Allen das Herz weh.

Das sogenannte Christenviertel, welches die Grabeskirche umgiebt, war reinlicher gehalten als die belebte Hauptstraße, aber nicht viel. Die Via Dolorosa, der angebliche Weg der Kreuztragung, dagegen unterschied sich wenig von einer verbreiterten Gosse. Das Straßenfegen liegt im Allgemeinen nicht in der menschlichen Natur, aber daß die Abneigung gegen diese gesellschaftliche Nothwendigkeit solche Hartnäckigkeit annehmen könnte, war mir selbst den ausgeschütteten Thatsachen gegenüber unfaßbar. „Ob es in alten Zeiten wohl ebenso war?" fragte ich den Wiener Doktor. — „Das Volk nahm Kleider und legte sie auf den Weg, als Christus auf dem Füllen der Eselin einzog," antwortete er. „So steht geschrieben. Auch war wohl die Enge der Gassen eine ähnliche, denn die Stadt konnte sich nicht weit über die Grenzen ihrer natürlichen Befestigung, die Abhänge des Berges Sion und des Berges Moriah, frei ausdehnen. Der Boden des alten Jerusalem liegt tief unter dem Schutt, auf dem die jetzige Stadt steht. Doch ist anzunehmen, daß die zerstörten Häuser stets wieder so erbaut wurden, wie sie den Bedürfnissen des Orientalen von jeher entsprachen, und abgesehen vom Tempel und den Palästen gewährte Jerusalem jederzeit aus der Ferne wahrscheinlich einen nicht allzu verschiedenen Anblick von dem heutigen. Das Baumaterial stammt seit Jahrhunderten aus den nämlichen Steinbrüchen, theils sind alte Trümmer verwendet, und deshalb haben wir uns die alte Stadt in der gleichen Färbung zu denken, welche Wind

und Wetter auch der neuen verliehen haben. Abrechnen
müssen wir jedoch den Verfall in den ärmsten Vierteln, die
Ruinen der festungswerke, die Minarehs, die Kuppeln der
Kirchen und Moscheen, und die europäischen Gebäude vor
dem Jaffathor. Vom Königsbau Davids und von dem gold-
gedeckten Tempel Salomonis, dessen Ruhm sogar in Aegypten,
dem Lande der Wunderbauten, Widerhall fand, können wir
uns keinerlei Vorstellung machen. Doch nun müssen wir in
der Nähe der Grabeskirche sein."

Wir bogen um eine Ecke, etliche Treppenstufen führten
zu einer Art Hofraum hinab, dessen Hintergrund die ver-
witterte Eingangseite der Kirche bildete, die über dem heiligen
Grabe errichtet wurde. Auf dem Hofraum hatten Händler
ihren Kram ausgebreitet: Rosenkränze, Kreuzchen, Wachskerzen,
Heiligenbilder und allen möglichen Jahrmarktstand. Begehr-
lich umdrängten sie uns, ihre Waare anpreisend, lärmend und
zeternd versperrten sie uns den Weg, bis kräftige „Ruch" und
„Imschi" freie Bahn schafften. Die Sarrafs, die Wechsler,
klapperten mit dem Gelde auf ihren Glastischen, wie überall
im Orient. Von den Doppelthüren der Kirche ist die eine
Hälfte mit felssteinen roh vermauert, die andere stand offen.
Man sah kniende Andächtige in der Vorhalle, die den Salb-
stein küßten, über dem eine Reihe Kuppellampen hing. Der
jetzige Stein soll vor einigen Jahren erneuert sein. Links bei
dem Eingange, in einer Nische der Kirche, saßen türkische
Soldaten mit untergeschlagenen Beinen und kochten, Tabak
rauchend, ihren Kaffee. Es war die Wache, welche Ordnung
stiftet, wenn die Christen sich entzweien. Die Grabeskirche ist
nämlich in verschiedene Reviere getheilt: das eine gehört den
Griechischen, das andere den Römisch-Katholischen, ein drittes
den Armeniern, ein viertes den Kopten, und weil nun jede
Partei der anderen den richtigen Glauben abspricht, giebt es
unterweilen Zank, doch schreiten die drei bis vier Mann
Militär nur bei feierlichen Prügeleien ein.

Wir fielen zweien jungen koptischen Priestergehülfen in
die Hände, welche ihren Kollegen von anderer Richtung zu-
vorkamen, das Bischen Bakschisch als führer durch das wirre
Nebeneinander der Kirchenräume und Kapellen zu ergattern.
Sie zeigten uns viele heilige Dinge, leuchteten mit Lichterchen
in die Ecken und Kapellchen und sagten, es seien heilige

Stätten. Das werden es auch wohl gewesen sein. Ich hatte kein Recht, zu zweifeln, aber überzeugt bin ich auch nicht. Namentlich wegen Adams Schädel, den sie aufbewahren, hätte ich Virchow'n gerne in der Nähe gehabt.

Unter der großen Kuppel ist das heilige Grab, eine Felsenhöhlung, über der eine kleinere Kapelle errichtet wurde. Vor dem Eingange stehen silberne und goldene Leuchter, etliche fast mannshoch, mit riesigen, goldgeringelten Wachs-kerzen darauf, und Lampen hängen unzählige rund herum. Wir krochen in das erleuchtete Grab. Zwei Priester waren darin. Der eine wies dem anderen ein silbernes Kettlein, damit er den Werth desselben tagire. Dieser wog es in der Hand und gab es dem Eigner lächend zurück.

Als ich das sah, überkam es mich unfromm. Die letzte Spur von Weihe schwand. Rückwärts krochen wir wieder aus dem Grabe, um dessen Besitz Tausende ihr Leben ließen, als sie das Kreuz nahmen und gegen die Ungläubigen zogen, zu dem alljährlich Tausende pilgern, daß sie Segen in dem Heiligthume empfangen. Von Rußland kommen sie schaaren-weise und lagern in dem kasernenartigen Gebäude vor dem Jaffathore, die Osternacht zu erwarten. In dieser Nacht bricht aus dem Grabe ein Feuer hervor, an welchem die Pilger Kerzen entzünden, wobei ein blutrünstiges Gedränge entsteht, weil Jeder der Erste sein will und keiner dem Andern nachgiebt. Ist die Kerze am Erlöschen, dann wird eine neue daran angebrannt, so weit die Reise auch sein mag, damit sie die heilspendende Flamme mit in die Heimath bringen. Man zeigte uns das Loch, aus dem das Osterfeuer heraus-schlägt; wie die Priester es anstiften, wurde jedoch nicht ver-rathen. — „Wohin nun?" fragten wir die Führer.

„Hier hinauf, nach Golgatha," sagte der Jüngere, und deutete auf in Felsengestein gehauene Stufen. Ich zauderte. Würde ich die heiligste Stätte so erblicken, wie sie mir vor-stand, den vom Schauer des Todes umschatteten Hügel, wo erbarmende Liebe bei Menschen kein Erbarmen fand, unbe-rührt den Ort, auf dem das Kreuz sich erhob?

Auch hier wölbte sich eine Kuppel wie über dem Grabe. Viele, viele Lampen hingen an glitzernden Ketten herunter, ein goldenes Kreuz von kunstvoller Arbeit dazwischen, Marmor-täfelung bedeckte den Fußboden, in Silber getriebene Figuren

ſtanden hinter dem Altar, der nach Art eines Betſchemels
über der Stelle errichtet war, an der das Kreuz aufgerichtet
geweſen ſein ſoll. Ihren ganzen Prunk hat die griechiſche
Kirche aufgehäuft und Golgatha unter glänzendem Geräth
begraben. Die Führer forderten eindringlich ihr Trinkgeld.
Wir gaben ihnen reichlich. Sie verlangten mehr und wir
gaben noch einmal. „Ruch" und „Jmſchi" wäre richtig geweſen, aber wer mochte es hier ſagen?

Abgeſtumpft wie nach übermäßiger Anſtrengung ſchlichen
wir aus der Grabeskirche. Wir hatten ein Heiligthum erwartet und nicht gefunden.

Große erhabene Kunſt allein wäre im Stande geweſen,
Ehrfurcht zu erwecken, die Gefühle, mit denen man heran-
tritt, zu erhöhen und das Gemüth andächtig zu ſtimmen. Die
nichtsſagenden Koſtbarkeiten ließen uns kalt wie das blinkende
Metall, aus dem ſie gefertigt ſind.

Miſter Pott war längſt vor uns gegangen, wir trafen
ihn draußen. „Ich glaube wohl," ſagte er, „daß Alles aus
ſehr frommem Sinn hervorgebracht wurde, aber ich kann mich
in dieſe Manier nicht hineindenken. Ich will nicht ſehen,
was die Prieſter hinſtellen, ſondern das, was wirklich geweſen
iſt oder davon übrig blieb. Darum ging ich hinaus, um den
Himmel zu betrachten, den haben ſie nicht entſtellen gekonnt
mit Moſaik, Lampen und ſchlechten Gemälden."

Nahe bei der Grabeskirche liegt der Bazar, ein An-
einander von überdachten Gaſſen mit wenig Licht und geringer
Auswahl. Handwerker ſind thätig und die Landleute der
Umgegend kommen, ihren Bedarf zu decken. Unmittelbar
hieran ſtößt die Ruine des Johanniter-Hoſpitals. An dem
Thorbogen iſt, auf Holz gemalt, der preußiſche Adler. Dieſes
Grundſtück ſchenkte der Sultan Abdul Aſſis an Kaiſer
Wilhelm. Der Kronprinz nahm es öffentlich in Beſitz, als er
in Jeruſalem weilte, und damals wurde der Adler angebracht.
Der altherrliche Bau iſt eine Ruine, in einer Halle befindet
ſich die einfach gehaltene proteſtantiſche deutſche Kirche. Wie
köſtlich wäre es, wenn ſich auf dieſer Stelle ein Dom erhöbe,
unſeres Reiches würdig, damit fremde und Einheimiſche
in Jeruſalem auch daran erkennen, daß Deutſchland nicht
Zerfall iſt, ſondern blühendes, kraftvolles Leben.

Als wir durch das Jaffathor zurückgingen, begegneten uns zahlreiche russische Pilger, die Männer in langen, warmen Röcken, die Frauen in ebenfalls warmen Kleidern mit schweren Schaftstiefeln an den Füßen. In den Händen hielten sie kleine Wachslichte, um sie in der Grabeskirche zu opfern. In zuversichtlicher Hoffnung auf die ewige Seligkeit wandelten sie dahin. —

An der Gasthof-Tafel waren alle Nationen vertreten. Ich kam neben einem armenischen Erzbischof zu sitzen, der sieben lebendige Sprachen mit gleicher Undeutlichkeit brabbelte, wenn er sie alle so zusammenkaute wie das Deutsch, was er lieferte. Der Seife hatte er ganz entsagt, war aber sonst ein fideles Heft. Den obersten Platz am Tische nahm Herr Dr. Schmidt, der Kanzler des deutschen Konsulats, ein. Wenn die Fremdenzeit vorüber ist, speist er selbander mit dem Armenier, bis die ersten Zugvögel kommen und das Hotel sich wieder mit Gästen füllt, etliche ehrliche, schwäbelnde Zimmergesellen als Nothkellner eingestellt werden und Herr Feil die schwere Aufgabe löst, die verschiedenartigsten Ansprüche der Reisenden mit den unzulänglichen Hülfsmitteln, die in Jerusalem zu Gebote stehen, dennoch zu befriedigen. Ich erkundigte mich, wo man einen Plan und Beschreibung der Stadt kaufen könne, da wir uns in Kairo nicht damit versahen und erfuhr denn, daß es in ganz Jerusalem keine Buchhandlung gäbe. Keine Zeitung erscheint, obgleich die Stadt etwa zwanzigtausend Einwohner zählt. Man hat verschiedene Male versucht, ein Blatt ins Leben zu rufen, allein der Pascha verlangte jedes Mal unerschwingliche Abgaben und erwürgte so das Unternehmen im Keim. Die Steuern werden überhaupt nach Gutdünken abgeschätzt. Liegen die Garben auf dem Felde, dann geht der Ackersmann zu dem Beamten und sagt: „Komm und nimm Deinen Antheil." — „Ca," erwidert der Beamte. — „Ich bitte Dich, das Korn fällt aus, es ist hohe Zeit, es einzuheimsen." — „Ca!" — „So komme doch, die Vögel des Himmels fressen meine Ernte." — „Ca!" . . . Und so lange sagt der Steuereinnehmer „ja", bis der Landmann ihm ausreichendes Backschisch in die Hand drückt. Dann läßt er sich erweichen zu zehnten und zu fünften, wie es ihm beliebt. Ebenso ergeht es dem Weinbauer, der seine Trauben erst lesen darf, wenn die Erlaubniß vom strengen Steuerbe-

amten erkauft wurde, und so in allen Dingen. Jeder Hammel
im weiten türkischen Reiche ist besteuert, und fehlt es an
Moneten, wird die gesammte Hammelsteuer gegen Vorschuß
an Geldinstitute verpfändet. Wie ein Alpdruck liegt dies
Steuersystem auf den Bestrebungen der Kolonisten, die das
gelobte Land der Kultur nachhaltiger erobern würden, als
noch so viele Kreuzzüge vermöchten, wenn statt der Willkür
das Recht herrschte. Wie oft wird über die Zustände bei
uns geklagt, wie schrecklich wird mit der Steuerschraube zur
Zeit der Wahlen gekämpft, wie dumm kommt Einem jedoch
das vor, wenn man im Orient wirklich „Zustände" kennen
lernt. Mr. Pott meinte, unter solchen Verhältnissen würde
ein Amerikaner irrsinnig. Unser Leutnant sprach nur von
gründlich aufräumen. Mein Karl fand es bewundernswerth,
wie sich so etwas überhaupt halten könne. „Meine Herren,"
sagte ich, „deshalb reist man ja eben in andere Länder, um
zu sehen, ob es dort besser zugeht, als bei uns. Stößt man
hierbei auf den konträren Gegensatz, so giebt das wenigstens
einen klaren Kopf!" — Da wir jedoch nicht aus politischen
Gründen hergekommen waren, wurde das Gespräch herum-
gedreht. Unser Leutnant erzählte von seinem Ritt durch das
Land, und daß er einen Schakal erschossen. „Er war wohl
aus der Gegend von Ramleh," sagte ich. „Wir haben seine
Familie um ihn heulen gehört." — Es kamen Handelsleute
mit Photographien und Schnitzarbeiten aus Oelbaumholz; wir
kauften verschiedene Sachen zum Angedenken und verfügten
uns zur Ruhe. —

Es läßt sich nicht leugnen, die Stadt Jerusalem zieht
doch mit unwiderstehlicher Kraft an; man sehnt sich, sie abermals
zu durchwandern, die Stellen zu betreten, die Orte zu sehen,
deren Namen uns von frühester Jugend an vertraut sind.
Hier also stand die Burg Davids; dies war Sion. Jetzt
hauste türkisches Militär dort. Und was für Militär. Unser
Leutnant verfiel in Erstarrung, als er es sah. Allein schon
das Fußzeug. Etliche liefen barfuß, etliche hatten Schuhe,
etliche Stiefel, und zwar hungrige, mit Blätterteigsohlen darunter. Die Uniformen waren auf das beste ventilirt. Ge-
platzte Nähte und Löcher auf den Ellbogen sorgten für Zug-
luft; an dem letzten Faden hängende Schulterlitzen und aus-
gefranzte Hosenbeine sollten wahrscheinlich Fliegen scheuchen.

Das Knopfputzen war überflüssig, da die meisten Knöpfe fehlten. Wer das nicht mit eigenen Augen gesehen, hält es für unmöglich. Unser Leutnant sagte, zu so viel Arrest, wie die Kerle haben müßten, gehörten Jahrhunderte. Aber was wollte er von den Gemeinen, liefen doch Offiziere mit ent- zweiem Hosenboden! — „Wozu wohl die Steuern verwendet werden?" fragte mein Karl. „Unser Militär kostet Geld, dafür sind wir aber auch forsch, und so leicht wagt sich Keiner heran." — „Karl," entgegnete ich, „mancher Haus- stand würde mit der Hälfte Kalbsbraten auskommen, mit solchen Soldaten könnte keine Köchin ausgehen."

Menschenleere Gassen führten uns nach dem Sionsthor, vor welchem das Grab Davids gegen Bakschisch gezeigt wird. In dem armenischen Kloster besahen wir die Kirche. Sie wurde des nahenden Osterfestes wegen mit Straußen- eiern ausgeschmückt. Ein Priester besprengte uns mit ge- weihtem Rosenwasser, wofür Bakschisch. Vom armenischen Viertel kamen wir in den jüdischen Stadttheil. Schmutz und übler Geruch spotteten aller Beschreibung. Durch den ab- scheulichsten Abwurf führte man uns an die Stelle, wo ein Stück Mauer vom Tempel Salomonis erhalten sein soll. Die ko- lossalen Felsblöcke erinnern an ägyptische Bauten und stam- men sicher aus ältester Zeit. In dem engen Gäßchen hatten sich viele Juden versammelt, in feiertagsgewänder gekleidet. Sie lehnten, theils stehend, theils kauernd, gegen die Mauer und lasen laut aus ihren Büchern. Abseits hockten die ver- schleierten frauen; kleine Lämpchen brannten neben ihnen. Willig gewährte man uns den Zutritt und machte Platz, daß wir gut sehen konnten. Würdige Greise sammelten Bakschisch ein und die Betenden schauten über ihre Bücher hinweg, ob wir auch kargten. So viel steht fest: im Bakschisch sind alle Religionen in Jerusalem einig.

Am Nachmittage holte der Konsulatskawasse uns zum Besuche der Omar-Moschee ab. In seiner malerischen Tracht, den krummen Säbel an der Seite, schritt er voran; die türki- schen Wachtposten, an denen wir vorbei kamen, machten Honneurs. Wären sie weniger ruppig gewesen, hätte ich wohl gewünscht, die Polizeileutnanten hätte Zeuge sein können, wie wir anpräsentirt wurden, aber so fiel der Effekt doch zu sehr aufs Schofle aus. Im Hospiz vereinigten wir uns mit den fremden, welche in diesem gastlichen Heim wohnten, das früher alleinige Unterkunft gewährte, als noch keine Hotels in Jerusalem existirten. Geist der Ordnung und Sauberkeit waltet hier, redliches deutsches Wesen. Die prächtige Hausmutter schlug das Fremdenbuch auf und wies auf einen Namenszug, den wir Alle mit Wehmuth betrachteten: ‚Friedrich Wilhelm, Kronprinz von Preußen' stand in mannhaften Schriftzügen zu lesen.

Die Omar-Moschee erhebt sich auf der Stelle des Salomonischen Tempels. Zwei Höhen hatte das alte Jerusalem, den Berg Sion und den Berg Moriah, die Senkung zwischen den beiden füllte die Stadt mit ihren Gassen und Häusern aus, und so ist es noch heute. Darum steigen und fallen auch die Straßen und sind mit Stufen versehen. Der Tempelplatz ist gar groß und schön. Ebenes Steinpflaster bedeckt ihn. Grasflächen sind vorhanden, auf denen Oelbäume stehen und hohe Zypressen. Vor nicht vielen Jahren durfte kein Ungläubiger die Omar-Moschee betreten, die über dem schwebenden Felsen erbaut ist.

Auf diesem Steine errichtete, der Sage nach, Abraham den Altar, um Isaak zu opfern, auf ihm stand die Bundeslade. Als Mohammed einst betete und in den Himmel entrückte, wollte der Fels ihm nachfliegen. Der Engel Gabriel aber griff rechtzeitig zu und hielt ihn. Der Eindruck von Gabriels Hand wird noch heute an dem Felsen gezeigt, der seit jener Zeit in der Luft schwebt. Damit er nicht wieder fällt, ist eine Steinmauer darunter gezogen, die ihn stützt. Schweben thut er aber doch. Danach kann man jeden Mohammedaner fragen.

Das Innere der Moschee ist anders, wie sonst üblich, da der gelbliche, unbearbeitete Stein beinah die ganze Mitte einnimmt. Die köstliche Zusammenstellung von Gold, Marmor, Alabaster und Mosaik wirkt in der dämmerigen Beleuchtung der bunten Glasfenster außerordentlich. Gewiß gehört diese Moschee zu den schönsten des Orients, wenn auch das Aeußere bereits der Kassura anheimfällt: das Gold ist von der Kuppel gespült und die blauen Kacheln der Thorbogen bröckeln ab. Die zweite Moschee des Tempelplatzes war früher eine christliche Kirche und enthält außer den gewaltigen Kellerbauten, die noch zum größten Theile voller Schutt liegen, viele Merk-

würdigkeiten, wie z. B. den Platz, an dem der Prophet Elias
am liebsten betete, und die Wiege Christi, welche jedoch —
nach professorischen Traditionen, wie der Erklärer sagte —
nicht echt sein soll. Mir erschien sie eine marmorne, gewesene
Fensternische. Zwei dicht neben einander stehende Säulen
heißen die Pforte des Paradieses. Wer sich zwischen diese
Säulen hindurch zwängen konnte, kam in das Paradies, wer
jedoch zu dick war, der hatte keine Hoffnung. Natürlich
grämten die einigermaßen fetten sich sehr, wenn sie stecken
blieben, und thaten sich sogar körperlichen Schaden, weshalb
nunmehr dieser Dummheit durch ein eisernes Gitter ein Ende
gemacht worden ist, das ein deutscher Schmied gearbeitet und
befestigt hat. Ich war dem Manne im Stillen sehr dankbar,
denn hätten wir probirt, wer weiß, ob ich durchgekommen
wäre, selbst mit Drücken und Ziehen? Und für Schweninger-
kur war die Zeit zu kurz bemessen. Ueberdies hatte ich noch
nie gehört, daß man sich den Eingang ins Himmlische durch
Verdünnerungsmittel erwerben könnte.

Wie oft war ich als Kind in dem Tempel gewesen!
Hatte uns der Lehrer nicht erzählt, wie Salomo ihn erbaute,
wie viel Zedernholz, Gold und Silber er aus dem königlichen
Schatze gab und wie er Jehova das Haus weihte? Trauerte
nicht mein junges Herz, als es vernahm, wie der Tempel
von den Heiden vernichtet wurde, half es nicht in Gedanken
an seiner Wiederherstellung und freute sich des Werkes? In
den heiligen Räumen war ich, als der Christusknabe dort
lehrte und die Eltern ihn suchten; als der Herr die Wechsler
und Händler hinaustrieb; als der Vorhang vor dem Allerheiligsten in zwei Stücke zerriß. Und dann wurde er wieder
zerstört und mit ihm die Stadt Jerusalem.

Ist es doch die heilige Geschichte, die von frühester Kindheit an uns mit der Stadt Davids vertraut macht, und den
Traum-Sinn beschäftigt! Wie hafteten die Blicke auf den Bild-
nissen, die uns der Lehrer zeigte, wie fest sind alle diese Eindrücke geblieben: so unerschütterlich, daß die Wirklichkeit vergebens sucht, sie auszulöschen. Und doch mußte man sich
sagen: alle deine Vorstellungen von der heiligen Stadt und
den heiligen Orten sind verkehrt, denn du hast sie den Zeich-
nungen und Gemälden solcher Künstler entnommen, die sie
nicht mit leiblichen Augen sahen, sondern sich künstlerische

Bilder ersannen. Daher sieht Jerusalem bei den Italienern
italienisch aus und bei den deutschen Malern wie Alt-Nürn-
berg und setzt sich in unserer Gedankenwelt aus ihren Anschauungen zusammen. Darum ist die Enttäuschung beim Betreten der heiligen Stadt eine so einschneidende, weil wir die
lieblichen Bilder, die unser Inneres hegt, gewaltsam für ab-
stoßende Wirklichkeit eintauschen müssen. Wären die Unwahr-
scheinlichkeiten, die dem Gläubigen für echt ausgegeben werden,
wenigstens schön — auch das nicht einmal.

Der Tempelplatz wird nach Sonnenaufgang zu von den
Mauern der Stadt begrenzt, auf die man hinauf kann. Dem
Besteigenden erscheinen sie nur niedrig, blickt er aber die
Außenseite hinunter, dann schreckt er unwillkürlich zurück, denn
ein jäher Abgrund gähnt dort unten. Nun erst gewahrt
man die Höhe des Tempelberges, den ein schluchtartiges
Thal von dem gegenüberliegenden Bergzuge trennt — von
dem Oelberge. Thal Josaphat heißt die Schlucht, der Kidron
ist der Bach, dessen trockenes Bette jetzt keinen Tropfen Wasser
hatte. Der seltsame spitze Rundbau rechts in dem Thal ist
das Grabmahl Absaloms und dort in jenem Araberdorfe mit
seinen niedrigen Steinhütten entspringt die Quelle Siloah,
der weißliche Weg in der Einsenkung geradeaus führt nach
Bethanien, und links vor uns der Garten, über dessen Mauern
aschfarbene Oelbäume und dunkle Zypressen hervorragen, ist
der Garten Gethsemane.

Noch weiter hin nach links, die kahlen Höhen mit Felsen-
eingängen, denen ähnlich, wie wir zu Theben sahen, sind
Gräber von Königen und Patriarchen. Die Grabkammern
sind längst ausgestohlen und die Steinplatten, welche sie
schlossen, liegen zertrümmert unten im Thale. Nur der
Feigenbaum legt seine biegsamen Zweige um die Felsen und
der Schatten seiner jungen Blätter ist die Thür zu den ent-
weihten Grüften. Das Zeltlager auf der nördlichen Seite
des Oelberges gehörte Herrn Thomas Cook und Sohn und
beherbergte englische Gesellschaftsreisende. Lustig wehte die
rothe Flagge mit der Firma „Th. Cook & Son" auf dem
großen Zelt, in welchem die künstlichen Beduinen ihre gemeinschaftlichen Mahlzeiten einnehmen. Warum auch nicht?

Dicht an der Mauer des Tempelberges ist ein mohammedanischer Friedhof gelegen; von der Tempelterrasse führt das

goldene Thor dort hinaus. Dieses Thor ist zugemauert, denn es geht die Sage, wenn es eröffnet würde, verlöre der Islam seine Herrschaft in Jerusalem und ein neuer König zöge ein. Nach meiner festen Meinung zieht nicht ein neuer König durch das goldene Thor, sondern Thomas Cook & Son, ein Trupp Ladys und Gentlemen hinterdrein.

Nachdem wir für die Aussicht, den Besuch der Moscheen und die Erklärungen der Führer das verlangte Geld abgeladen, verließen wir den Tempelplatz. Nur für eins bezahlten wir nichts, — für das große Talent, das sie dort überall haben, die Stimmung der Andacht bis auf den letzten Rest auszutilgen.

Während die Herren sich entschieden, bei Leutholdt am Jaffa-Thor eine Flasche Pschorr-Bräu zu trinken, machte ich mich mit dem Wiener Doktor noch einmal nach der Grabeskirche auf. Es war ja möglich, daß ich ihr im ersten Augenblicke der Enttäuschung Unrecht gethan hatte, daß sie dennoch würdiger und weihevoller, als sie mir erschien, daß sie in ihrer Weise ein Werk frommer Ueberzeugung und hingebender Opferfreudigkeit und nur den Fehler besaß, anders gestaltet zu sein, als ich mir gedacht hatte.

Es half aber nicht. Das Geschrei der Händler verletzte mich noch mehr als das erste Mal, denn ich wußte jetzt, daß ich wirklich in Jerusalem war. Ich hatte den Oelberg vor mir gesehen und Gethsemane, den Garten. Ich hatte auf dem Platze gestanden, der einst Jehovas Heiligthum trug. War denn Niemand da, der diesen Schacher von der Schwelle der Grabeskirche trieb?

Die türkische Tempelwache befremdete mich nicht mehr, nachdem ich erfahren, daß auch die Mohammedaner dem Grabe und dem Kalvarienberge Ehrfurcht bezeugen.

Es war viel Volks in der Kirche. Dienende Brüder füllten die Lampen für das nahende Osterfest, und in dem geheimnißvollen Dämmern, in dem dumpfen Gemurmel der um das Grab Knieenden erklang das schnurrende Rasseln der auf- und niedergezogenen Lampenketten wie weltliches Geschäft.

Wir konnten nicht lange in der Nähe des Grabes verweilen, unnennbarer Geruch verpestete die Kuppelhalle; es war das Aergste, was an Unheiligem denkbar.

Auch auf Golgatha hatten sich Menschen zahlreich ein=
gefunden, theils aus Andacht, theils aus Neugier, theils, um
ein Wenig zu plaudern. Bei dem Altar rechts ging es lebhaft zu; eine Versammlung verschleierter Weiber legte dem
Mundwerk kein Hemmniß an, es wurde geschwatzt, gekichert
und verwundert gethan, wie in einem Damenkaffee, so daß
es schien, als sei dieser Ort, der in heißer Jahreszeit Kühle
bietet, ein beliebter Platz für Stelldicheins. Schon wollte ich
dem Wiener Doktor sagen, daß es mir leid thäte, noch einmal hergegangen zu sein, und daß ich hoffte, weder das Grab,
noch dies Golgatha wären die rechten Orte, da sie mitten in
der Stadt liegen, statt draußen vor, und von vielen Seiten
bestritten werden, als mit raschen Schritten ein Mann die
Felsentreppe hinaneilte. Ein lichtgraues Pilgergewand umschloß die kraftvolle Gestalt; der Muschelhut beschattete ein
schönes, sonnenverbranntes, bärtiges Antlitz. Wie ein Offizier
in der Tracht eines Wallfahrers, so ließ der Mann. Oben
angelangt, machte er Halt. Seine Arme breiteten sich aus,
seine Augen richteten sich brennend auf die heilige Stätte;
dann sank er in die Kniee, küßte den ersehnten Boden, den
sein staubbedeckter Fuß betreten, und bitterlich schluchzend senkte
er das Haupt.

War es ein Gelübde, das ihn zwang; ließ ihn das Gewissen nicht ruhen, bis er den Ort erreichte, der seiner Seele
Frieden geben sollte; trieb ihn Reue, daß er Vergebung an
heiligster Stelle erflehte? Darauf konnte nur er selbst Antwort geben, er, der Heimath, Rang und Stand verlassen,
um im dürftigen Gewande der Entsagung nach Golgatha
zu wallfahrten. Er aber sah nicht und hörte nicht, er beugte
sich vor Gott und betete an.

Was der fromme Prunk nicht vermochte, nicht das Gold
und Silber der Lampen und Leuchter und der Figuren des
Altars, das that eines einzigen Menschen Demuth: tief ergriff
mich der Anblick des Pilgers und ich fühlte zum ersten Male
in Jerusalem, daß ich auf geweihter Stätte stand.

Wir trafen im Hotel mit den Herren wieder zusammen.
Unser Leutnant hatte einige Landsleute begrüßt, die einen
Abstecher nach dem Jordan, dem todten Meer und Jericho
machen wollten, und gedachte sich natürlich zu betheiligen.
Kaum hörte der Wiener Doktor davon, als der auch Salzsee-

Gelüste bekam. Ich verzichtete. Zwei Tage zu Pferde, über Stock und Stein würden meinen Geist weiter nicht angreifen, sagte ich, ich fürchtete aber sehr, daß ich dabei vom Knochen=gerüst falle.

„Sie müssen doch das todte Meer sehen," versuchte der Leutnant mich anzutreiben, „wo Sodom und Gomorrha unter=gingen und Lots Frau zur Salzsäule ward, als sie sich um=sah." — „Daß die Lot'n sich umdrehte, fühle ich ihr nach," sagte ich, „denn wie leicht kann der Mensch etwas vergessen haben." — „Aber Jericho wird Sie interessiren?" — „Wo die Mauern vom Posaunenschall umfielen? Ich kenne ein=gestürzte Neubauten, ohne daß geblasen zu werden brauchte, wieso kann mich Jericho reizen? Geht nur allein, lieben Kinder und bringt mir ein Häppchen Salz mit, wenn es da noch welches herumzuliegen giebt. Ich laß die Bergfeldten mal zur Warnung dran lecken."

Die Schinderei wäre mir über geworden, ich spürte es, ob=gleich ich nicht leugne, daß ich ungeheuer gern am Ufer des Jordans gesessen hätte, und wäre es auch nur ein Viertel=stündchen gewesen; ist doch er der Fluß, den das Kinderherz von allen Flüssen zuerst lieben lernt. Und mit dem Jordan konnten sie nichts aufgestellt haben, der mußte sich von Alters=her einigermaßen gleich geblieben sein.

Am Abend waren wir bei Herrn Dr. von Tischendorf, dem Konsul des Deutschen Reiches. Er wohnt vor dem Jaffa=Thor ziemlich weit hinaus. Mauern aus Felsgestein um=ziehen Hof, Haus und Garten, und wer nicht geführt wird, der findet im Dunkeln schwerlich hin. In dem Hause selbst ist es hübsch.

Der gewölbte Hauptraum mit Teppichen, Vorhängen und gediegenen Möbeln macht nicht nur einen stilvollen, sondern höchst gemüthlichen Eindruck, ebenso die Nebenräume, das Speisezimmer, die Bücherei und die Arbeitsgelasse; man vermuthet es drinnen kaum so behaglich, wenn man draußen vorübergeht, während bei uns unendlich viel mehr auf die Außenseiten der Häuser gegeben wird. Ein heutiger Architekt muß ja Konditor lernen, sonst kriegt er bei dem Fassadenwett=bauen die Spritzarbeit nicht heraus.

Trotzdem Alles tadellos war, vermißte ich dennoch etwas, und zwar die liebende Konsuls=Gattin. Die kleine zahme

Gazelle, welche den Gästen wie ein Kind zum Nachtisch vorgestellt wurde und Zigaretten aß, ist allerdings niedlich und
eine besonders seltene Art von Stubenvogel, aber in ihrem
schwarzen seelenvollen Auge schien mir der Vorwurf zu liegen,
daß, wenn eine Frau im Hause wäre, ihr nicht so viel Eß-
tabak gegeben würde, woran sie sicher noch einmal zu Grunde
geht. Ich konnte denn auch nicht umhin, die Anspielung ein-
zuflechten, daß wir, wenn wir wieder einmal nach Jerusalem
kämen, in diesem freundlichen Heim eine Hausfrau anzutreffen
hofften. Herr Dr. von Tischendorf theilte diese Ansicht vollkommen und fragte, ob die Familie Buchholz noch eine Tochter
für ihn hätte; die würde er sofort nehmen. Nie habe ich
etwas leiderer verneinen müssen, als dies. Nicht nur, daß
die Einrichtung mir gefiel, nein, der Mann erst recht; der
wäre so ein Schwiegersohn aus dem Vollen gewesen, so in
die Kutsche zu setzen und mit herumzufahren.

Das Konsulische hätte man seiner Tochter schon bei-
biegen lassen: das feinere Benehmen erlauchteren Grades, das
Sprachliche in verschiedenen Welt-Zungen und das Huldvolle,
ohne sich etwas zu vergeben. Da er sehr für Gazellen ist
und Schlangen, die er in Käfigen zu krauchen hat, sowie für
anderes Gethier, das ihm die Araber bringen, mit Ausnahme
einer lebendigen Hyäne, die er ihnen retour gab, weil sie wohl
nicht zum Möblement paßte, würde eine vorsorgliche Schwiegermutter das Zoologische als den unumgänglichsten Vordergrund
der Erziehung betrachtet haben. Eine Padde in die Hand
nehmen oder einen ungekochten Aal, das müßte ohne Schaudern
eingeübt werden, und was wäre es werth gewesen, wenn
man dem Dr. Wrenzchen quartalsweise hätte zu verstehen
geben können, um wie viel Trittleitern in der menschlichen
Gesellschaft der Konsul-Schwiegersohn höher stände als er,
wo Emmi sich nachgerade mehr dünkt als ihre Schwester Betti,
die nur einen Fabrikanten hat, obgleich mit Wolle spinnen
auch Seide gesponnen wird. Und erst die Polizeileutnanten,
und die Krausen! Ich fürchte nur, es würde zu mächtig an
ihnen zehren. Der Bergfeldten müßte man die ungemeine
Bedeutung der Diplomatik erst auseinander polken, und das
wäre nur der halbe Glanz. Was aber halfen die schönsten
Luftschlösser — sie waren schon Kassura, ehe sie unter Dach
kamen.

Dieser Zwischenfall störte das allgemeine heitere Gespräch
jedoch nicht, denn ich ließ weder den Konsul noch meinen Karl
merken, wie sehr ich den Mangel einer unbegebenen Tochter
bedauerte. Wir erfuhren Manches über das Land Palästina
einst und jetzt und wie fruchtbar es gewesen und bei rechter
Behandlung wieder werden könnte. Von Palästina brachten
die Kreuzfahrer den Weinbau mit nach deutschen Landen,
nachdem sie gesehen, wie die Reben auf felsigem Grunde gedeihen, heute sind es nur die Kolonisten, die wirklichen Wein
gewinnen. Wir kosteten solchen, der nach Art des Rheinweines
erzeugt war und ein Gewächs aus dem Konsulatsgarten, das
süß und feurig, von den Herren dem Tokayer nahestehend
erachtet wurde. Aber der Islam legte den Weinbau in
Aegypten brach und so auch hier, und den Bestrebungen der
Kolonisten tritt die Verwaltung der Türken hindernd entgegen.
Wüßten jedoch Unternehmer in Europa, einen wie vorzüglichen Wein Palästina zu liefern vermag und würden sie Ab-
nahmequellen eröffnen, könnten trotzdem große Geschäfte an-
gebahnt werden. Vielleicht geschieht dies später einmal aus
Noth, wenn die Reblaus in Europa weiter um sich frißt.

Die Gazelle war schon schlafen gegangen und für uns
ward es auch Zeit, denn in der Frühe wollten die Jericho-
reisenden nach dem todten Meere abreiten und wir hatten
uns vorgenommen, auf den Oelberg zu gehen. Der Kawasse
und zwei arabische Diener mit Laternen brachten uns ins
Hotel zurück. Die Nacht war klar und still, nur Hundegeheul
unterbrach von Zeit zu Zeit die Ruhe, welche über der Stadt
Jerusalem lag und dem Thale Gihon, durch das der Weg nach
Bethlehem führt und das uns allmorgentlich eine liebliche
Aussicht gewährte.

Um uns am nächsten Morgen durch die Stadt zu ge-
leiten, wollte Herr Feil uns seinen nubischen Hausknecht mit-
geben, den Chamis, was soviel heißt wie der fünfte Tag
und mit Robinsons Donnerstag übereinkommt, aber wir gedachten ohne ihn zurechtzufinden. Schon wiederholt hatte der
Chamis uns gebeten, ihn mit nach Alemannia zu nehmen,
allein er eignete sich nicht zum Privatwilden, einmal, weil er
einen zu fürchterlichen Meppelkopf hatte, mit einem Mund,
sich selbst etwas ins Ohr zu sagen, und zweitens, weil er nach
dem Ausspruche der Aufwärter „zu wüscht saufe thät". Da das

Wurm sich jedoch auf Bakschisch gespitzt hatte, gab mein Karl
ihm, worüber er dermaßen in Dankbarkeit gerieth, daß er
Säume unserer Gewänder küssen wollte. „Nicht anrühren,"
schrie ich, „was sollen die Leute davon denken?" — Von dem
Empfangenen nahm er die Hälfte, Durstschulden bei dem
Oberkellner abzutragen, mit dem Rest wird er wohl Mohammeds Gebot übertreten haben. Gutmüthig war er sonst; die
Vorderzähne waren ihm von einem Pfeil ausgeschossen, als
die Sklavenjäger ihn einfingen. Nun erfreute er sich seiner
hausknechtlichen Freiheit und trank Branntwein dazu.

Durch das Jaffathor, die Via Dolorosa hinab bis zum
Stephansthor, ist eine verhältnißmäßig kurze Strecke, es liegt
Alles nicht weit von einander. Als wir durch das Stephansthor in das Freie traten, erhob sich vor uns sanft ansteigend
der Oelberg. Nur vereinzelt stehen die graublätterigen Bäume
auf der grasigen Halde, die theils mit Korn besäet und
Gartenfrüchten bestellt ist, theils aber den kahlen Felsen zeigt.
Lose aufeinandergehäufte Steinmauern scheiden die einzelnen
Felder, und an den hinaufführenden Wegen finden sich hin
und wieder viereckige Häuser mit plattem Dache. Eine neu
erbaute griechische Kirche mit glänzenden Kuppeln auf etwa
halber Höhe, der Thurm der Himmelfahrtskirche oben auf
dem Berge und das Minareh einer Moschee, welche über die
Kronen der Oelbäume hinausragen, beleben das Bild, das
ohne sie den Eindruck der Vernachlässigung hervorbringen
würde. Vielleicht war es früher anders, als es in den Gärten
Davids und Salomos noch knospete und herbeigeleitetes
Wasser von der Höhe in die Tiefe rieselte, denn das Be-
wässern hatten die Israeliten in Aegypten kennen gelernt.
Damals mag es hier geblüht haben, wie es heute noch im
Gebirge Juda blüht: Granatbüsche und Balsamstauden standen
inmitten würziger Kräuter und die Weinrebe schlang sich um
die Stämme schattenspendender Bäume; vermögen doch Wasser
und fleißige Hände unter diesem Himmel dürres Feld in
Blumen= und Fruchtbeete zu wandeln. Jetzt aber siecht der
Oelberg wie ein Verdurstender und schwierig scheint es, den
entwaldeten wieder zu begrünen.

Ein ödes, schmales Thal trennt den Berg von der Stadt.
Steil hinab führt der Fußpfad bis an das trockene Bett des
Baches Kidron, den man überschreitet, um in den sich aufwärts

windenden, mit Steinmauern eingehegten Weg zu gelangen.
An den Mauern lagern die Aussätzigen und strecken den
Wandernden die von der Krankheit abgenagten Armstümpfe
entgegen. Auf verkrüppelten Füßen schleppen sie sich heran;
ihre narbendurchfurchten Gesichter bitten, die schwärenden Augen
flehen, der ausgedorrte Mund jammert um eine Gabe. Mehr
aber als das Elend des entstellenden Leidens schreit ihre Ge-
miedenheit um Mitleid. Sie bleiben ängstlich in scheuer
Entfernung und schieben mit den Krücken den Napf auf den
Weg, daß der Almosengebende ein Scherflein hineinwerfe.
So sind sie lebend dennoch ausgeschieden wie Todte von der
Gemeinschaft der Lebendigen.

Der ummauerte Garten Gethsemane blieb rechts von
dem Wege liegen, den wir einschlugen, wenn man eine mit
Geröll gefüllte Rinne als Weg bezeichnen will. Er war be-
schwerlich zu gehen, denn allmälig ward er steiler und kein
Baum wehrte den Strahlen der Sonne. Bei einem schmutzigen
arabischen Dörflein endigte er oben. Wir gingen, wie uns
gesagt war, in den Vorhof der Moschee, wo wir, gegen den
frischen Morgenwind geschützt, ausruhten, und gastfreundlich
mit Kaffee und kühlem Zisternenwasser bewirthet wurden.
Dann erschloß ein Araber die zum Minareh führende Thür
und wir gingen die steinerne Treppe zur Brüstung hinauf.

Welch ein Anblick von hier oben! Vor uns im Morgen-
sonnenschein Jerusalem! In den starren, traurigen Hohlweg
des Thales Josaphat stürzt sich eine schroffe Böschung hinab,
ein wildes Durcheinander von Steinen und trockenem Sand,
nur hier und da faßt kümmerlicher Pflanzenwuchs Wurzel.
Auf diesem natürlichen Walle erheben sich schartenbewehrte,
zinnengekrönte Mauern, die wie ein gefaltetes Band die
Stadt umgürten: das heilige Jerusalem mit seinen Kuppeln
und Thürmen, Minarehs, hohen Häusern und niedrigen Hütten, Gassen und Gäßchen. Und wie die Sonne das grau-
gelbe Gestein der Gebäude mit fröhlichem Lichte überzieht, die
Kuppeln vergoldet, jeden Farbenfleck aufsucht und zum Leuchten bringt, ersteht Jerusalem in wunderbarer Pracht gegen
den blauen Himmelshintergrund, den keine Wolke trübt. Verschwunden sind Trümmer und Armseligkeit, die Entfernung
deckt sie zu, und der Gegenwart vergessend, wähnt das Auge

in die Vergangenheit zu schauen. Wie schön warst Du, Jerusalem. Um Dich weinte Jesus.

Wie gefangen haftet der Blick, er vermag sich nicht von dem Tempelplatz zu lösen, der in gewaltiger Ausbreitung fast die Hälfte der uns zugewandten Stadtseite einnimmt. Wer ihn hätte sehen können mit dem strahlenden Hause Jehovas, mit Schaaren Anbetender in festlichen Gewändern, die den Altar umstanden, auf dem das Brandopfer rauchte. Ob wohl der Wind den Gesang der saitenspielenden Chöre und den feierlichen Hall der Posaunen hierher trug, bis an den blühenden Berg?

Die Anhöhe jenseits des Tempelplatzes ist Sion, der viereckige Thurm, der sich scharf gegen die reine Luft abzeichnet, wird der Thurm Davids genannt, weil dort einst die Königsburg stand. Sie war der höchste Punkt Jerusalems, zur Festung wohl gewählt. Die Stadt selbst zwängte sich zwischen Sion und den Tempelberg ein, wie noch heute, und erweiterte sich allmälig nach Norden zu, wo der Weg gen Damaskus führt. So giebt sich die älteste natürliche Anlage kund, an der die Zeit nichts zu ändern vermochte, denn was auch zerstört und umgebaut wurde, die Berge blieben an ihrer Stätte, die Thäler verschwanden nicht wie die Gassen.

Und noch Eins war wie vor Jahrtausenden: der Blick vom Oelberg nach der anderen Seite in das Land, das der Jordan durchströmt. Unterhalb des Oelberges reihen sich Höhenzüge an Höhenzüge mit schwarzgrauen Kuppen, kahlen, felsigen Abhängen und wellenförmigen Senkungen, die der Ackersmann bestellt. In weiter Ferne zieht sich ein hohes Gebirge hin, das, in bläulichen Duft gehüllt, zuletzt mit dem Himmel verschwimmt, so daß sich ein ungeheures Thal dem Auge darbietet. Inmitten des Thales, das dunkle Grün, umrandet die Ufer des Jordans und die blaue, langgedehnte Fläche, die im Sonnenglanze schimmert wie azurfarbene Seide, ist das todte Meer. Nun sahen auch wir den Salzsee, nach dem die Freunde geritten waren.

Als wir den Rückweg antraten, versuchten wir, einen ebeneren Pfad zu gehen, es wäre uns das jedoch bald übel bekommen, denn er führte uns zu einer Baumgruppe, in deren Schatten sich mohammedanische Frauen und Kinder mit Schaukeln und allerlei Spielen die Zeit vertrieben, wobei sie schrilles Freudengekreisch ausstießen, wie wir es auf der koptischen Hochzeit in Kairo nicht greller gehört hatten. Kaum wurden sie unserer ansichtig, als sie in heftiges „Ruch"- und „Imschi"-Schreien ausbrachen, Steine aufrafften und nach uns warfen. Wir entrannen eilends, denn zum Gesteinigtwerden verspürten wir keinerlei Neigung. Ich hatte geglaubt, das Steinigen wäre längst aus der Mode, und schon in den Schuljahren hielt ich es mehr für eine poetische Redensart, als praktisch brauchbar wegen des Straßenauf- reißens. Wenn man jedoch den Steinreichthum bei Jerusalem sieht, erscheint es billig und leicht.

Mit der gehobenen Stimmung, in die uns der auf dem Oelberg verlebte Morgen versetzt hatte, war es, vorläufig vorbei. Als wir uns der Stadt näherten, grauste uns das wüste Thal Josaphat wie ein durchwühlter Kirchhof an, und als wir durch das Chor des heiligen Stephanus wieder in den Schmutz und die Verkommenheit traten, fragten wir uns: Wo ist das Jerusalem geblieben, das wir vor wenigen Stunden sahen, das so schön war? —

Als der Tag zur Rüste ging, befanden wir uns auf dem Wege nach Bethlehem. Der Chamis hatte, unzuverlässig wie er war, ein Gefährt besorgt, das nur noch eben in den Gräten zusammenhing, mit ein paar Mähren davor, die der arabischen Rasse zur Schmach gereichten. Wir mußten jedoch zufrieden sein, denn viel Auswahl giebt es nicht.

Meine Idee war, Bethlehem nur im Zwielicht zu sehen, um nichts von den orientalischen Beigaben zu gewahren, die dem europäischen Empfinden widerstreiten. Und, so wie gedacht, geschah es auch. Auf der gut gehaltenen Chaussee kamen wir rasch vorwärts, und als der sich abzweigende Seitenweg zu steinig und halsbrecherisch ward, stiegen wir aus. Einem Hirten mit seiner Schafheerde folgend, zogen wir in die engen Gassen des kleinen Ortes ein. Wir gingen nicht weit, denn von einer Anhöhe ließ sich der an einem Bergabhange hinziehende Flecken überblicken. Die Häuser glichen den kunstlosen Steinbauten der übrigen Ortschaften Palästinas, nur der Name war es, der diese Stätte von ihnen unterschied.

Langsam brach die Nacht an. Freundlich erleuchteten sich hier und da die Fenster, und der Lärm auf der Straße spielender Kinder durchhallte die Abendluft. Doch auch dieser erstarb; still und leise schlief der Tag ein. Am Himmel entzündeten sich die Sterne, seine ganze Herrlichkeit breitete er über dem Dunkel der Erde aus. So war es auch in der Weihenacht gewesen.

Die schattigen Umrisse Bethlehems gegen den Nachthimmel, die irdischen Lichter hier unten, die himmlischen Lichter dort oben, das ist das Bild, wie ich es mit mir nahm.

Wir ließen den Wagen voranfahren. Dieser Felsenweg ist der nächste gen Jerusalem, auf ihm trieb David seine Heerde heimwärts, diese Straße zogen die Weisen aus dem Morgenlande, über dies breite Gestein wandelte Maria, selig im Mutterglück, den Knaben im Tempel darzubringen.

Schweigend gingen wir in der sternerhellten Nacht. Im Osten kündete der Mond sich an und zur linken stand die glimmende Pyramide des Zodiakallichts am Himmel. Weih-nachtsbilder tauchten auf, Worte, verklungen geglaubt im Ge-räusche des Lebens, einten sich wieder zu den frommen Er-zählungen, die einst des Kindes Seele mit heiliger Weihe erfüllten. Wie milde Erquickung entthauten sie der Erinnerung.

Als wir Jerusalem erreichten, war der Mond aufge-gangen, die hohen Mauern und Festungsthürme von Sion warfen ihren finsteren Schatten in das Thal Gihon hinein. An dem Thore hielt eine Karawane, die Kameele reckten ihre langen Hälse in die Luft. Rauchende und plaudernde Syrier saßen in ihren weiß und braun gestreiften Ueberwürfen vor dem arabischen Kaffee. Eine Prozession singender und tanzender Juden zog vorüber. Unter einem Baldachin wurden die Gesetzesrollen getragen, von Lampenhaltenden und Feiernden umdrängt. Handtrommel, Schalmeien und Tambourin er-klangen zu dem Gesange und den Sprüngen der Tanzenden, welche, das Gesicht den Rollen zugewandt, rückwärtsschreitend den Zug anführten. Ein dichter Menschenschwarm folgte. Bald verschwand er in dem aufgewühlten Staube der Straße und nur noch der seltsame Takt der Trommel ertönte aus der Ferne.

Der Tag hatte des Wechselnden viel gebracht, zu viel, um dem Einzelnen mit vollem Nachdenken gerecht zu werden. Was das Auge erschaute, waren keine gleichgültigen Ge-genden, sondern Stätten, deren Anblick das Innerste bewegte, und nicht wollte das Fluthen der Gefühle sich legen, so sehr auch der Körper nach Ruhe verlangte. Immer wieder kehrte der Gedanke an die Vergänglichkeit des Irdischen.

Aegyptens Trümmerwelt, die Verwüstung des gelobten Landes: welche Zeugen vom Unbestand aller Dinge! Leben wir nur der Vernichtung?

Eine bange Beklommenheit bemächtigte sich meiner. Ist auch der Mensch verloren, wie das, was Menschenhand schuf?

Ist er ein Staubkorn, das verweht, oder nimmt ihn die Ewigkeit auf, wenn sich sein Auge für immer schloß?

Furchtbare Ewigkeit! Schrecklicher Gedanke, verlassen zu sein in aller Ewigkeit. Denn wer bin ich, daß sich Jemand meiner annähme?

So irrte mein Sinnen und wußte keinen Weg. Dann aber kam es wie Trost über mich: Du bist ja im gelobten Lande. Ist nicht Gott im Himmel unser Aller Vater, sind wir nicht seine Kinder? Mehr liebt er dich, wie du ihm Liebe je entgegenbringen kannst. Zage nicht. Vom gelobten Lande aus ging die frohe Botschaft des ewigen Heiles. Zerfallen auch Tempel und Städte, vergehen Macht und Herrlichkeit, es bleibt das Wort der Verheißung. — O laß mich fröhlich sein, wie ein Kind im Vaterhause.

Von Jerusalem nach Athen.

In stillem Frieden verlief der folgende Tag. Es war Charfreitag.

Der Morgengottesdienst in der schmucklosen Kapelle der Johanniter-Ruinen war wie ein Stück Heimath, und am Spätnachmittage der Besuch Gethsemanes, der feierliche Abschied von Jerusalems Umgebung. Wir mußten, daß wir sie nie wiedersehen würden, diese Berge ohne Schatten, diese zerklüfteten Thäler ohne Wasser, die vernachlässigte Stadt, welche in der Nähe Nichts von dem Liebreiz besaß, womit das Gemüth sie von frühester Jugend so reich bedachte, und deren Anblick sich dennoch tief in das Herz gräbt.

Am Abend kehrten unsere Ausflügler bestaubt und wesentlich gliedermüde vom todten Meer zurück. Wir waren deß froh, denn Herr Feil hatte uns erzählt, daß die Reisenden oft in dem Jordan baden und nach den erhitzenden Anstrengungen in dem eisig kalten Frühjahrswasser vom Schlage getroffen werden. Früher nahm ein Bruder des nahegelegenen Franziskanerklosters immer eine Schaufel mit, um seines Amtes als Todtengräber zu walten. Ich stand Angst genug um unsern Leutnant aus, der vom Wiener Doktor nie Rath annahm und dem zum Tort natürlich sich das Schlimmste holen würde. Drin gewesen war er auch, aber im todten Meere,

mit nachherigen Uebergießungen, die Sodom- und Gomorha-
Cake abzuspülen.

. Salzstücke hatte er nicht aufgetrieben, statt dessen brachte
er einen Strauß Blumen vom Jordanufer mit, etliche Knollen
schwarzen Asphaltgestein, eine Flasche Wasser aus dem todten
Meere und zwei Flaschen Jordanwasser. Wir kosteten das
erstere; es schmeckte graue·haft, scharf und salzig. Das Jordanwasser ließ Herr Feil abkochen, damit es unterwegs nicht
verdürbe, denn der Leutnant wollte es aufheben für die
Taufe seiner künftigen Kinder. Ich konnte diesen häuslichen
Sinn nur loben, rieth ihm aber, von den Flaschen, worin er
es hatte, die Spatenbräu·Etiketten zu entfernen, um späteren
Verwechslungen vorzubeugen.

Herr Feil erzählte uns, daß sich eine Aktiengesellschaft
zusammengethan hätte, beglaubigtes Jordanwasser nach
Europa zu versenden, wofür namentlich in England Absatz
wäre. Mr. Pott meinte, es würde nicht lange dauern, dann
werde es in Amerika mit einigen patentirten Verbesserungen
nachgemacht; so lange wolle er mit dem Bezug warten. Ich
sagte: „Herr Leutnant, behalten Sie, was Sie haben, möglicherweise gebrauchen Sie es bald und brummen, wenn es
nicht bei der Hand ist. Bei Kindtaufen ist jedoch der heitere
Vater der Schwerpunkt."

In der Frühe des nächsten Morgens hielt der Landauer
aus Jaffa vor dem Hotel. Der Wiener Doktor und der
Leutnant wollten den Sonnabend noch in Jerusalem bleiben,
Bethlehem und das Grab Rahels besuchen und die Nacht
durch reiten. Mr. Pott zog die Wagenkissen vor. Der Chamis
weinte, als wir ohne ihn abreisten, er wäre so gerne mitgenommen geworden.

Die Rückfahrt bergab in die Ebene bedarf nicht so langer
Zeit wie die Herfahrt bergauf. Die Luft ging frisch, die
Hitze ward erst um die Mittagsstunde belästigend. Die belebte
Straße, das blühende Gebirge Juda erfreuten das Auge in
derselben Weise, wie vor acht Tagen.

Phantastisch gekleidete Reiter begegneten uns auf schönen,
seidenhaarigen Pferden, Maulthiere und Kameele mit Waaren-
ballen beladen, Wagen mit Fremden und Pilgernde zu Fuß.
Die verschleierten syrischen Frauen in ihrem blauen Hemde
zeichneten sich durch merkwürdig schlanken Wuchs aus; da sie

von Kindesbeinen an die Wasserkrüge auf dem Kopfe balan-
ziren, erwerben sie sich einen stolzen, aufrechten, und dabei
doch gefälligen Gang. Sie schöpften, wie Hassein sagte, aus
dem Jakobs-Brunnen; ihre Sprößlinge umsprangen unseren
Wagen und boten kleine Krüge mit kühlem Trunke an. Wir
tranken labendes Wasser aus dem Brunnen des Erzvaters
und gedachten seiner dankbar.

Nicht weit vor Ramleh lag ein todtes Kameel am Wege.
Die Haut hatte der Eigenthümer ihm abgezogen, der blutige
Kadaver war den Raubvögeln leckere Nahrung, die kreischend
bei unserer Annäherung davonflogen. — „In der Nacht
kommen Schakale und Hyänen," sagte Mr. Pott. — „Das wäre
ein Schießplatz für unseren Leutnant," entgegnete ich.
„Namentlich den Hyänen gönne ich den Pelz angesengt, die
entblöden sich ja nicht, Särge auszugraben, und öffnen sie."
— „Ordentlich mit dem Schraubenschlüssel," setzte mein Karl
hinzu. — Früher wäre Mr. Pott bei dieser Bemerkung Zeuge
eines Familienzerwürfnisses geworden, hier aber, wenige
Meilen von Jerusalem, ward es mir leicht, dem aufwallenden
Aerger einen Dämpfer aufzusetzen. Wenn man Bewegungen
des Gemüthes gehabt hat, gelingt es eine ganze Weile, liebevoll und gut zu sein, wie z. B. nach Weihnachten, nach Kon-
firmationen, an Geburtstagen. Wenn das Glück überraschend
kam oder das Leid Einen dazwischen nahm, dann gelobt
man, von nun an dem Lebenswandel eine wohlgefällige
Richtung zu geben, Alles zu meiden, was aufrichtige Prüfung
nicht entschuldigen kann, und hat auch die redlichste Absicht,
es zu halten. Menschliche Vorsätze sind ja mehrstens vortrefflich, blos ihnen fehlt das Andauernde.

In Ramleh hielten wir einen kleinen Keef. Als wir
fragten, wann wohl die neue Chaussee nach Jerusalem fertig
sein würde, erfuhren wir, das hätte gute Weile. Wenn ein
europäischer Fürst oder Prinz käme, wäre sie in wenigen
Wochen hergestellt, die Bevölkerung müsse alsdann Frohn-
dienste leisten, wer sich weigere, werde eingesperrt. Für gewöhnlich zahle jeder Wagen von Jaffa nach Jerusalem sechs
Franken Wegegeld. Wo aber die Einnahme bliebe, das
erführe Niemand. — „Welch ein Gebiet für den Fortschritt
wäre hier," rief ich aus. „Die offenen Schäden liegen ja
nur so herum!"

Man hat auch von einer Eisenbahn nach Jerusalem geredet. Diese würde jedoch nur während der Reise- und
Pilgerzeit in den Osterwochen auf Verkehr rechnen können,
und weiter keinen Zweck haben, denn während des übrigen
Jahres geht es sehr stille zu. Jetzt war der Fremdenzuzug
ein starker. Im Hotel Jerusalem bei Hardegg war für Un-
angemeldete jeder Raum besetzt und auf der Agentur des
Triester Cloyd in Jaffa erhielten wir den Bescheid, daß
auf der „Vesta" bis Berut wohl Plätze mit Betten für uns
wären, von Berut nach Smyrna jedoch wegen fünfundvierzig
vorher angemeldeter Cook-Reisender uns keine Schlafstellen
in den Kabinen garantirt werden könnten. Wollten wir im
Salon auf den Sophas übernachten, würden die Billete aus-
gefolgt. Diese Schwierigkeiten mußten in italienischer Sprache
geglättet werden, denn die Verkehrssprache des österreichischen
Cloyd ist die in Triest gebräuchliche. Zum Glück konnte der
Wiener Doktor fein italienisch, und da sich ferner herausstellte,
daß Familienbillete zehn Prozent Ermäßigung genießen,
wurden er und Mr. Pott rasch zu Schwiegersöhnen befördert,
während der Leutnant zum Neffen vorrückte. Dies gab in
der Folge zu vielem Scherz Anlaß, wenn auch der Lieutenant
weniger leicht zu bändigen war, nach dem Naturgesetze, daß
Tanten immer drunter durch sind. Wenn ich ihn ermahnte
und er sagte: „Och, Tante, man nicht", hatte ich mir den
Mund jedesmal umsonst fusselig geredet.

Herr Hardegg schenkte uns zum Andenken ein selbstver-
faßtes Büchlein, „Bibelgerbstoff in Pillen" betitelt, aus dem
man täglich einen Absatz als geistige Pille zu sich nehmen soll,
bis der innere und äußere Mensch umgegerbt ist. „Diese
Schrift scheint sehr nützlich," sagte ich, nachdem der Verfasser
mir einige Hauptstellen daraus angegeben hatte, „schade, daß
ich das Wichtigste nicht mehr genügend beherzigen kann, denn
die silberne Hochzeit liegt bereits hinter mir." — „Niemand ist
zu alt, sich zu zügeln; auch in Kreisen der Verwandtschaft kann
man wirken." — „Da kommen Sie blos Onkel Fritz mit. Der
thut doch, was er will." — „Und verfällt der Verteuflung." —
„O nein, dem steht ein Engel zur Seite und der heißt Erika."

So unangenehm der Bettmangel der „Vesta" erschien,
viel fataler war die Anwartschaft, entweder noch vierzehn
Tage in Palästina sitzen zu bleiben oder auf einem Dampfer

anderer Linie zwei Wochen Küstenbummelei von Jaffa nach
Smyrna zu betreiben. Frelich waren die bei Jaffa aufge·
schlagenen Zelte der Stangen'schen Reisegesellschaft einladend
genug, um zu einer Tour durch das heilige Land anzuregen,
aber auch der Leutnant meinte: „Was wollen Sie auf dem
Libanon, Tante, der ist für Sie eine viel zu anstrengende
Kletterfache!" Und wegen der Küstenfahrt bemerkte Mr. Pott:
Wir werden liegen einen Tag vor Seipres und einen halben
vor Rhodos, das ist genug Langsamkeit für uns Alle."

„Kinder," stimmte ich bei, „diese Gegenden kennen wir,
es warten neue auf uns. Also vorwärts." — Das Meer war
spiegelglatt, die Einschiffung ging ohne Moleschen von statten,
die untergehende Sonne beleuchtete Jaffa und die Küste von
Palästina goldig, als die „Vesta" sich in Bewegung setzte.
Ein hübscher, geräumiger Dampfer, aber schon jetzt voll
Menschen. Wie sollte das in Berut werden?

Vorläufig hatten wir Besseres zu thun, als an die
kommenden Unbequemlichkeiten zu denken, denn wir saßen bei
Tisch und waren an unserer Ecke lauter Deutsche. Und ein
besonderer Tag war es, ein erster Osterfeiertag nämlich und
erster April zugleich. Da schweiften unsere Gedanken über das
Meer nach Deutschland hinüber, die gefüllten Gläser klangen
an einander und „Hoch Bismarck!" „Bismarck hoch!" rief mein
Karl. So war es. Erster April ist Bismarcks Geburtstag.

Und alle die anderen Passagiere erhoben sich und
stimmten mit ein. „Hoch Bismarck! Bismarck hoch!" Keiner
schloß sich aus. Amerikaner, Engländer, Italiener und wes
Landes sie sein mochten, sie Alle stießen an und tranken unseres
Bismarck Gesundheit. Da schwoll mir das Herz vor Glück·
seligkeit. Vaterlands Ehre — unser Aller Ehre!

Wie begeistert sich die Reisenden an dem Lebehoch be·
theiligten, das war so wunderbar. Und doch ist es erklärlich.
Die den Orient gesehen und erlebt haben, den Zerfall, den
Rückschritt, die Mißwirthschaft, die Unselbständigkeit und Ohn·
macht, die merken den Unterschied zwischen Morgenland und
Abendland gar gewaltig, wenn etwas sie plötzlich daran er·
innert. Da braucht nur Bismarck genannt zu werden und
Deutschland steht vor ihren Augen in seiner Kraft und Ruhe,
in seiner gebietenden Macht und Liebe zum Frieden. Und
das achten sie und das lassen sie hochleben.

Eine herrliche Geburtstagsfeier. „Tante, wollen wir noch ein Pülleken kalt stellen lassen?" fragte der Leutnant. „Warum nicht? Das Mittelmeer ist ja ruhig und wozu ist die Familienpreisermäßigung für die Fahrt sonst da." — „Tante, Sie haben manchmal glorreiche Einfälle," rief der Leutnant, „das Geld wird ver—" — „Wird nicht vergeudet," fiel ich ihm mit Würde in den unstatthaften Ausdruck. „Heute bewillige ich eine Ausnahme, denn, liebe Kinder, Freude macht Durst; morgen fangen wir an zu sparen." — „Och nee, Tante, man nicht." —

Nun sahen wir die Küste des Landes nicht mehr, und auch Jaffa war verschwunden. Zuletzt glich die Stadt mit ihren erleuchteten Fenstern aus der Ferne einem Sternenhaufen, der auf die Erde gefallen war.

Dort drüben in der Dunkelheit lag das gelobte Land. Wir aber waren Hadschis, rückkehrende Pilger, und nahmen die Erinnerung an unvergeßliche Stunden mit.

Am nächsten Morgen ankerten wir vor Berut. Hübsche Stadt von draußen. Felsen springen in die Fluthen vor und tragen graue Festungswerke, während die Gebäude sich stufenweise erheben, oft farbig angestrichen und von grünen Bäumen umgeben. Den Hintergrund der sanft ansteigenden frischen Landschaft bildet ein hohes Gebirge, dessen schneebedeckter Gipfel die Sonne mit goldenen Kanten umsäumt. Weithin zieht es sich — es ist der Libanon.

Wir fuhren mit einem Boot hinüber, besahen die regen Straßen, gingen in den Bazar, tranken vorzügliches Münchener Löwenbräu im „Deutschen Verein", nahmen einen Wagen und kutschirten durch die reizende Umgebung der Stadt, die als Hafen von Damaskus betrachtet werden muß und ein wichtiger Platz für den Handel ist. Den Touristen bietet Berut nicht mehr als andere orientalische Provinzstädte, weshalb wir rechtzeitig wieder an Bord gingen. Unser Leutnant kaufte einem Jungen einen Käfig mit Vögeln ab, Meisen, Stieglitze und Hänflinge, und gab den armen kleinen Geschöpfen die Freiheit. Ich athmete ordentlich auf, denn die gefangenen Thiere hatten mich ganz melancholisch gestimmt; der Junge sah so thierquälerisch aus.

Am Hafen fand große Parade statt. Das Militär in seiner besten Garnitur machte einen manierlichen Eindruck im

Gegensatz zu seinen Jerusalemer Kameraden und war behende
in den Bewegungen. Bei unserer Abfahrt wurden Raketen
losgelassen und bunte Leuchtkugeln flogen in der Luft wie
bei einem Freudenfeste. Dies geschah Riza Pascha zu Ehren,
der einen kleinen Aufstand in Berut gedämpft hatte und nun
mit der „Vesta" zurückfuhr.

Mit unserer Fröhlichkeit dagegen sah es nicht besonders
aus. Die Kabinen hatten wir den Cookern räumen müssen,
die in Berut an Bord kamen. Das Schiff war so besetzt,
daß kaum genug Stühle aufzutreiben waren und die Ordnung
bedenklich ins Schwanken gerieth. Ein überfülltes Schiff ist
ein Schrecken, zumal mit der Aussicht, vier Nächte auf den
Sophas im Speisesalon schlafen zu müssen. Unser Leutnant
haderte, ich weiß nicht mehr, ob mit der himmlischen Gerechtigkeit oder mit der irdischen, aber mit einer von beiden
hatte er angebunden und warf den Cookern Basiliskenblicke
zu. Einen amerikanischen Zeitungsbesitzer, der sich auf den
Timsach gestellt hatte, um bessere Aussicht zu haben, schnauzte
er von dem Koffer herunter, daß ich schon Streit mit bluttriefen-
dem Ende befürchtete. Wie unverantwortlich, wenn er diesen
Mann umgebracht hätte, der möglicherweise — wer kann's
wissen — einer der rechtlich gesonnenen Amerikaner war, die
das Bücherstehlen in dem Lande der westlichen Kultur nicht
mehr dulden wollen und den immer noch erlaubten Nachdruck
für einen unerlaubten Schandfleck des stolzen Volkes ansehen,
das sich rühmt, die geringste geistige Thätigkeit jedes Er-
finders durch Patente zu schützen. . . . Dichters und Schrift-
stellers Arbeit dagegen als herrenloses Gut betrachtet. —
„Gemeinheit," rief der Leutnant. — „Was?" — „Daß der
mir meinen Timsach mit seinen Stiefeln zu schanden tritt."
— „Ich glaubte, sie dachten an den amerikanischen Nachdruck." — „Das ist dieselbe Rücksichtslosigkeit." — „Kind,"
suchte ich ihn zu beruhigen, „es geht nun einmal nicht anders!"
— „Gelten die Cooker mehr als wir? Wir sind doch schon
in Jaffa eingestiegen!" — „Die haben sich vier Wochen vorher angemeldet." — „Das dürfte nicht geduldet werden!" —
„Wir hätten es ebenso machen müssen." — „Wer ahnt solchen
Zudrang? Was haben die Menschen hier überhaupt verloren?" — „Nanu?" — „Tante, wenn Sie die Partei dieser
Flachköpfe nehmen, sage ich mich von Ihnen los!" -- „Kind,

Sie sollten zu Bett gehen!" — „Bett? Bett? Wo ist ein Bett? Die Cooker schnarchen in unseren Betten, und wir können uns hier nicht eher niederlegen, als bis einigermaßen Platz geworden. Cameriere, Grog!" — Der Cameriere kam. „Heißes aqua!" befahl der Leutnant, „du sucre und molto-Rum!" — „Va bene!" antwortete der Aufwärter. — „Italienisch ist gar nicht so schwer," sagte der Leutnant und war wieder vergnügt. — „Nee," stimmte ich zu. „Ich kann von meiner italienischen Reise auch noch einen Mund voll." — In diesem Moment trat der Ober-Cameriere an und erzählte einen langen Braß. Es war Italienisch, aber leider nicht von dem, welches der Leutnant und ich konnten, und auch viel zu rasch gesprochen. Der Wiener Doktor wurde vom Deck geholt, und nun ergab sich, daß sowohl in der Damen-wie in der Herrenkajüte zweiter Klasse Betten frei seien. „Tante!" rief der Leutnant, „es giebt doch Gerechtigkeit. Nun trink ich noch einen Grog!" —

Die Uebersiedelung nach unseren Schlafangelegenheiten war ziemlich umständlich, denn wir mußten nach dem Vorder-ende des Schiffes wandern, und das Deck war mit Passagieren vollgelagert, als fände ein regelrechtes Biwacht statt. Wo nur Platz war, hatte irgend ein Wilder sich häuslich nieder-gelassen; so weit sein Teppich reichte, so weit ging sein Re-vier. In ihrem Teppich hatten sie Alles: Kopfkissen, Decke, Wasserkanne, einen Sack mit Lebensmitteln, Kaffeegeschirr und was sie sonst brauchen. Sie rollen ihn auf und das Decklogis ist fertig; am Ende der Reise wickeln sie ihre Sieben-sachen hinein und haben ihr Gepäck in Ordnung. So ist der Teppich ihnen zugleich Reisetasche und Bett, das sie auf den Rücken nehmen und mit sich tragen.

Eine bunte Volksmenge kampirte Tag und Nacht auf Deck: Araber, Syrier, Türken, Griechen in allen möglichen Trachten, für Maler sehr malerisch, für ängstliche Gemüther jedoch mehr abstoßend als anziehend. Man spürte unwillkür-lich Verlangen nach Insektenpulver.

Die mitreisenden mohammedanischen Frauen waren nicht nur dicht verschleiert und eingewickelt, sondern auch noch hinter Leinwand-Scheidewänden abgesondert. Vornehmere hatten einen grimmen Haremswächter mit, der wie ein Ketten-hund aufpaßte, daß Niemand seinen Schützlingen zu nahe

käme. Ich lebte in stetem Beben, denn wie leicht konnte
unser Leutnant Abends in der Finsterniß fehlwandeln und
anstatt in den Eingang der zweiten Kajüte, in so einen
Harems-Verschlag gerathen. Der Gnuff von Wächter dann
natürlich seinen krummen Säbel blank oder den Dolch und
die Metzelei ist angerichtet. Wie oft zogen sich mir die
Poren in kaltem Schauder zusammen, wenn ich auf einen
schlummernden Wilden trat und der dann lebendig geworden.
Die Betten waren ja gut, ebenso wie die in den Kabinen der
ersten Klasse, nur das Dahingehen war herzklopfend, denn
wer ahnt, wozu so'n graulicher Wilder im Dunkeln fähig ist?
        Am nächsten Morgen legten wir bei einer großen, schönen
Insel an. — „Das ist Seipres," sagte Mr. Pott. — Ich suchte
Seipres im Reisehandbuche, konnte es aber nicht finden, bis
der Wiener Doktor mir ein Licht anzündete, indem es die
Insel Cypern war, die Mr. Pott blos englisch buchstabirte. —
„Wie kann man Cypern Seipres nennen," knurrte der Leutnant,
„diese Insel mit ihren Blumengefilden und Myrthenhainen,
das wonnige Kypros mit dem Tempel der paphischen Göttin —"
„Was war das für eine?" unterbrach ich ihn. — „Die
schaumgeborene Aphrodite, Venus, die holdselige — — —"
„Halten Sie die Luft an. Nach dergleichen wird nicht hinüber gefahren." — „Tante, die Venus ist ja schon lange alle."
— „Wer weiß." — „Die Blumengefilde müssen wir doch
betreten, auf denen man die Feste feierte, die Feste der Ana-
dyomene." — „Wer ist nun das wieder?" — „Immer dieselbe, Tante." — Meinen Karl und den Leutnant konnte ich
nicht ohne Aufsicht nach dieser Insel lassen, denn die Ausgrabungen der Forscher beweisen, daß an dem Mythologischen
doch etwas dran war und wer kann wissen, ob es in diesen
Gegenden schon gänzlich ausgerottet ist? Deshalb rief ich:
„Blumengefilde sind mein Lieblings-Anblick, ich gehe mit."
Wir also ans Land gegondelt. Die Stadt Larnaka ist ein
langer Hafenplatz mit englischem Militär und reinlich gehalten.
Uns drängte sich ein nicht zu verscheuchender Junge auf, der
einiges Führerbakschisch verdienen wollte. Wir folgten ihm
durch den kleinen Bazar, besahen die griechische Kirche,
freuten uns an den Landleuten in ihrer malerischen Tracht
und wanderten durch ein Straßennetz, dessen Hütten, alle aus
gelbem Lehm erbaut, den Eindruck machten, als würde dieser

Stadttheil nur von Ziegen bewohnt. Die Engländer hatten
den Gäßchen jedoch die pomphaftesten Namen gegeben; da
war eine Londonstreet, eine Prince of Wales-Street, Lord
Byron-Street und sogar eine Berlin-Street. Dieser Soldaten-
humor war lustig. Da das Ställe-Viertel jedoch höchst ein-
förmig war, verlangten wir nach den Blumengärten Cyperns.
Der Junge führte uns zur Stadt hinaus und zeigte auf ein
wenigstens eine halbe Stunde entlegenes Haus. „Was giebt
es da zu sehen?" fragte der Wiener Doktor italienisch. —
„Das ist das Haus, worin Salz gekocht wird," war die
Antwort. — Na, die Entrüstung unsererseits. „Wo sind denn
die Gärten und die Weinberge?" — „Hinter dem Gebirge,
auf der anderen Seite der Insel." — Da hatten wir es
wieder, wie so oft. Das Vielgepriesene und Berühmte liegt
immer auf der andern Seite. Cypern soll wunderschön gewesen sein, aber seitdem die Türken es in der Mache gehabt
haben, ist die Landkultur unter der Steuer elend zu Grunde
gegangen. Die saugen Alles aus.

Mr. Pott sagte, das Haus, worin Salz gekocht würde,
stände da hinten ganz gut, wir wollten es ruhig stehen lassen.
Da jedoch die Engländer das Regiment auf Scipres führten,
vermuthe er, daß in der Stadt englisches Ale und Stilton-
käse zu haben seien, denn überall, wo Engländer sich nieder-
ließen, sorgten sie für ihre gewohnten Bedürfnisse. Und so
war es auch. In einer sauberen Schenke am Hafen gab es
Ale vom Faß, köstliches Weißbrot, reifen englischen Käse
und süßen Cyperwein. Im Ausbaldowern von Annehmlich-
keiten war Mr. Pott einfach groß.

Wir gingen auf die Post, kauften Cyprische Briefmarken,
schrieben Postkarten nach Hause und waren wohlgemuth wie auf
einer Landparthie. Das Mythologische war ein Irrthum aus
des Leutnants Schulzeiten, weil sein Gymnasialdirektor
Scipres, ebenso wie Zwilchhammer Alles, nur aus den
Büchern kannte.

Gegen Abend dampfte die Vesta weiter. In dem Rauch-
salon wurde ein kleiner Mittelmeerskat angelegt, dann sahen
wir noch eine Weile dem Meeresleuchten zu, wie es im Kiel-
wasser funkelte und blitzte, und wie die Schraube mitunter
weißliches Glimmfeuer aufwarf, gingen in die Baba und
hielten am nächsten Morgen vor Rhodos. Hier wurden nur

die Post und etliche Deckpassagiere eingenommen. Händler
kamen mit zierlichen Holzarbeiten, früchten, Honig und auch
mit Alraunen. Das sind rübenartige Wurzeln, die wie ver-
mickerte Zwerge aussehen, und in früheren Zeiten zum Hexen
gebraucht wurden. Wer ein Alraunchen hatte, bei dem bekam das Geld Junge. Heute ist man aufgeklärter und geht
an die Börse.

Die Stadt Rhodos mit ihren mittelalterlichen Befestigungen,
Mauern, Thürmen, Minarehs und Windmühlen erhebt sich
terrassenförmig und erscheint, wie in einen großen Garten
hineingebaut. In alter Zeit soll der Koloß am Hafen gestanden haben, eine Leucht-Bronzefigur, zwischen deren Beinen
große Schiffe hindurchfuhren, aber die Gelehrten sind darüber
uneinig, denn Meyer hat ihn in seinem Reisehandbuch und
Bädeker nicht.

Von Rhodos fuhren wir durch das Aegäische Meer an
vielen Inseln vorbei und an der syrischen Küste. Unaufhörlich ändern sich die landschaftlichen Bilder. Schroffe
felseneilande, kahle Höhenzüge, einzelne Häuser, in denen
wahrscheinlich Salz gekocht wird, wechseln mit grünenden
Thälern ab, bebauten Strecken und anmuthig gelegenen Ortschaften. Wenn auch der Himmel zeitweilig mit Regenwolken
drohte, war der Aufenthalt auf dem Deck dennoch zaubervoll.

Leider wird man nicht immer aus den Inseln klug,
und wohl erst spätere Reisende erleben es, daß Thomas
Cook & Son sie einzeln nummeriren. Interessant war
uns besonders Samos, wo der König auf seines Daches
Zinnen stand und den Ring ins Meer warf. Von dem
Palast ist nichts mehr übrig, denn in der Weltgeschichte geht
es so zu, daß Einige aufbauen und dann Andere kommen,
und es umstoßen. Durch den Dichter aber erfährt jedes Kind,
was einst gewesen, und behält es, weil es schön ist.

Am Mittag des sechsten Tages waren wir in Smyrna.
Die Landungsboote mit Kommissionären, Hoteldienern und
lärmendem Volk kamen heran, und die Ausschiffung begann.
Wir waren gegen den Radau schon abgehärtet, athmeten doch
aber erst auf, als wir Paß- und Zollrevision hinter uns
hatten, und in Madame Hucks „Grand-Hotel" saßen. Madame Huck ist nämlich eine gemüthliche Berlinerin. Dies
sagt Alles.

Smyrna ist eine merkwürdige Stadt; die Hafenstraße mit den Hotels, Restaurants, Singspielhallen, Waarenhäusern und der Pferdebahn und ebenso die Frankenstraße mit ihren Spiegelscheiben-Läden haben europäischen Anstrich, während die innere Stadt denselben Schmutz und dasselbe schauderhafte Pflaster aufweist, wie die meisten orientalischen Städte. Namentlich ist der berühmte Bazar kaum gangbar, und da die Schätze Indiens überall in den kleinen Kabachen versteckt liegen, gewahrt man bei einer bloßen Durchwanderung wenig von dem Reichthum an seltenen Artikeln und Kostbarkeiten der morgenländischen Handwerkskunst. Wer dagegen Zeit und Geld hat, der kann Beides in den Bazaren los werden.

In Smyrna sieht man deutlicher als anderswo, wie Morgenland und Abendland ihre Erzeugnisse gegenseitig austauschen. Die Orientalen finden, was europäische Industrie liefert unvergleichlich, namentlich, wenn ihnen gesagt wird, die Artikel kämen aus Frankreich, das an der jährlichen Einfuhr, von etwa neunzig Millionen Franken an Werth in Smyrna vorzugsweise betheiligt ist. Jetzt, da Deutschland seinen Handelstreibenden im Auslande Recht verschaffen kann, wird eine gesunde Konkurrenz möglich sein. So viel auch die dortigen französischen Zeitungen gegen alles Deutsche putschen, hat doch eins unserer Kriegsschiffe, das im vorigen Jahre im Hafen von Smyrna anlief, durch seine Größe und die Mannszucht der Leute einen gebietenden Eindruck gemacht und richtige Meinung erweckt. Mein Karl erfuhr dies von Geschäftsleuten, mit denen er in Verbindung treten wird.

Smyrnas Umgebung ist lohnend, man rieth uns jedoch, wegen augenblicklich herrschender Unsicherheit die Spazierfahrten nicht zu weit auszudehnen, da selbst in der Stadt Mord und Todtschlag an der Tagesordnung seien, reiche Bürger mit Brandbriefen bedroht und gemeuchelt würden, wenn sie nicht zahlten. Ein solches Anschreiben lautete: „Senden Sie uns die vierzig Pfund nicht, schicken wir Ihnen Ihren Sohn auf einem Stuhle todt ins Haus." Bei dergleichen Vergewaltigungen muß den Leuten sogar die Halwa bitter im Munde werden, dieses marzipanartige Naschwerk aus Sesam und Honig, welches überall im Orient, in Smyrna aber am berühmtesten, bereitet wird. Man verkauft es auf den Straßen und ißt es zum Brote.

Ausflüge mit der ununterdrückbaren Befürchtung zu unternehmen, der „Bande der Sieben", wie sich die Drohbrief-
schreiber unterzeichneten, als Geiseln in die Hände zu fallen,
hatte wenig Verlockendes. Wir blieben deshalb in der Nähe
der Stadt, die mit ihrem lebhaften Treiben Unterhaltung genug gewährt, wenn auch die Trachten bei weitem nicht so
fremdartig sind, wie in Berut oder Jaffa. Viele alte europäische Kleider werden in Smyrna aufgetragen. Dagegen
sah man unverschleierte Frauen und Mädchen, Armenierinnen
und Griechinnen von außerordentlicher Schönheit in den Gärten vor ihren Häusern und an den Fenstern. Als mir die
Bewunderung von Seiten der Herren zu weit ging, sagte ich:
„Na, wenn es keine schwarze Tusche gäbe, würde Manche
wohl keine solche Augen machen." — Zum Glück reisten wir
am nächsten Tage nach Athen ab, nachdem wir am Abend
bei unserm Konsul, Herrn Dr. Stannius, in sehr lieber Gesellschaft gewesen waren. Von Berlin lagen die hoffnungs-
reichsten Depeschen vor. Kaiser Friedrich war in Berlin gewesen und mit jubelnder Freude begrüßt.

Ich hatte Bedenken gegen Athen. „Karl," sagte ich,
„wir gehören wohl eigentlich nicht dahin, weil es uns an klassischer Bildung gebricht." — — „Das schadet nicht," antwortete er, „ich glaube, die wenigsten von unseren Mitreisenden können griechisch dekliniren. Warum sollten wir uns
ausschließen?" — „Sehen wir es an. Später, in Berlin lesen
wir darüber nach, wie es in alten Zeiten dort zugegangen ist.
Ich freue mich überhaupt darauf, an Winterabenden in den
Büchern zu studiren, die von den Ländern und Orten handeln,
welche wir betraten. Man kann nicht Alles auf einmal wissen,
aber nachlernen, das ist eine Aufgabe für das ganze Leben."

Meistens ist man ja mit der Bildung fertig, wenn man
die Schule verlassen hat, und ergiebt sich den Zeitungen und
Romanen, und doch ist so viel vorhanden, den Geist mit
Wissenswerthem zu beschäftigen. Diese Reise betrachte ich wie
ein großes Museum, die Erklärungen besorgen wir uns
hinterher. —

Leider mußte der Wiener Doktor uns in Piräus verlassen, seine Zeit war um. Der hätte uns Athen auseinander-
setzen können, weil er schon einmal dort war und sich mit den
Alten auskannte. Er zeigte uns noch von ferne bei der Insel

Salamis die Stelle, wo Xerxes auf einem Thron saß, um zu
sehen, wie die Griechen seine Flotte vernichteten, und dann
fuhren wir in den Hafen von Piräus ein. Vor reichlich fünfzig Jahren, als die Türken hier hausten, hat hier nur eine
Hütte mit einer Familie gestanden. Jetzt ist Piräus eine
Handelsstadt von dreißigtausend Einwohnern.

Wir hielten uns nicht lange auf. Den Abschied von
unserem liebgewonnenen Reisegefährten hatten wir auf Mr.
Potts kluge Veranlassung schon vorher geziemend begangen,
das wüste Toben der Barkenführer und eindringenden Ge-
päckträger störten die letzten Minuten des Zusammenseins em-
pfindlich. Am Zollhause dingten wir einen Wagen, weil man
mit der Eisenbahn nichts sieht, fuhren durch die ziemlich
nüchterne Geschäftsstadt an den Resten der grauen Mauern
vorbei, die in alter Zeit den Weg von Athen nach Piräus
befestigten, und befanden uns dann auf einer guten Chaussee,
die von herrlichen Silberpappeln beschattet wird. Zu beiden
Seiten sproßte das erste Grün der Weingärten; Oelbaum-
anpflanzungen zogen sich durch die Ebene, in welcher auch
ein Bächlein ohne Wasser sichtbar ward. „Tante," sagte der
Leutnant aus dem Buche, „das ist der Kephissos." — Ich nickte
schweigenden Beifall, um mir keine klassische Blöße zu geben.
Nach einer kleinen Stunde hatten wir Athen erreicht. Was
wir zunächst sahen, waren die Gasanstalt und die Akropolis.

Das also war sie, von der Jeder einmal in seinem Leben
gehört hat, die Hochburg von Athen. Ein schroffer Felsen
taucht aus der Stadt auf wie ein Eiland, und oben darauf
leuchten im Sonnenschein die Ruinen der gelblich schimmern-
den Marmorbauten. „Herrjeh," rief ich, „diese Aehnlichkeit
mit dem Brandenburger Thor." — „Das ist ja auch nach
griechischem Muster," sagte mein Karl. — „Merkwürdig," erwiderte ich, „in Berlin haben sie griechisch gebaut und Athen
haben sie ganz neumodisch gemacht." Man fühlt sich in der
That in Athen wie herausversetzt, wenn man die modernen
Straßen sieht und die Bevölkerung nach europäischer Manier
gekleidet; nur selten kommen ungewohnte Trachten vor. Wird
berücksichtigt, daß Athen im Jahre 1830 ein Trümmerhaufen war und jetzt als Residenz des vom Türken befreiten
Landes aus eigener Kraft sich zu rascher Blüthe aufge-
schwungen hat, kann hohe Anerkennung nicht ausbleiben.

Die Sternwarte auf dem Nymphenhügel, das Politechni=
kum, das Zentralmuseum, die Universität, die Akademie der
Wissenschaften sind nicht nur wahre Zierden der Stadt,
sondern auch bewundernswerthe Zeugnisse von der Vaterlandsliebe jener Männer, welche sie auf eigene Kosten erbauen ließen oder mit ausgiebigen Schenkungen bedachten.
Die schönste Privatwohnung ist Schliemanns Haus, eine Villa
in italienischer Art, auf dem Dachrande mit weißen Marmor-
göttern Alt-Griechenlands. Einfacher ist das Parlamentsgebäude,
worin die Parteien mehr zu eigenem Vergnügen als zum Nutzen
des Landes ihre Rede-Raufereien halten und sich mit Ausdrücken
bewerfen; noch einfacher ist das kasernenähnliche Schloß. Auf dem
Platze vor dem Schlosse spielt an einzelnen Nachmittagen die
Militärkapelle und die Athener gehen spazieren dazu, wie die
Berliner an Konzerttagen im Zoologischen. Viel hübsche
Frauen sieht man. Sie kleiden sich nach dem neuesten Pariser
Schnitt, tragen jedoch häufig ein rothes Sammetkäppchen mit
langer goldener Troddel, das ihnen zu dem schwarzen üppigen
Haar und den blitzenden dunklen Augen artig steht. Was
hingegen den weißen, bleichen Teint anbelangt, der durch-
gehends verbreitet ist, so taxirte ich ihn auf Puder.
Jn der Nähe des Schlosses liegen die großen, standes-
gemäß eingerichteten Hotels. Die Küche ist französisch. Die
Kellnerschaft vielsprachig und der ausländische Wein durch
hohen Eingangszoll unerschwingbar. Den Einheimischen,
welcher auf dem Kellerzettel „Nektar" getauft war, zu
mögen, muß man ganz und voll mit gymnasialischer Bildung
durchtränkt sein, dann läßt er sich allenfalls hineinbegeistern.
— „Gründliches Einvernehmen mit dem Alt-Hellenischen,"
bemerkte ich daher, „würde unsere Genüsse nicht nur ver-
billigern, sondern bedeutend erhöhen." — „Wird das Vergiß-
meinnicht blauer, wenn Du seinen lateinischen Namen kennst?"
fragte mein Karl. — „Diesen Wein Nektar zu nennen, halte
ich für götterbeleidigend," rief der Leutnant, „Zeus würde
Ganymed hinter die Ohren geschlagen haben, wenn er ihm
solche Marke eingeschänkt hätte." — „Vielleicht liebte er
Säuerliches mit Beigeschmack," entgegnete ich, „und ließ die
Hand sitzen. Andernfalls hätte seine Gattin ihm gewunken:
,Zeuseken, des derfste nich'. Der Olymp war stets ein auf
Grazie und klassischen Bildsäulen beruhendes Lokal." —

„O ja," stand Mr. Pott mir bei, „ich glaube aber, daß die Antiken sehr durch das Eingraben gewonnen haben, und der Olymp mehr in der Phantasie schöner war, als reell." — „Mr. Pott, dies denke ich auch, aber da wir Beide die Sprache des Alten — — wie hieß nur noch der Hauptgrieche, Herr Leutnant —?" — „Klapsagoras?" — „Nein." — „Pleitophilos?" — „Nein." — „Pichlikrates?" — „Nein." — „Pfiffikles?" — „Die giebt es ja garnicht. Mr. Pott, wenn der Ernst bei alterthümlichen Betrachtungen fehlt, thut man am besten und sagt gute Nacht." — Aber woher kam der entzweiende Ton? — Von dem Nektar. Schlechtes Getränk sprengt die dauerhafteste Gesellschaft.

Die Schiffsverbindung beschränkte unseren Aufenthalt in ‚Athinä‘, wie die Neugriechen ihre Residenz aussprechen, wobei sie das ‚th‘ nach englischer Weise lispeln, weshalb die neue Stadt als Rundfahrt genossen werden mußte. Den Stätten des Alterthums widmeten wir die meiste Zeit.

Nach der Akropolis kommt man immer, einerlei, ob man will oder nicht, die Droschkenkutscher fahren den Fremden stets dahin, auch wenn er ein widerstrebendes Ziel angiebt. Nur mit größter Mühe lassen sie sich zu anderen Touren bewegen und wissen dann auch noch nicht Bescheid. Mit der Pferdebahn und zu Fuß ist man zuverlässiger daran.

Nachdem wir die Ruinen des olympischen Zeustempels, das Thor Hadrians, das Stadium, wo die Wagenrennen stattfanden, und die Pnyx, wo sie Volksversammlungen im Freien abhielten, besucht hatten, gingen wir in das Polytechnikum, in das Museum der Schliemannschen Ausgrabungen zu Mykenä. Eine wirkliche Schatzkammer. Allein die Gefäße und Geräthe, Diademe, Lorbeerkränze, Schwertgriffe, Spangen, Todtenmasken und Kleiderzierrathe aus purem Golde sind von ungeheurem Geldwerthe, für die Alterthumswissenschaft jedoch unbezahlbar. Keine zweite Sammlung wie diese ist auf der weiten Welt. Es giebt auch nur einen Schliemann.

Und dann das ägyptische Museum in demselben Gebäude, welches ein reicher Grieche seiner Vaterstadt zum Geschenk gemacht hat, die Terrakotten- und die Vasensammlung! Hier muß man zu den Gelehrten gehören, wenn man mehr will, als anstaunen und sich an der Schönheit des Einzelnen freuen. Ferner das Zentralmuseum, das hauptsächlich Statuen enthält,

und zwar ganz alte, mit gemalten oder eingesetzten Augen
und Farbenspuren an den Gewändern! Oft hörte ich: „Von
Athen ging die Kunst aus", nun weiß ich gewiß, daß dem so ist.
Wer nie Kunde von den Griechen und ihrer Kunst erfahren, der würde auf der Akropolis fragen: welches Volk
hat diese Marmortempel errichtet, wie war sein Denken
und Empfinden, daß es so unaussprechlich Schönes schaffen
konnte, woran lag es, daß es der Verwüstung keinen Einhalt
zu thun vermochte, und könnte nicht eher ruhen, bis er auch
das Geringste darüber erführe.
    Daß das Schöne auf Erden keinen Bestand hat und
machtlos über die Rohheit ist! Nun gleicht die Akropolis
einer zertretenen Harfe aus Gold und Elfenbein, der einst
die süßesten Melodien entströmten.
    Viel Schwermuth birgt der Süden. Der blaue Himmel,
welcher über Griechenland lacht, war während unserer Anwesenheit auswärts beschäftigt, die Aussicht auf die Berge
und das Meer entbehrte daher der Klarheit. Man sagte,
wir hätten im Herbste kommen müssen, dann lache er, aber
ich fürchte, im Herbst wären wir auf den Frühling verwiesen
worden.
    An dem Fuße der Akropolis sind die Ruinen des Odeon-
und die des Dionysos-Theaters. Das erstere ist gut erhalten,
in dem letzteren stehen noch einzelne Marmorlehnsessel der
Zuschauer mit den eingegrabenen Namen der Abonnenten.
Das Uebrige ist entzwei. Unser Leutnant setzte sich auf den
erhöhten Sitz des Oberpriesters und wir ließen uns ebenfalls
nieder. „Also dies ist die Bühne, wo sie „Zu Dionys dem
Tyrannen schlich" zuerst gaben," sagte ich und nahm eine, von
geschichtlicher Erinnerung niedergedrückte Haltung an. — „Ih
wo doch, Tante, es war dem Dionysos, dem Gotte der Reben,
gewidmet." — Ich entließ mich aus der schwärmerischen
Stellung und fragte verächtlich: „Also ein Rauch- und Trink-
Theater? Und die Geistlichkeit ging auch hin?" — „Tante,
Dionysos war der Gott der Begeisterung, ohne diese kein
Drama." — „Ach so, da drum. Nur weiter im Text."
    „Hier wurden die Tragödien des Aeschylos, Sophokles
und Euripides gespielt," fuhr er fort, „der größten Dramatiker
aller Zeiten." — „Bedeuten Goethe und Schiller denn gar
nichts?" fragte ich. — „Von den Griechen haben sie gelernt,"

antwortete er, „und sind dann aus sich selbst geworden, was sie sind. Das eben nennt man klassische Bildung, Tante." — „Ich kenne genug Leute mit klassischer Bildung," erwiderte ich, „aber keiner von ihnen dichtet einen Wallenstein; es muß doch wohl noch etwas dabei sein. Haben Sie die Meininger gesehen?" — „Freilich." — „Ob die alten Griechen es ebenso gut konnten?" — „Ueber ihre Aufführungen im Theater haben wir nur Vermuthungen." — „Sehen Sie? Nichts ist vollkommen, selbst nicht die klassische Bildung." — Da saß er nun auf dem Oberpriesterseffel und wußte nicht weiter.

Dem Odeon schräge gegenüber war eine kleine Wirth-schaft mit dem Schilde: „Garten des Sokrates." — „War das nicht der Mann von der Zankthippe?" — „Ja." — „Gehen wir hinein. Es wird so viel über die Frau geredet; ihren Hausstand muß ich sehen." — „Tante, Sie wollen doch nicht auf den Mumpitz hineinfallen?" — „Wie so?" — „Das ist ja ein neugebautes Häuschen." — „Hingegen kann der Garten echt sein." — Mein Karl hatte Durst, und so ge-nehmigten wir denn in dem Garten des Sokrates ein Töpfchen Bier aus einer der Athenienfischen Brauereien, die noch an den ehemaligen Einfluß der Bayern erinnern. Um uns herum blühten einige Bohnen und verschiedene Unkräuter; es war bei Sokrateffens recht sehr schlampig. „Karl," sagte ich, „vielleicht hat er die meiste Schuld, aber an ihr war auch nichts dran. Sieht es hier malpropper aus!"

Mister Pott blieb in Griechenland, um Mykenä, Olympia, Sparta und andere berühmte Orte zu besuchen, während wir nach Konstantinopel abdampften. Die Fahrt war anfangs heiter, in der Nacht aber ging die See unruhig, und am nächsten Morgen war das Wetter rauh und regnerisch. Einem beginnenden Witterungswechsel-Husten mit Heiserkeits-begleitung begegnete ich mit Asche's Bronchialpastillen, die auch in diesem Klima sofort halfen. Erst gegen Mittag kam die Sonne durch. Das Sommerland lag hinter uns.

Konstantinopel.

Von Konstantinopel erwarteten wir Wunderdinge, obgleich uns bis dahin das Türkische, wo es zur Geltung kam,
und wo es seine Spuren hinterlassen hatte, wenig Freude
bereitete. In Athen lernten wir einen Herrn Becker kennen, der
in Damaskus gewesen war und uns von den gefangenen
Christen erzählte, die von Berut nach Damaskus geschleppt
und dort ins Gefängniß geworfen waren. Ursprünglich soll
der Streit von türkischen und griechischen Kindern hergekommen sein. Die Eltern mischten sich dazwischen, auf beiden
Seiten gab es Todte und Verwundete, und die Krawalle
nahmen nicht eher ein Ende, als bis Riza-Pascha mit Militär
Ruhe stiftete. Die Rädelsführer wurden ergriffen und ohne
umständliche Untersuchung auch Unbetheiligte verhaftet, blos
auf die Anzeige türkischer Angeber hin. In Ketten gelegt,
paarweise zusammengekoppelt, trieben Berittene sie nach
Damaskus, wo sie erschöpft vom schweren Gange in brennen-
der Sonne, von Hunger und Durst gequält, durch die Straßen
geführt wurden. „Ein Jammeranblick," sagte Herr Becker,
„denn Niemand reichte ihnen Labung, und wenn sie keine
Verwandte und Freunde haben, die für sie sorgen, ver-
schmachten sie in den Kerkerlöchern. Einem Manne, einem
hochgewachsenen Griechen, der sich widersetzte, hatten die
türkischen Häscher eine Darmsaite in den Schnurbart geflochten,

an der sie ihn lenkten, wie an einem Zaume, denn der leiseste
Zug an der Saite bereitete dem Manne unerträgliche
Schmerzen, daß er laut aufschrie, wenn sie daran rissen."
Herr Becker hatte sich aufgemacht und war zu dem Sohne
Abd-el-Kaders gegangen, der in Damaskus wohnt, ihn zu
bitten, sich der Unglücklichen zu erbarmen. Das versprach
Jener und wird auch gehalten haben, was er gelobte, wie
sein Vater, der sich früher der verfolgten Christen annahm.
Er hatte Herrn Becker seine Photographie mit eigenhändiger
Unterschrift geschenkt und ihm gedankt, daß er ihn veranlasse,
ein Werk der Menschlichkeit thun zu können.

Nicht einmal Brot und Wasser giebt man den Einge-
kerkerten. Von hygienischen Einrichtungen ist natürlich keine
Rede und von Ventilation. Wir haben Vereine, die für das
Wohl entlassener Sträflinge sorgen, und die Entschädigung
unschuldig Verurtheilter wird eifrig berathen. Das Alles ist
dem Orient fremd.

Mir stand die Abfahrt von Berut lebhaft vor Augen.
Die Raketen und Leuchtkugeln waren Triumphfeuerwerk gewesen, das die Türken abbrannten, und wir ergötzten uns an
dem Farbenspiele. Von den verlassenen Gefangenen wußten
wir damals nichts. Wie manche Pracht des Orients dem
Vorüberreisenden wohl Grauen einflößen würde, wenn er die
Kehrseite erblickte? Auch der gefangenen Vögel mußte ich
mich erinnern. Sie wurden frei; hoffentlich sind auch die
Christen von Berut vor dem Schlimmsten bewahrt geblieben.
Aber nicht immer ist Jemand da, den das Mitleid zu werk-
thätigem Handeln erweckt.

Zu diesen Gesprächen kam das graue Wetter. Nach der
Ebene von Troja konnten wir während eines Sonnenblickes
hinübersehen. Zwei Hügel dort werden die Gräber des
Achilleus und Patroklos genannt. „Wie kommt es doch, daß
diese beiden Freunde und Hektor und Agamemnon, Odysseus
und Priamus, und wie sie heißen, uns Allen bekannt sind?"
— „Homer hat sie gesungen," sagte der Leutnant. „Nun sind
sie unsterblich durch den Dichter, denn Marmorbildnisse zer-
gehen!" — „Im vorigen Winter war ich mit der Polizeileutnanten im akademischen Wagner-Verein — ich vermuthe,
ihre Mila hat dort eine heimliche Liebe — und hörte von
dem Vorsitzenden eine Rede auf Richard Wagner, die mir

hier bei Troja wieder einfällt. Er sagte: „Früher kannte
man von der Schweiz bis zum Belt nur den deutschen Michel,
jetzt kennt man von den Alpen bis zum Nordmeer den deutschen Siegfried, — das verdanken wir dem Meister. Und
dabei leuchteten dem jungen Studenten die Augen so hell, daß
es eine Freude war."

„Tante!" rief der Leutnant, „hier auf Deck ist es kalt.
Wie wäre es mit einem Gemüthsschluck Ungarwein in der
Kajüte?" — Man wird auf Reisen ja sehr unregelmäßig,
und es war wirklich erkältungskühl, daß ein Gegenmittel nicht
schaden konnte. „Herr Leutnant," sagte ich, „mein Mann
wärmt sich die Augen, die Sehenswürdigkeiten sind ihm wohl
etwas darauf geschlagen; eigentlich müßte ich Ihnen einen
Korb geben. Aber wenn Homer und Siegfried und Alles,
was wir erlebt haben, so durcheinander geht, mache ich auch
eine Ausnahme." Dann saßen wir in dem Salon, viel Leute
aus allen Weltgegenden mit ihren Sprachen daneben und
unterhielten uns von dem, was er gelernt hatte, von Griechen,
von Römern, die mir entfernter lagen, und von dem, was
wir zusammen gesehen, von Aegypten und Palästina, und wie
die Welt so groß sei und man eigentlich fürchterlich wenig
wisse. Und wie wir selbander verglichen, wie jedes Land
und jedes Volk seine Ansichten hätte, eins dem andern nichts
gönne, und wie schwer es sei, da durchzukommen, stießen wir
an und tranken aus. Wen wir leben ließen, brauchten wir
nicht erst sagen — das war Siegfried.

Mein Karl kam dazu und schloß sich an. „Der Cameriere
weckte mich," sagte er. „Wir sind nicht weit von den Dardanellen." — „Nehmen wir auch diese mit," entgegnete ich.
„Hätten wir sie einzeln — prachtvoll — aber es wird ihnen
schwer fallen, noch einen Erfolg zu erringen. Wir haben zu
Großes gesehen." — „Konstantinopel ist das Großartigste von
Allem," entgegnete mein Karl, „das liest man in jeglichen Schriften." — „Karl, lies nicht zu viel, denk lieber an Zwilchhammer."

Die Dardanellenfestungen machen Eindruck, weil sie eben
die Dardanellen sind. Mit Kruppschen Kanonen sperren sie
die Wasserstraße. Nicht weit davon soll Leander Nachts zu
seiner geliebten Hero geschwommen sein. Das war in alten
Zeiten. Heute, wo es auf das Vermögen ankommt, schwimmt
keiner mehr zu Einer, die nichts hat.

Als wir speisen wollten, wippte das Schiff derart, daß sämmtliches Geschirr von den Tischen auf den Fußboden klirrte, aber der Restaurateur wird trotzdem auf die Kosten gekommen sein, weil die meisten Passagiere sehr mit dem vorherigen Essen zu thun hatten. In dem Gedanken, daß Konstantinopel für Alles entschädigen werde, legte ich mich in die Klappe, aber zum ersten Male in meinem Leben begriff ich, wie einem fleißigen Mangelholze zu Muthe sein mag, so wurde man hin und her getrudelt.

Wir hatten bisher stets wetterbegünstigte Fahrten gehabt und das Schiffsleben nur von der schwelgerischen Seite kennen gelernt. Das Auge labte sich an Land- und Marinebildern, in leichtangeknüpftem Verkehr erhielt der Geist Nahrung, während Küche und Keller mir oft die Sorge einflößten, mein Karl möchte kiesetig werden und sich in Zukunft immer solche Dampferkost ausbitten mit fünf Gängen, Vanille-Eis, Nährgelatine-Pudding und frischen Südfrüchten hinterher. Ich werde ihm die Bananen schon höher hängen.

Das Bischen Ungemach war mit der Spannung auf Konstantinopel erträglich. Diese Terassen, diese goldigen und silbrigen Blumengehänge, diese Marmortreppen vom Meere bis an die feenhaften Gärten, diese Paläste, diese Moscheen, diese Menschheit in edelsteinglitzernden Stoffen, dieser Ambra- und Rosenölduft, der Bosporus, das goldene Horn, der sämmtliche Märchenzauber, den man in konstantinopolitanischen Erzählungen antrifft, winkten als kostbarer Lohn für kurze Marter.

Es hatte zu fiffeln aufgehört, als Morgens früh Konstantinopel in Sicht gemeldet ward. Rechts lagen in der Ferne die Prinzeninseln, — der Schiffsarzt hatte die Freundlichkeit, auf das Bemerkenswertheste hinzuweisen, — und weiterhin an der Küste Asiens zeigte sich Skutari mit einem dunklen Cypressenwalde dahinter. Links im Maiengrün die weißgrauen Schloßgebäude und Thürme waren das alte Serai, geradeaus stieg eine Stadt hügelig empor, überragt von einem gewaltigen runden Thurm, das war Galata-Pera. Langsam fuhr der Dampfer ein, immer mehr Häusermassen kamen von allen Seiten zum Vorschein. Dazwischen zahlreiche Kuppeln von Moscheen und schlanke Minarehs. Die Sonne that uns den Gefallen, dieses Rundgemälde für kurze Zeit

14*

zu beleuchten. Es war überwältigend. Berut, Smyrna und Rhodos zusammengenommen sind ein Kinderspiel gegen diese Ausdehnung, obgleich alle drei in Lage und Aussehen Aehnlichkeit mit Konstantinopel haben. Auch hier umflicht das Grün der Gärten die Baulichkeiten, wechseln Baracken mit Palästen und Moscheen, und bespült die See den Fuß der Höhenzüge, auf denen Straßen und Quartiere sich entlang ziehen. Aber diese schier unübersehbare Größe nimmt den letzten Rest der Bewunderungsfähigkeit für sich in Anspruch.

Nicht weit vom alten Serai der ehemaligen Sultansresidenz erscheint eine riesige, gelb angestrichene Moschee mit vier hohen Minarehs. — Das ist die Hagia Sophia, die einstige Sophienkirche. Das Häusermeer zur Linken ist Stambul. Vor uns, oben in Pera, das kasernenartige Gebäude, welches jedem Ankommenden sofort machtvoll in die Augen fällt, ist die deutsche Botschaft.

„Wo ist nun das berühmte goldene Horn?" fragte ich. — „Wir sind bereits darin," war die Antwort. — „Dieses Wasser mit den Apfelsinen- und Kartoffelschalen soll das goldene Horn sein?" — „So wird der im Bogen sich hinziehende Hafen von Konstantinopel genannt, und zwar ‚Horn' wegen seiner Krümmung, und ‚golden', weil er von Alters her gewinnbringenden Handel begünstigte. Hinter den Brücken befindet sich der Kriegshafen, diesseits legen die Postschiffe und die Lokaldampfer an." — Ich war um eine dicke Einbildung ärmer geworden; gerade das goldene Horn hatte ich mir wie die beklatschenswertheste Theaterdekoration gedacht, nun aber, da die Sonne auch noch verschwand, glich es mit seinem Steinkohlenqualm beinah der Unterspree bei der Jannowitzbrücke, nur daß es mit großen Schiffen besetzt war und unzählige Boote darauf herumfuhren, von denen eine Menge uns aufs Korn nahm.

Die vorher bestellte Hotelbarke hatte sich eingefunden; wir mit dem Gepäck hinein und ab. Den übrigen Bootführern hätte ich mich nicht ohne Weiteres anvertraut, die Kerle sahen zu wüst aus, viel zu sonnenbrüderig und schrieen abscheulich. Bei der Douane stiegen wir ans Land. O du Grundgütiger!

Der Regen hatte den Boden aufgeweicht, und lieblicher Glibber überzog den Platz im Freien, der für die Zollab-

fertigung bestimmt ist. Die Koffer wurden auf niedrige
Balken geworfen, nachdem einige große Hunde herabgejagt
worden waren, denen die Erde zu naß war, und dann redeten
die Hotelleute mit den Beamten, welche, ohne jegliche Ab-
zeichnung an der Kleidung, ebenso gut hätten Eckensteher vorstellen können. Untersucht ward nicht. Träger beluden sich
mit den Sachen. Die Gebühren fanden wir später auf der
Hotelrechnung.

Diese Träger — die Hamals — schleppen auf ihrem
Rücken die schwersten Lasten. Eine Art Keilkissen macht es
ihnen möglich, bei gebücktem Gange, die Gegenstände in
wagerechter Lage zu halten. Ihre Tracht besteht aus Jacke,
offener Weste, Leibbinde und engbeiniger, bammeliger Pluder-
hose, auf dem Kopf den Fez. Der dicke Wollenstoff ist hell-
braun oder grau und für gewöhnlich stark abgetragen. Dies
ist auch das häufigste Kostüm der ärmeren Klasse.

Mein Karl krempte die Hosen auf, ich schürzte mich hoch,
und hinein in den Modder.

Ein beängstigendes Menschengewühl fluthet durch die
Straßen Galatas, der unteren Stadt, welche durch eine unter-
irdische Seilbahn mit der oberen Stadt Pera in Verbindung
steht. Die direkt hinaufführenden Gassen sind durchschnittlich
nicht wagenfähig, sondern stufenartig angelegt, als wenn sie
mit entzweien Steintreppen gepflastert wären. Und überall
Hunde, große gelbe, weißliche, braune und schwarze. Sie
liegen auf den Bürgersteigen, — Jedermann geht ihnen aus
dem Wege, — sie liegen mitten in der Gasse, — Reiter und
Wagen weichen ihnen aus, — sie lungern vor den Budiken
der Fleischer und Garköche rudelweise, Niemand vertreibt sie.
Es würde das auch nichts nützen, weil ihrer zu viele sind;
man meint, in einen großen Hundestall gerathen zu sein.

In wenigen Minuten beförderte uns die Tunnelbahn
nach Pera, in das vornehmste Viertel, wo die Gesandtschaften
und Konsulate ihren Sitz haben, die Hotels sich befinden und
die feine Welt wohnt.

Die Hauptstraße ist die Grande Rue, die große Gasse
von Pera, eine lange, bald schmale, bald breitere Straße
ohne Ausdruck, in der Neubautengegend ziemlich modern.
Das Hotel Kittrey, wo wir Wohnung nahmen, liegt an der
Ecke dieser und der Derwisch-Straße. Es ist einfach, von

Deutſchen viel beſucht und von trefflichen, braven Leuten gehalten, die ſich der fremden annehmen, als gehörten ſie mit
zur familie. Man iſt aus dem Trubel wie herausgerettet,
ſobald man über die Schwelle tritt. So vielen Rathes der
Reiſende gerade in Konſtantinopel bedarf, ſo vieler Auskunft
er benöthigt: ſie werden auf das bereitwilligſte und vortheil-
hafteſte gegeben.

Wir bekamen das Zimmer, in welchem vor einigen Jahren
Wilhelmi, der Geigerkönig, logirt hatte. Ausſicht war leider
nicht vorhanden, die muß man in Pera auf den Dächern
nachſuchen.

„Alſo dies iſt Konſtantinopel inwendig“, ſagte ich, „Das
Silberige und Goldige und roſenumkränzte Marmorige war
nur ein ſchöner Gedanke. Wie lange bleiben wir?“

„Bis ich mit meinen Geſchäften zu Ende bin,“ entgegnete
mein Karl. „In den Gegenden, wo man Winters Kälte hat
und ſtatt der Oefen nur Kohlenbecken, müſſen ſie ran an die
Wolle. Warte gutes Wetter ab. Deine Meinung wird ſchon
umſchlagen.“

Ja hätte ich Kairo nicht geſehen und Alexandrien, ich
würde geſagt haben, wie berauſchend iſt der Orient in Konſtantinopel, nun aber mußte ich geſtehen, daß das mangelhafte
Abendländiſche das Morgenländiſche zu verdrängen im Begriffe ſteht, ohne daß jedoch von fortſchreitender Entwickelung,
wie ſie bei uns ſtattfindet, etwas zu ſpüren iſt. In Kairo
lebt es ſich wie in einer europäiſchen Großſtadt, und doch iſt
man in einer anderen farbenreichen Welt, in Konſtantinopel
werden die Errungenſchaften der Neuzeit verſchmäht. Keine
Stadtpoſt giebt es in der Stadt von faſt einer Million Einwohner. Es war einmal eine da — die Briefkaſten hängen
noch als Herbergen für Sperlinge — ſie ward aber wieder
verboten. Zweimal die Woche kam die Poſt, zweimal ging
ſie, da die Landverbindung mit dem übrigen Europa fehlte!
Wir empfanden dieſe Mängel oft genug, denn ein Stadtbrief
koſtete mit dem Boten bis zu zwei Mark, und an flotten Brief-
und Zeitungsverkehr mit Berlin war nicht zu denken. fern-
ſprecher iſt natürlich ſtreng unterſagt. Bücher, in denen etwas
über die Türkei ſteht, werden beſchlagnahmt. Die einheimiſchen
Tagesblätter ſtehen unter ſtrengſter Zenſur.

Man muß sich erst einleben, um nicht unaufhörlich zu forschen: Warum ist dies und jenes in einer so großen Stadt soweit zurück? Ich sagte deshalb: „Karl, ich nehme die Stadt, wie sie sich bietet; die orientalische Frage zu lösen, überlasse ich denen, die es angeht." — Pera-Galata hat an Sehenswürdig- keiten nur den Galatathurm, den man besteigt, um einen der herrlichsten Rundblicke der Welt zu genießen. Bei Konstan- tinopel sind die Aussichten das Schönste, wenn auch ohne wirthshäusliche Niederlassungen. Welche Gelegenheiten für die besuchtesten Bierlokale, wenn Konstantinopels Umgebung in unserm gesegneten Deutschland läge. Aber vergebens sucht man an den Ufern des Bosporus und am goldenen Horn ein entsprechendes einladendes Kaffee- oder Gasthaus.

Diese Umgebung! Eine Fahrt nach den süßen Wassern Europas, thalabwärts, in Frühlingsgründe hinein, an den kleinen Fluß, auf dem hunderte von Böten schwärmen, an dessen Ufern Tausende sich lagern, ist unvergleichlich. Was ist das Rothe, Blaue, Lilafarbige, das da wie Bofiste neben- einander im Grase klumpt? Türkische Frauen sind es. Das Gesicht haben sie alle mit weißen Schleiern verbunden, nur die Augen und gemalten Brauen sind frei, und da die schwarze Zeichnung immer dieselbe ist, sieht eine aus wie die Andere. Ein weiter, meist einfarbiger Mantel aus dünnem Stoffe umhüllt sie; wenn sie aufstehen und gehen, gleichen sie wackelnden Fledermäusen. Was sie sonst für Toiletten haben, wird auf der Straße Niemand gewahr. Nur im Harem zeigen sie sich in dem Schmuck, der dem Manne ein Heiden- geld kostet. Wenige Männer haben zwei bis drei Frauen — es kostet zu viel, da jede ihren Haushalt beanspruchen darf. Was mir jedoch gefällt, ist, daß die Schwiegermütter mit in den Harem hineingenommen werden müssen und der Mann zum Ausbleiben keine Kneipe findet. Sie haben ihn manchmal furchtbar unter.

Männer und Frauen sind stets getrennt. An den süßen Wässern sitzen die Frauen für sich und die Männer dito, auf den Dampfschiffen ist eine Haremsabtheilung und auch in den Pferdebahnen. Und dabei soll Amüsement herauskommen.

Wer da meint, der Orient wäre ein ununterbrochener Freudenjubel mit Damen, der schneidet sich bedenklich, es jubelt sich überhaupt nicht.

In Stambul ist der Orient sowohl wie das Alterthüm·
liche mehr vertreten als in Galata·Pera. Zwei Brücken führen
hinüber, von denen die neue unglaublich belebt ist. Jeder
Passant muß Brückengeld entrichten, etwa fünf Pfennig, jeder
Wagen gegen fünfzig Pfennig nach unserem Gelde. Sie soll
täglich zwischen fünf· bis siebentausend Franken Brückenzoll
einbringen und wird ebenso wie die Hammelsteuer mit Vor·
liebe an Bankgesellschaften verpfändet.

Guten Empfehlungen hatten wir zu verdanken, daß wir
den Schatz des Sultans zu sehen bekamen, der im alten Serai
bewahrt wird. Es ist viel Unfug darin, aber auch eine tolle
Ansammlung von Edelsteinen und Kostbarkeiten: Tassenschalen
voll Rubinen, Smaragden und Diamanten, juwelenbeladene
Waffen und perlenbesetzte Prachtgewänder, Gold· und Silber·
gefäße und dazwischen werthlose Spielereien. Man sieht das
an und fragt: Wozu?

Wer den Schatz besuchen darf, ist gleichzeitig Gast des
Sultans, trotz des klobigen Bakschisch an die Wächter und
Schließer. Wir wurden in einem Kiosk mit Roseneingemachtem
und Kaffee bewirthet, worauf alle Räumlichkeiten und Einzel·
palais durchschnökert wurden, die zu dieser ehemaligen Residenz
der Chalifen gehören; eine unbewohnte, verlassene Stadt
für sich.

Am Abend las uns der Leutnant vor, was früher in
dem alten Serai vorging. Ich sagte: „Hören Sie auf; von
all dem Morden und Blutvergießen wird mir nicht gut. Viel·
leicht später in Berlin kann ich solche Lektüre vertragen, nur
nicht hier, so dichte bei.“

Man darf in Konstantinopel seine Nachtruhe nicht leicht·
fertig schmälern, sie leidet von außen her genug. Da kommt
erst der Wächter, der mit einem eisenbeschlagenen Stock auf
das Pflaster stampft, um zu zeigen, daß er umgeht und den
Kundigen die Zeit anzugeben, die sich aus dem Klopfen ver·
nehmen, wie viel die Uhr ist. Wenn der Nachtrath die Diebe
verscheucht hat, fangen die Hunde an zu heulen, die bei Tage
schlafen, damit sie in der Dunkelheit bei Sangeskräften sind.
Frühmorgens geht das Brüllen der Straßenhändler los; süße
und saure Milch, Brot, Apfelsinen, Salat, Halwa und was
nur verkäuflich, wird mit Mordsstimme ausgeschrieen. Das
trifft die Nerven. Oh Konstantinopel! —

Der Sultan wohnt in Jildiskiöschk, abgeschlossen von dem Gelärme der Stadt. Jeden Freitag hat man Gelegenheit, ihn zu sehen, dann ist Selamlik. Gegen zwölf Uhr Mittags strömt das Volk hinaus. Die Frauen sitzen mit rothen, blauen, grünen Sonnenschirmen an den staubigen Wegen, auf den Mauern der Gärten und wo Platz ist. Das Militär zieht in Paradeuniform auf; in einem Kiosk vor der Moschee, in welcher der Sultan zu beten beabsichtigt, versammeln sich in einem besonderen Zimmer die Botschafter und auserlesene Persönlichkeiten, in einem größeren Saale bevorzugte Fremde, um dem Schauspiele beizuwohnen. Noch weiß Niemand, ob der Sultan diese Moschee erwählt hat oder eine andere. Ist letzteres der Fall, katert Alles Hals über Kopf um. Bleibt es aber dabei, öffnen sich die Thore von Jildis- kiöschk. Der Sultan fährt auf den Hof der Moschee, gefolgt von zwei dicht verschlossenen Wagen mit Haremsdamen. Ein Muezzin ruft vom Minareh zum Gebet, ein Gesang, als ob der Mann an Leibschmerzen litte, der Sultan, in schwarzem Anzuge, geht in die Moschee. Sein Kaffeegeschirr wird ihm nachgetragen. Wenn etwa eine halbe Stunde verflossen, wird ein Fenster von einem Anbau der Moschee aufgemacht, zum Zeichen, daß der Sultan die Andacht beendete und die Parade beginnen kann. Die Truppen marschiren an dem Fenster vorbei, Musik spielt dazu, und in der panoramenhaften Um- gebung vollzieht sich ein militärisches Gepränge, das theils durch die phantastischen Uniformen der Soldaten, theils durch das fremdartige Aussehen der Leute großen Eindruck macht. Und diese herrliche Kavallerie! In Jerusalem sah das Militär allerdings bekemmert aus. Zum Schluß fährt der Sultan eigenhändig zurück nach seinem Palais. Die Würdenträger, Minister und Feldmarschälle laufen im Trab hinter seinem Wagen her. Dann folgen die Haremskutschen, die Frauen werfen Geld unter das Volk, und wenn auch hinter ihnen die Pforten von Jildiskiöschk sich schlossen, ist nur noch Pöbel auf dem Wege, der den frisch aufgestreuten gelben Sand nach Bakschisch durchrampelt. Mit klingendem Spiel kehren die Mannschaften in die Stadt zurück, und das Publikum verliert sich ebenfalls. Dies ist jeden Freitag so.

Der Sultan besitzt eine Anzahl der schönsten Paläste, die er jedoch nicht bewohnt. Nur in Dolmabagtsche wird der

Thronsaal bei großen Empfängen benutzt. An Top-Hane, der Kanonengießerei und dem Arsenal vorbei, gelangt man mit der Pferdebahn nach Dolmabagtsche, dem Mamorpalast: hinter Mauern mit goldglänzenden Prunkthoren und goldigen Gittern, gleichsam eine lange Reihe reicher Fassaden, als wären Tempel und Theater zusammengestellt. Marmorstufen führen von dem Marmorquai und dem blumigen Vorgarten bis an das Wasser hinab. Hier erfährt man, was orientalische Pracht bedeutet, so etwas zimmert die Phantasie sich nicht zu= recht, denn, so viel Marmor und Gold sie auch verbrauchen würde, ihr fehlt der Bauplatz am Grunde der parkbewaldeten Hügel, das blaue Meer, darin der Marmorbau wiederspiegelt wie aus Spitzen gewebt, und das strahlende Licht der süd= lichen Sonne, das jeder Farbe doppelte Kraft verleiht.

Aber nun erst der Palast drinnen! Giebt es noch an= derswo solche Säle in seltenstem Marmor, Gemächer mit gold= durchwirkten Tapeten, Teppichen der kostbarsten Art, Seiden= vorhängen, Möbeln aus Rosenholz und Gegenständen des verschwenderischsten Luxus? Der glasgedeckte Wintergarten, das Alabasterbad, das lichtdurchströmte, prangende Treppen= haus, jedes für sich ist ein Bild der Ueppigkeit. Einzelne Zimmer sind in abendländischer Weise mit Oelgemälden ge= schmückt. Gleich sieht es belebender darin aus; das bloße Architektonische und Kunstgewerbliche lähmt zuletzt die Besich= tigungsfähigkeit.

Auf einigen der Gemälde waren Pferdeszenen dargestellt, dieselben schönen Geschöpfe, die wir in Aegypten und Syrien oft bewundernd betrachtet, traten uns herrlich, wie in der Natur, entgegen. Wir sahen nach, wer sie gemalt: Adolf Schreyer stand in der Ecke geschrieben.

Der Thronsaal soll einer der größten europäischen Säle sein, an fabelhafter Pracht sucht er sicherlich seines Gleichen. Als wenn der Himmel durch Blumengeranke hineinschiene, so ist die kuppelartig gewölbte Decke in Farben gehalten. Eine Dame aus der Zahl der Besuchenden fragte den führenden Adjutanten, welcher vom Oesterreichischen zum Mohammedani= schen übergetreten ist, ob der Sultan in diesem Saale seine Hofbälle abhielte? Er erklärte ihr, daß gemischte Tanzver= gnügen den Gesetzen des Koran zuwiderliefen. Das hätte sie doch wissen müssen.

Eine Strecke weiterhin liegt der Palast von Tschiragan, ein Bau von nicht geringerer Pracht als Dolmabagtsche. Man darf sich ihm jedoch nicht nähern, weil der abgesetzte Sultan Murad darin gehalten wird und die Wachen auf Jeden schießen, der nicht Distanz hält. Und so giebt es noch mehrere, wenn auch kleinere Paläste an beiden Ufern des Bosporus, viele davon gehen langsam dem Verfall entgegen, einige sind bereits Ruinen. Auf der asiatischen Seite Beglerbeg-Serai ist erst in den sechziger Jahren von Abdul Asis erbaut, jetzt vertrümmert dies Marmorschloß, und im Innern gedeihen die Motten und der Holzwurm. In dem großen Springbrunnenbassin des zur ebenen Erde gelegenen Marmorsaales ließ der Sultan sich Wasserballete vorschwimmen, im Garten hielt er wilde Tiger, Leoparden und Strauße; nachdem jedoch seine Pulsadern mit der Scheere aufgeschnitten wurden, sind auch die Thiere allmälig eingegangen. Seine Frauen und Stieffrauen werden noch auf Staatskosten ernährt.

Welcher Abstand aber zwischen diesen Wahrzeichen der wahnsinnigsten Verschwendung und den unter aller Menschenwürde vernachlässigten geringeren Stadttheilen! Holzbaracke lehnt sich an Holzbaracke, und wenn eine Feuersbrunst einen großen Platz freilegte, erblickt man die Keller, Zisternenmündungen und Gänge, aus denen Keiner wieder an das Tageslicht gelangt, der einmal darin verschwinden gelassen wurde. Wenn es brennt, gehen nicht nur Dutzende, sondern oft Hunderte von Häusern in Flammen auf, denn die Spritzen müssen von den Hamals getragen werden und sind demgemäß viel zu machtlos gegen den Brand der trockenen Holzwohnungen, sondern mehr für Krankenstuben. Wer in den Nebenstraßen Veloziped fahren kann, ist in meinen Augen ein seltener Meister, aber ich fürchte, die einzige dabei herauskommende Prämie ist ein offener Kopf. Eine Dampfspritze kommt einfach nicht weiter.

Man bürgert sich an jedem Aufenthalt mehr oder weniger ein, Konstantinopel wird Einem jedoch von Tag zu Tag unliebsamer, man fühlt sich unsicher und das spiegelt ab. Die Vornehmen, welche in Pera wohnen und von den Hauptstraßen nie herunterkommen, die Schönheiten der Gegend von der Equipage aus betrachten und unter sich das angenehmste gesellschaftliche Leben führen, die Theater während der Spiel-

zeit besuchen, ihre Klubs haben, in den eleganten echten
Bierhäusern verkehren, empfinden das wohl weniger, wie die
Durchreisenden, die das Abweiden des Sehenswerthen auch
in bedenkliche Gegenden bringt, welche bei Tage nur in Be-
gleitung, am Abend garnicht zu passiren sind.

Unser Leutnant war höchst verstimmt. Wenn es Tage
lang dreeschte — und es regnete Blasen — konnten ihn selbst
die gefüllten Pfannkuchen nicht besänftigen, welche Mutter
Kiltrey in idealer Vollkommenheit buck. „Ein gräßliches Nest,“
schalt er. „Wie lange das noch geduldet wird?“ — „Man
kann es doch nicht in den Bosporus hineinraken.“ — „Leider
ist das unmöglich.“ — „Wieso leider?“ — Nun legte er los.
Was er Alles aufzählte, habe ich nicht niedergeschrieben,
jedoch darin mußte ich ihm beipflichten: richtig gehandhabt,
würden Stadt und Land an Wohlstand überfließen.

Trockene Stunden wurden benutzt, um Alles zu sehen,
was der Fremde sehen muß. Denn wird er hinterher gefragt
und er war nicht da, zieht er sich sowohl Bedauern wie
Vorwürfe zu. Trotzdem ging ich um die Moscheen herum
und nie hinein, mit Ausnahme der Sophien-Moschee, welche
gegen zehn Piaster Entree (etwa zwei Mark) mit übergezogenen
Lederpantoffeln betreten werden darf. Ihre Größe ist gewaltig, erdrückend, aber nicht erfreuend, weil die Türken die
andächtige Pracht früherer Zeiten theils roh übertüncht, theils
mit mohammedanischen Zuthaten versetzt haben, wodurch ein
Mischmasch von Erhabenheit und kleinlicher Geschmacklosigkeit
entstanden ist, den ich nicht schön finden kann, und wenn man
mir eine blank geputzte Million auf den Tisch legte. Dies
darf man jedoch nicht aussprechen.

Von der Aja Sophia gingen wir nach dem nahe gelegenen Hippodrom, der jetzt wie ein verwilderter Marktplatz
aussieht und mehr geschichtliche Erinnerungen beansprucht,
als wir unser eigen nannten. Nur die bronzene Schlangensäule, auf welcher ehemals die Pythia zu Delphi orakelte,
fesselte mich. „Siehst Du, Karl,“ sagte ich, „Du glaubst nie
an Wahrsagen, hier hast Du nun den unleugbaren historischen
Beweis.“ Er schwieg. Solche Thatsachen stößt kein Zweifel um.

Weiterhin das Janitscharen-Museum ist ein Panoptikum
von verschwundenen alten Trachten auf hölzernen Puppen.
Die echten Stoffe sind durch Futterkattun ersetzt. Wenn die

Türken früher so umherliefen, müssen sie mehr als schreckhaft
gewesen sein. Wir verließen den Schauplatz in größter
Heiterkeit.

Vom Hotel nach Stambul hinüber war jedesmal eine
Reise. Erst nach dem Tunnelplatz, dann mit der Seilbahn
hinab, dann eine Strecke durch Galatas kothige Gassen,
dann über die Brücke, wo weißkittelige Männer das Brückengeld sammeln. Ihre Anzüge sind ohne Taschen; wenn sie
die Hände voll Münzen haben, müssen sie rein am Schalter
der Einnehmerbuden abliefern. — Der Verkehr auf der Brücke
ist schon mehr Völkerwanderung. Die Lokaldampfer legen
auch dort an, so daß die Passagiere zum Zoll herangezogen
werden. Eine Gesellschaft, die an beiden Seiten des goldenen
Hornes feste Landungsbrücken und Quais errichten wollte, ist
abschlägig beschieden. Ebenso erhielt eine seit 1875 fertig-
gestellte Eisenbahn von Mudania nach Brussa auf der klein-
asiatischen Seite immer noch keine Erlaubniß zum Betriebe.
Das Gras wächst zwischen den Schienen und in den Warte-
sälen. Warum? Das kann nur eine gut angedämpfte Pythia errathen.

Die Lokaldampfer sind immer besetzt. Sie fahren nach
Skutari, den Prinzeninseln und den zahlreichen Stationen am
Bosporus. Man muß sich genau um die Abfahrtszeit
kümmern, da die türkische Zeitrechnung sich mit dem Monde
dreht. Der Tag wird nach der Sonne eingetheilt, Sonnenuntergang ist Zwölf. Deshalb müssen die Uhren mindestens
alle fünf Tage gestellt werden, was die wenigsten vertragen.
Ich sah voraus, wie es kommen würde, ohne auf der
Schlangensäule zu sitzen: die Waterbury konnte sich nicht in
die astronomische Behandlung finden. Eines schönen Tages
sagte sie „Surr" und that nicht mehr mit. Mein Karl war
wie neugeboren, als er sich eine billige Uhr angeschafft hatte,
die pflichttreu ging.

Für den Besuch des großen Bazars ist es nothwendig,
einen Hotel-Dragoman mitzunehmen, sonst findet man weder
hin noch in dem Gewirre der Gäßchen und überwölbten
langen, gewundenen, sich kreuzenden Gänge zurecht. In diesem
Labyrinth, sagt man, verlaufen sich selbst Einheimische. Sowie ein Fremder in dem Jahrmarktsgewühl auftaucht, wird
er von Verkäufern angerissen, von Unterhändlern in allen

Sprachen angefeilt und feinen Augenblick mehr der eigenen
Freiheit überlassen. Das Beinbrechpflaster der engen Gänge
kommt den Leuten zu Hülfe, entrinnen ist nicht. Der Dragoman zieht natürlich die Geschäfte vor, welche ihm Prozente
zahlen, so daß man willenlose Beute wird, wenn man nicht
entzornt. Hierzu war unser Leutnant unersetzlich, und auch
wir hatten auf der Reise hinreichend Erfahrung gesammelt,
uns nicht einschüchtern zu lassen. „Ruch" und „imschi" galt
nicht mehr, dafür sagt man türkisch „Haide git!"

Jn der Folge behalfen wir uns ohne Dragoman, gingen
in die Teppichmagazine, in den halbdunkeln Waffenbazar, in
den ägyptischen Bazar, wo Gewürze und Arzeneiwaaren
angehäuft sind, und wohin es uns sonst beliebte. Bei einem
dicken Türken kauften wir echtes Rosenöl zum Mitnehmen und
das seltene Aloeholz, das kostbarste Räucherwerk. Namentlich
aber zogen uns die Teppiche an.

Jn Konstantinopel legt man denselben Werth auf schöne
Teppiche, wie bei uns auf Gemälde, ja, sie werden sogar
wie diese an die Wände gehängt. Sie sind der Stolz ihres
Besitzers, und zuletzt kommt man unwillkürlich selbst in die
Teppichwuth hinein. Es ist unmöglich, zu widerstehen, diese
farbigen Wirkereien aus Bochara, Dhagistan, Tiflis, Persien,
Smyrna sind zu verlockend, als daß man nicht etliche er-
handelte. Auf Teppiche pürschen machte mir das größte
Vergnügen.

Jn dem Bazar werden jährlich Millionen und aber
Millionen umgesetzt; wer den Betrieb sieht, glaubt es.

Der Tabak, welcher enorme Summen einbringt, wird in
der Tütünfabrik verarbeitet, denn Tabak heißt türkisch Tütün.
Wir hatten Erlaubniß zur Besichtigung dieses Monopol-
institutes und fuhren in einem Kaik dahin. So ein Boot sieht
niedlich aus, wenn man aber drinnen ist, wünscht man nichts
sehnlicher, als wieder auf festem Land zu sein.

Bei dem Mangel jeglicher Bank ist man gezwungen, sich
ottomanisch, mit untergeschlagenen Beinen auf den platten
Boden zu setzen, rührt man sich, kippt die Nußschale um, und
die Buchholzen schwimmt im goldenen Horn bei den Kartoffelschalen. „Nein," sagte ich, als wir mit Mühe und Noth
heraus waren, „Ertrinken spiele ich nicht wieder mit; Haide
git Kaik."

Die Tütünfabrik muß Raucher in hohem Grade an-
heimeln, Finanzminister aber noch mehr. Diese Massen
von Tabak und das Geld, was er abwirft! Die gelben
Blätter werden sortirt und geschnitten, theils mit Maschinen,
theils, und zwar die besseren Nummern, mit der Hand. Den
geschnittenen Tabak wägen junge Mädchen ab und füllen ihn
in Packete, so geschwind, daß man der Hantirung kaum
folgen kann. Hunderte und aber Hunderte beschäftigen sich in
den Sälen nur mit dem Verpacken des Tabaks. Und nun erst
die Zigarrettenfabrikation. Das geht so behende, als wäre
jeden Augenblick Thorschluß, und die bestellte Anzahl müßte rasch
fertig gedreht werden. Auch Maschinen sind im Gange, welche
die Hülse selbständig kleben, stempeln und voll Tabak stopfen.
Die Arbeiterinnen sind meistens Jüdinnen, es waren bild-
hübsche darunter. Drei Schließtage hat die Tütünfabrik in
der Woche: Freitags den türkischen, Sonnabends den jüdischen
und Sonntags den christlichen Feiertag.

Während unseres Aufenthaltes hatten wir viele Deutsche
kennen gelernt. Sie haben ihre Vereine: die „Teutonia" und
den „Deutschen Handwerker-Verein". Das Gesellschaftshaus
der „Teutonia" am unteren Ende der Perastraße hat Lese-
zimmer, Billard, Kegelbahn, ein stilvolles Zimmer zum Bier-
trinken und Skatspielen und einen Theatersaal. Hier halten
sie ihre Bälle ab, ihre Musik- und Theateraufführungen, und
schaffen sich die Gemüthlichkeit, welche Konstantinopel an und
für sich nicht hervorbringt. In den nutzigen Theatern der
Stadt giebt es französische oder griechische Komödie oder
italienische Oper; zu unserer Zeit trieben Hypnotiseure und
Taschenspieler sowie ein Wachsmuseum ihr Wesen darin.
Da ist es schon besser, sich selbst etwas vorzunimmen und eigene
Kunst zu pflegen.

Wir haben angenehme Stunden in der „Teutonia" ver-
lebt. Herr Dr. Weiß ist ihr Präsident und leitet das Ganze
mit großer Umsicht. Zu den Aufführungen kommen die Botschafter mit ihren Familien und die Honoratioren der deutschen
Kolonie. Es sind vorzügliche musikalische Kräfte vorhanden,
deren Leistungen weit über das Liebhaberische hinausgehen,
wirkliche, gediegene Künstler. Wir hörten eine Aufführung
von Max Bruchs „Glocke", Damen- und Herrenchor, ausgezeichnet. Die Zuhörerschaft in Balltoilette nahm innigsten

Antheil und gab sich den Worten und Tönen mit Genuß hin.
Der Tenor, Herr Rektor Lang, sang gerade schmelzend: „Ach
daß sie immer grünen bliebe, die schöne Zeit der ersten Liebe",
als es draußen plötzlich loskrachte. Bautz, ging es, Bautz
und Bums hinternach. Dies war der Anfang des griechischen
Osterfestes, das auf der Straße mit Schießen und Losbrennen
von Schwärmern und Kanonenschlägen begangen wird. Das
Bombardement blieb nicht nur bis zum Schlußchor „Friede
sei ihr erst Geläute" bei, sondern dauerte noch zwei Tage,
obgleich es strenge verboten ist. Daran kehrt sich aber
Niemand. Als ich am folgenden Nachmittage in die Buchhandlung von Lorenz & Keil wollte, flog mir ein platzender
Schwärmer dicht am Kopfe vorbei. In gewisser Beziehung
ist Konstantinopel das Land der Freiheit.

Unser Leutnant war schon abgereist, er mochte nicht mehr.
Wir hatten noch eine Tour nach Skutari unternommen, auf
den Bulgurlu mit der paradiesischen Aussicht nach dem schnee-
gipfligen Olymp von Brussa hinüber und über den Bosporus
auf das Häusermeer von Konstantinopel. Durch den Zypressen-
kirchhof von Skutari fuhren wir an die Dampfschiffsstation.
Diese Kirchhöfe sind wundersame Wälder von dunkelgrünen
Zypressen, kein Tannenforst thut es ihnen an Düsterkeit nach.
Darin stehen die Leichensteine, lebensgroß wie Menschen, oben
drauf, aus Stein gehauen, ein Turban oder ein Fez. Zahllos
stehen sie da: aufrecht, schräge, im Umsinken begriffen, aneinander gelehnt und viele liegen zerbrochen neben den Stämmen
der Bäume. Wie eine Armee Todter sehen sie aus, in die
eine Salve hineinsauste. Aber sie haben keine Antlitze; unter
dem Turban ist es leer, schauerlich leer. Die Griechen be-
lebten den Marmor, die Türken machen ihn tödter als todt.
Wurden die Begrabenen bei Lebzeiten geköpft, dann sind die
Turbane unten an den Denksteinen angebracht; die der Frauen
sind an eingemeißelten Blumenranken kenntlich, arabische
Schrift steht auf allen zu lesen. Die Türken verbringen ganze
Tage in den Hainen der Verstorbenen, rauchen und trinken
Kaffee. Auch Weiber hocken truppweise zusammen und
naschen Süßigkeiten. Für mich wäre dieser Aufenthalt zu
kuhlengräberisch.

Bei unserem Abstecher in das Asiatische sahen wir, was
die Türken unter Landwegen verstehen. Die Bauern haben

schon Recht, wenn sie nicht mehr Feld bearbeiten, als eben zum Leben nothwendig; den Ueberschuß können sie ja doch nur mit größter Beschwer fortschaffen.

Als wir unsern Leutnant an das Schiff gebracht hatten, fehlte uns etwas. Das war so gemüthlich, wenn er Tante sagte; es wird aber in Deutschland Jemand wohl schon lange ausgeschaut haben, ob „das liebe Er" nicht bald komme. Wäre er geblieben, würde er noch mancherlei miterlebt haben, was ihm gefallen hätte. Die alten Mauern von Stambul, das Kanonenthor, durch welches die Türken eindrangen, als sie Byzanz eroberten, sind für Militär ganz besonders beachtenswerth, und die Zigeunerlager im Innern der Stadt neben den Mauern sieht man anderwärts auch nicht wieder. —

Das Glänzendste war die Illumination an Sultans Geburtstag. Bei Jildiskiösck war nicht nur die ganze Moschee mit Lampen besteckt, daß ihre Umrisse wie in feurigen Linien gezogen erschienen, sondern auch alle Wege waren mit Lichtern eingefaßt. In den Gärten die Beete und Bäume leuchteten in gleicher Weise. Die Fenster der Häuser strahlten, auf den Häusern erglühten farbige Halbmonde und Sterne. Zwischen den Minarehs der Moscheen schwebten riesengroß aus Laternen gebildete Koransprüche in der Luft. So weit das Auge reichte: funkelndes Schimmern, unten am Bosporus, drüben Skutari, Alles flimmerte und blinkte. Dazu unaufhörliches Feuerwerk, Raketen, elektrische Sonnen, bengalische Flammen, bunte brennende Blumen, ohne Pausen stundenlang. Die Musikkapellen spielten in einem der Gärten vor Jildiskiösck. In dem anderen saßen die Frauen auf der Erde. Tausende von Menschen waren unterwegs, aber es herrschte, ohne Polizei, die größte Ordnung. Solche Rusti-Brüder, wie sie bei uns in großen Städten sich pöbelhaft betragen, kamen nicht zum Vorschein. Der äußere Anstand und die Förmlichkeit im Umgange, welche dem Türken eigen ist, macht dergleichen Ausschreitungen unmöglich. Giebt es irgendwelchen Skandal, sind Griechen oder Armenier aneinandergerathen, und dann ist lautes Geschelte die Hauptsache.

Allmälig rüsteten auch wir uns zum Abmarsche. Vorher waren wir zu einem Konzert in dem Festsaal der deutschen Botschaft, das zum Besten der Ueberschwemmten in Deutsch-

land stattfand. Der Sultan hatte fünfhundert türkische Pfund
gespendet, und seine unter einem italienischen Dirigenten
stehende Musikkapelle zur Verfügung gestellt. Die Türken
waren trefflich eingeübt. Der deutsche Gesangverein trug
Chorlieder vor, wie man sie nicht besser hören kann, und als
die Hauptnummer kam, das „Stabat mater" von Rossini, da
wirkten die Schulkinder mit, so liebe deutsche Gesichter, so
glockenrein die Stimmen, daß mir das Herz aufging.

Ebenso sehr wie das Konzert interessirte mich natürlich
die glänzende Zuhörerschaft. Die Damen in den geschmack-
vollsten Toiletten, ein Subskriptionsball ist nicht feiner, die
Herren entweder in Gala-Uniform oder Frack. Den Fez behalten die Türken auch bei solchen Gelegenheiten auf, was
sehr farbenreich aussieht. Die vornehmste Gesellschaft von
Pera war anwesend, wir sahen die Botschafter mit ihren
Damen, die deutschen Generäle, welche in türkischen Diensten
stehen, Minister des Sultans, und hatten den Vorzug, Herrn von
Radowitz, dem Botschafter des Deutschen Reiches, vorgestellt
zu werden, der uns fragte: ob wir bereits in Therapia gewesen und den Sommersitz der deutschen Botschaft gesehen?
Als wir dies verneinen mußten, ward uns die liebenswürdige
Einladung, am nächsten Tage mit der „Mouche", dem
kleinen Botschaftsdampfer, hinauszufahren, worüber wir hoch
erfreut waren.

Am folgenden Nachmittage lag die „Mouche" bei
Dolmabagtsche, bedient von der Mannschaft der „Loreley",
und da sie während der Fahrt näher ans Land gehalten
werden konnte als große Passagierdampfer, war es gleichsam,
als ginge man die Ufer ab.

Die Dinte, mit welcher der Bosporus beschrieben werden
kann, muß noch erst erfunden werden. Man fährt von
Dolmabagtsche bis Therapia durch eine siebzehn Kilometer
lange Gemäldegalerie, die auf beiden Seiten landschaftliche
Meisterwerke ersten Ranges darbietet. Hier sitzt das Ge-
heimniß der Zauberin Konstantinopel, welche es trotz ihrer
intimen Unreinlichkeit noch Jedem angethan hat. Wer sie
fliehen will, den erfaßt am Bosporus die Sehnsucht; der
kehrt zurück, um dennoch wieder einzusehen, daß äußere
Schönheit doch nicht glücklich macht.

Da die Ufer des Bosporus als eine hinundwieder durch-
brochene Verlängerung von Konstantinopel erscheinen, muß
Einem gesagt werden: dieser Ruinenplatz ist eine frische Brand-
stätte, dies ist ein Albanesendorf, jenes ein griechisches, hier
bei dem Zypressenfriedhofe das zwingburgartige Mauerwerk
ist Rumili-Hissar, das Rumelische Schloß, früher die Thürme
der Lethe genannt, weil jeder in diese Staatsgefängnisse Ge-
setzte ins Album der Vergessenheit eingetragen war. Es zer-
fällt jetzt ebenso wie drüben in Stambul das Schloß der
Sieben Thürme, wo noch der Blutbrunnen vorhanden ist, in
den die abgesäbelten Köpfe der Hingerichteten geworfen wurden, wenn nicht befohlen war, sie draußen auszuhängen.
Steinblöcke verdecken jetzt die Brunnenöffnung, damit keiner
der Bakschisch zahlenden Fremden hineinfehltritt, welche erst
wieder athmen, wenn sie aus den geborstenen Kerkern
und Martersälen heraus sind, wo die seidene Schnur eine
Auszeichnung für Hochgestellte war, das Richtschwert, die
eisenbeschlagene Keule und der Strang dagegen bei Untergeordneten angewandt wurden. Auch schnitt man dort Rie-
men aus der lebendigen Haut. Verurtheilte aus dem geist-
lichen Gelehrtenstande wurden in einem großen Mörser langsam zermatscht. Die Gesandten der Mächte, mit denen die
Sultane Krieg führten, sperrte man so lange in diese auf-
regende Häuslichkeit ein, bis der Friede geschlossen war.

So etwas kommt heute nicht mehr vor. Wird Krieg
erklärt, läßt der Botschafter den „Stationär" heizen und sagt
Adieu. Der Stationär unseres Reiches war augenblicklich
die „Loreley". Als die „Mouche" mit der deutschen Kriegs-
flagge vorbeifuhr, wurde salutirt. Auch die Posten der türkischen Wachen salutirten mit Hornsignalen, so oft das
Dampferchen vorbeikam, und der Botschafter erhob sich dann
und grüßte durch Abnehmen des Hutes wieder. Die Zeit
der Sieben Thürme ist ins alte Eisen geworfen.

Das Grundstück, auf welchem die Sommerresidenz des
deutschen Botschafters in norddeutschem Fachwerkstil erbaut
wurde, hat der Sultan im Jahre 1880 Kaiser Wilhelm, dem
Siegreichen, zum Geschenk gemacht. Es ist ein köstlicher,
großer Park; in der Nähe des Palais vom Gärtner gezähmt,
weiter rückwärts Wald und Wildniß, mit Wasserläufen und
Schluchten, mit versteckten Pfaden durchzogen, die zu Wiesen

und Ausblicken führen. Unter den Eichen und Kastanien be-
gehen die Deutschen ihre familien-Sommerfeste mit Lagern im
Grünen im Schatten des Lorbeergebüsches, Spiel und Tanz,
Kaffeekochen im freien, Bierauflegen, Würstchensieden, ganz
so, als wenn Berliner in dem Grunewald gesellig sind. Am
Abend bei der Heimkehr klingt das fest noch nach, dann hal-
len deutsche Lieder von den Schiffen über den Bosporus, die
Lieder vom fernen Vaterlande, zu denen das Heimweh die
Melodien erfand, der Sang von der Krone auf dem Grunde
des Rheines, die nun strahlend über Hohenzollern schwebt.
Da stimmt die Jugend fröhlich ein, und das Ufer von Asien
hört es und das Ufer von Europa. Wo Deutsche sind,
ist auch das Lied, und aus dem Liede spricht des Volkes
Seele.

In Therapia sind ferner die Sommerpalais der englischen, französischen und russischen Botschafter und viele Villen,
in denen Vornehme aus Pera die heißen Monate verbringen,
da der beständige Nordwind vom Schwarzen Meere her die
Sonnengluth mildert.

Auf der Rückfahrt nahm die asiatische Seite unsere Aufmerksamkeit in Anspruch; sie ist nicht minder herrlich wie die
europäische. Als die „Mouche" bei Dolmabagtsche anlegte,
sagte Exzellenz von Radowitz: „Daß die Buchholz nur ja die
Dampfdroschke erster Klasse nicht vergißt!" — „Die kommt
mit ins Buch. Die fahrt auf dem Bosporus bleibt unvergeßlich."

Einige Tage vor unserer Abreise begann der Ramasan,
der Monat, in welchem die Mohammedaner, so lange es hell
ist, fasten und die Nacht zum Tage machen. Sobald ein
Kanonenschuß den Sonnenuntergang verkündet, nehmen sie
den ersten Bissen zu sich und präpeln dann die ganze Nacht
durch. Die Moscheen sind illuminirt, in den Straßen brennen
Lampen aller Art, und Kaffee trinkend und rauchend sitzen
die Türken draußen und verdauen. In Stambul giebt es in
großen Bretterbuden türkische Komödie und Schattenspiel an
der Wand mit kleinen unanständigen figuren, selbst für das
reifere Alter zu heftig. Man sagte uns, im Ramasan sei
das Volk am lustigsten; mir kam es vor wie vergnügte
Leichen. Laute freude, von Herzen kommenden frohsinn
sucht man im Orient vergeblich im öffentlichen Leben.

Als wir nach Galata hinunterstolperten, um auf der
Agentur des österreichischen Lloyd Plätze auf dem Dampfer
nach Varna zu nehmen und vorsichtig Fuß vor Fuß setzten, um
den halsbrecherischen Lunken und Pfützen auszuweichen, ruft
mit einem Male Jemand hinter uns: „Sind Sie es, Frau
Buchholz, oder sind Sie es nicht?" — Erst erkannte ich ihn
nicht, den jungen Matrosen, der uns anlachte, dann aber
rief ich: „Herrjeh, Eduard Krause! Wo kommen Sie her?"
— „Mit der „Thusnelda" von Genua." — „Sagen Sie blos,
wie geht es Ihnen?"

Er wollte nicht mit der Sprache heraus, zufrieden schien
er nicht. Konstantinopel aber, meinte er, könnte ihm gefallen;
jeden Abend Musik, Singsang und Tanz. „Eduard," rügte
ich, „denken Sie auch an sparen?" — „Man gewinnt immer
wieder Geld," erwiderte er. „In den Konzertlokalen sind
überall Spielbanken, wo man zusetzen kann." — „Jawohl.
Ihre sämmtlichen Moneten. Eduard, diese Höhlen sind kein
Aufenthalt für Sie." — „Wo soll man sonst hin, um sich mit
Damen zu unterhalten? Ich kann mich ja auch türken lassen." —
„Eduard!" — „Das wäre gar nicht übel; auf die Weise hat
schon Mancher sein Glück gemacht." — Was ich ihm hierauf
mittheilte, kürzte die Begegnung bedeutend ab. Mein Karl
verschwendete noch einige gute Lehren, aber was fruchten
die bei Einem, der von Klein auf seinen eigenen Willen
durchsetzte? „Er ist im Stande dazu," sagte ich. „Wie hände-
ringend für die Eltern, einen Türken zum Sohn zu haben.
Und wie niederschlagend, wenn die Alten in aller Ordentlichkeit im ewigen Jenseits sitzen und der Junge nebenan bei
Mohammeten mit den Mädchen schäkert. Na, die Krausen
wird Augen machen." — „Du wirst ihr doch nicht erzählen,
wie er Dich geuzt hat?" — „Meinst Du so herum? Karl,
die menschliche Schlechtigkeit entdeckt man immer erst, wenn
sie zu spät ist. Hätte ich das zehn Minuten früher gewußt!
Der Flapps!"

Was ich nothwendig mitnehmen mußte, war eine türkische
Kaffeekocheinrichtung. Kaffee ist das Vorzüglichste des Orients
von Aegypten an. Die gute Frau Kittrey lehrte mich seine
Zubereitung. Erstens dürfen die Bohnen nur schwach ge-
brannt und müssen zweitens entweder gestampft oder auf
besonderen Mühlen in ein Mehl so fein wie Kakaopulver

verwandelt werden. In einem verzinnten Kochtopfe aus
Messing oder Kupfer, der unten breit, sich nach oben zu ver-
engt und einen Ausgußrand hat, bringt man Wasser zum
Sieden, giebt Zucker hinein und auf jedes Täßchen einen
gehäuften Kaffeelöffel von dem Kaffeepulver, rührt um und
läßt einmal aufwallen. Ist dies geschehen, nimmt man den
Topf vom Feuer und läßt noch einmal flüchtig von der Seite
brodeln. Obenauf muß eine bräunliche Sahne bleiben, von
der man in jedes Täßchen ein Wenig gießt, denn dieser
Schaum ist das Beste. Darauf vertheilt man den Rest in
die kleinen Täßchen. Freilich kommt etwas Satz in die Tassen,
aber den trinkt man nicht mit. Milch fällt weg. So wird
der Kaffee alla turca hergestellt, den die Araber jedoch
Kahwe nennen. Der filtrirte Kaffee nach unserer Art, der
Kaffee alla franca, ist gewöhnlich ungenießbar, obgleich dieselben Bohnensorten genommen werden. Solche Plansche
bringt selbst die Bergfeldten nicht zu Stande.

Mühle und Kanne waren die letzten Erwerbnisse; wir waren
reisefertig. Der Hundefamilie in der Derwischstraße wurden
noch etliche Brödchen verabreicht. Es waren gute Thiere,
wie gelbrothe Schäferhunde, Vater, Mutter und ein Junges.
Die Hunde haben ihre Reviere; kommt ein fremder Köter,
fallen sie über ihn her und vertobacken ihn barbarisch. Unsere
begleiteten uns, so oft wir ausgingen, bis an das Ende der
Straße, aber nicht weiter, denn da war die Grenze ihres Be-
zirkes. Sonderbar ist, daß sie die Haushunde der Europäer
ungeschoren lassen. Steuer bezahlen sie nicht, weil sie keine
Herren haben, die für sie auslegen, sonst ließe sich eine An-
leihe auf türkische Hundeerträgniß gründen. Sie nähren sich
von mitleidigen Gaben und dem Durchschnüffeln des Abfalls,
der Abends vor die Häuser geworfen und von da nächtlicher
Weile in das goldene Horn abgeführt wird. So erklären
sich die Kartoffelschalen und Salatstengel auf dem Wasser und
der Geruch in den Straßen, der weder von Ambra noch von
Rosen herrührt, sowie Nachts das Hundegeheul und Gebeiße
bei den Abfallhaufen. Ich fragte, wie es mit der Tollwuth
wäre und erfuhr, daß, wenn ein Hund erkrankt, die übrigen
ihn zerfleischen und auffressen. Es ist kein Thier so unver-
nünftig, etwas Vernunft hat es doch.

Und nun Adieu Konstantinopel; es ist Zeit. Ein herzliches Lebewohl Allen, die sich unserer annahmen, und unsern Hotelwirthen Dank für ihre Sorgfalt und Aufmerksamkeit. Noch zum Schluß gab uns Frau Kittrey ein Fläschchen Trosttropfen mit, Kognak auf Erdbeeren, selbst angesetzt, gut gegen Seekrankheit. — Bei hellem Sonnenschein dampften wir durch den sinnberückenden Bosporus. Wie im Theater die Schlußapotheose oft das ganze Stück herausreißt, so verklärt diese irdische Herrlichkeit Konstantinopel. Die Stadt selbst zehrt an altem Ruhme, den sie errang, als andere Städte noch ärmlich und unbedeutend waren. Jetzt aber ist sie überflügelt. Das Lebende, sich schön Entwickelnde hat Recht, das Absterbende, Verfaulende kann ihm den Rang nicht streitig machen.

Heimwärts.

Das Schwarze Meer war bald erreicht. Die Rettungs-station auf dem Gebirgsufer bei der Einfahrt erfreut sich der Anerkennung aller Seefahrer. Die Kliffe und Riffe, welche aus dem Wasser hervorragen, waren schon den alten Griechen als gefährlich bekannt. Die beiden größten nannten sie Symplegaden und behaupteten, die Felsen hätten früher stoßweise zusammengeklappt, um die Schiffe zu zermermeln, die richtige Lesart wird wohl die sein, daß die Fahrzeuge einfach gegen rannten.

Varna war unsichtbar, als wir nach vierzehnstündiger Fahrt am Frühmorgen hielten; Nebel und nichts als Nebel. Die Kähne kamen. Gottlob die letzte Ausschiffung, die der Landung bei Jaffa an unfreiwilliger Einladung zum Bäder-nehmen wenig nachgiebt. Paß und Zoll und Bakschisch wie in der Türkei. Dann auf die Eisenbahn.

Je weiter wir in Bulgarien hineinkamen, einen um so besseren Eindruck machte es. Hier fing Ackerbau wieder an, und wenn auch Manches noch hochgradigen türkischen Bei-geschmack hatte, merkte man doch Vorwärtsbestrebungen. An den Bahnhöfchen verwelkten gerade die Guirlanden, welche Fernant'n zu Ehren angehängt waren, der vor etlichen Tagen sein Land bereist hatte. So fuhren wir mitten durch die bul-garische Frage.

Nach sieben Stunden kam Rustschuk mit dreiviertelstündiger Dampfschiff-Uebersetzung über die Donau nach Giurgewo. Paß- und Zollrevision. Orient-Expreßzug. Bahnsprache französisch, mit Stummheit und richtigem Billet geantwortet. Viel Hochwasser hatte die Donau geliefert, sie glich stellenweise einem großen See.

Also dies war nun Rumänien. Die Feldbestellung erschien reichlicher; auf den Stationen wurden Massen von Getreide verladen. Was man von dem schnellfahrenden Zuge aus sah, Aecker, Ortschaften, Wald und Wege, unterschied sich von dem Türkischen himmelweit. Es war Zucht darin. Das Land ist schön bis nach Bukarest hin, fruchtbar und bearbeitet.

Vor zehn Jahren soll Bukarest eine Stadt gewesen sein, die an allen Mängeln orientalischer Städte litt, jetzt hat sie sich glänzend herausgemacht. Wenn Konstantinopel nur den hälften Aufschwungsgeist besäße, könnte es froh sein. Wir wissen ja aus eigener Erfahrung, was zehn Jahre Städteumkrempelung bedeutet, aber so etwas will gemacht sein. Durchwandelt man Bukarest, selbst die ärmeren Viertel, giebt sich wohl Kleinstädtisches kund, aber niemals das Unsaubere des echten Orients. Es herrscht ein allgemeiner Sinn für Ordnung und Reinlichkeit. Die Hauptstraßen sind so großstädtisch, wie man nach den Schilderungen nicht erwartet. Fuhrwesen, Beförderung stehen auf hoher Stufe. Die Hotels sind großartig', an eleganten Restaurants und stilvollen eigengebrauten Bierhallen gebricht es nicht. Der Wein des Landes, von dem uns gesagt war, ist nicht nur vortrefflich, sondern ein großer Ausfuhrartikel nach Frankreich. Warum holen wir ihn nicht selbst, machen wie die Franzosen Bordeaux daraus und bringen wieder Waaren als Gegentausch dorthin?

Es herrscht Bildschönheit. Die Toilette erste Mode. Hier hätte unser Leutnant mehr kokettirt, als ich ihm gestattet haben würde. Entweder er brach Herzen oder das seine zerklüftete. Wozu hatte er sich dann mit dem Jordanwasser beladen?

Wir hegten nur noch einen Wunsch, der in Konstantinopel angeregt worden war, nämlich den, das Schloß Pelesch zu sehen.

Wir kamen auch dahin. Nach etwa vierstündiger Eisenbahnfahrt durch weite Strecken wallender Kornfelder, an
Ortschaften vorbei, deren Kirchenkuppeln goldig in der
Morgensonne schimmerten, brächte uns der Zug über flüsse
und Bäche in das Gebirge hinein bis nach Sinaja. Vor
vielen Jahren war hier nur Walddickicht, in dem ein Kloster
stand, als sei es vergessen. Jetzt aber ist das Mönchshaus
nicht mehr allein, ein wunderhübsches Badestädtchen mit
großen Hotels, Kaltwasseranstalt, Parkanlagen: Sinaja, der
Sommeraufenthalt wohlhabender Bukarester leistet ihm Gesellschaft. Auf manchen Landkarten sucht man Sinaja vergebens, es ist kaum vierzehn Jahre alt, denn es erstand seit
der Zeit, als König Karl der Erste von Rumänien sein
Lustschloß Pelesch zu bauen begann, welches von der Thal-
schlucht geborgen wird, durch die der Peleschbach plätschernd
der Tiefe zuströmt.

Wer den Waldweg entlang schreitet und bei der Biegung
das Schloß erblickt, steht wie gebannt. Wo bleiben nun die
Paläste des Orients, die Marmor-Serais und Kiöschke?
So prangend sie auch waren, dies Eine hatten sie nicht: den
Zauber der Romantik, den wir Alle kennen, denen die
Mutter in heimlicher Dämmerstunde erzählte: „Es war ein-
mal". — Wie alte Sagenzeit steht Schloß Pelesch da. Riesen-
tannen umschatten es, felswände, schroffe, schneewahrende
schirmen es und der Waldstrom umrauscht es Tag und
Nacht.

Und wie von außen, so ist das Schloß auch drinnen;
Kunst ist ihm eigen, nicht die todte Pracht der Sultans-
paläste. In dem Lichthofe plaudert der Springbrunnen mit
den Helden der Nibelungensage, die, an den Wänden dargestellt, den Eintretenden fragen: „Weißt Du auch von uns, daß
wir Deutsche waren?" Die Gemälde der alten und neuen
Meister in den königlichen Gemächern fragen: „Warum seht
ihr uns so verzehrend an?" — „Wir kommen aus dem Orient,"
sprachen wir, „wo man begreifen lernt, was dem Leben fehlt,
wenn es der Kunst entbehren muß. Nun sättigen sich unsere
Augen an Eurem Anblicke." — Das Arbeitszimmer der Königin hat einen Erker, durch dessen glasgemalte fenster das
Dornröschen zusieht, wenn Carmen Sylva sinnend am Schreibtische sitzt und dichtet. Viele meinen, der Wald und der

Peleschbach flüsterten der Königin zu: Das glaube ich nicht. Tiefes Leid und nimmer versiegende Liebe kennt weder der Wald noch der Bach, die kennt nur das Menschenherz allein, und aus dem Herzen kommen die Lieder einer Königin. Auf dem Schreibtische lag ein beschriebenes Blatt, ein Gedicht, die Dinte noch frisch. Die Worte habe ich nicht mehr behalten, wohl aber den Sinn. Eine Gunst ersehnt die Dichterin: Des Mondes Licht zu sein, daß sie zwei theure, weit getrennte Gräber zu gleicher Zeit umarme.

Dem König und der Königin begegneten wir und erhoben die Augen frei, wie wir unserem Kaiserpaare froh ins Antlitz schauen. Der König gleicht etwas dem Kaiser Friedrich in den Gesichtszügen, von Gestalt ist er kleiner. Die Königin ist schlank und schön gewachsen; das fromme, holde Angesicht vergißt nie, wer es einmal sah. —

Obgleich ich gegen Politik bin, weil zu viel Leute, statt sich in ihrem Gewerbe zu vervollkommnen, die nutzbarste Zeit verkannegießern, konnte ich doch nicht umhin, als wir am nächsten Tage von Sinaja nach Kronstadt eisenbahnten und ein ziemliches Stück Rumänien beaugenscheinigt hatten, zu bemerken: „Wenn die Balkan-Menschen klug wären, wählten sie Rumänien zum Oberstaate, so wie Preußen in Deutschland. Dann könnte etwas Großes werden. Aber thun sie es? Nein, sie politisiren." —

Kronstadt ist ein deutsche Stadt in Ungarn. Wenn man die Deutschen in Ruhe läßt, basteln sie feste gediegene Verhältnisse zusammen, wohin sie kommen. So bei Jaffa, Sarona, Jerusalem, so in Kronstadt, denn der Deutsche liebt den Boden, den er bebaut. Von dem Kapellenberge sieht man wie aus einem Luftballon hinunter auf die Stadt, ohne daß man schweben braucht. Dies ist sehr merkwürdig.

Wer durch Ungarn fuhr, darf mitsprechen, wenn von Fruchtbarkeit die Rede ist. Sobald aber klar gemacht werden soll, wie eine Puszta sich anläßt, dann sagt man, die ist so groß, die geht gar nicht in Euren Kopf. Und diese Unmenge Schweine. Sie sind sehr verschieden in Größe und schwarzer Geslecktheit, in der Wurst kommen sie jedoch Alle auf dasselbe aus. Die, welche wir in Groß-Wardein bekamen, war ohne Einwand einzig; dazu Zigeuner-Musik auf dem Bahnhofe, Ungarwein und schäumendes Bier. Alles das nahmen wir mit einer gewissen dankbaren Freudigkeit entgegen, und wunderten uns, daß den heimischen Mitreisenden diese unschätz= baren Dinge gering und selbstverständlich erschienen. Jedoch bald fanden auch wir uns wieder in die gewohnten An= nehmlichkeiten des Lebens. Nichts ist flatterhafter als Erkennt= lichkeit.

Wie wir bei der Hinreise allmälig in den Sommer hineinfuhren, so merkten wir jetzt, wie das Dampfroß uns in die Kultur des Abendlandes beförderte.

Für Pest hatten wir nur zwei Tage. Viel zu wenig. Die Donau mit der Kettenbrücke nach Buda hinüber, die Margarethen=Insel, die Andrassy=Straße, wohl die schönste Straße, welche die Neuzeit überhaupt aufzuweisen hat, die Umgegend, das Volksleben, die Theater beanspruchen, daß man ein längeres Lager aufschlägt. Mein Karl wurde aber sparsam mit der Zeit; seitdem der Besitz einer richtig gehen= den Uhr ihm diebischen Spaß machte, fing er an zu treiben, indem er behauptete, der Orient sei hier alle.

Auf nach Wien!

Nun waren wir wirklich aus dem fremdländischen heraus. Wie das wohl that. „Karl," sagte ich, „wir geben einen Tag mindestens zu. Laß uns den Genuß auskosten, wieder Deutsch zu verkehren. Nicht mehr auf Dolmetscher, Portiers, Kellner und Radebrechen angewiesen sein, ist wie von einer Zwangsjacke befreit. „Ruch" und „Imschi", und „Haide git" sind abgethan, wen Du auch anredest, er giebt Dir freundlich Auskunft. Das Alles macht Wien für uns noch viel fesselnder, als es in Wirklichkeit schon ist." — Welch' eine Wonne, diese Pracht=Ringstraße im feschen Fiaker durchkutschiren. Wenn er langsam fährt, steht immer ein gelehrt aussehender Mann mit Brille in Uniform da, der die Zusammenrempelungen leitet, weil auch die anderen Wagen thun, als wollten sie anhalten, wodurch der Kurs versperrt wird. Ist er an dem glücklich vorbei, jagt er fix los. „Karl," bemerkte ich, „dies geschicht, damit man fühlbar gegen die herrschende Ordnung trifft. Da wir so lange ohne Eingreifen straßenpolizeilicher Mächte lebten, halten wir ihren Uebereifer natürlich für hemmender, als er wohl ist, denn noch ging es ohne Unfall ab."

Wir hatten das Rathhaus, die Universität, die Votiv-kirche, das Parlamentsgebäude, den Justizpalast und das neue Burgtheater bereits früher in Abbildungen gesehen, aber die langen nicht an den natürlichen Anblick heran. „Schade," sagte ich, „daß die deutsche Botschaft in Kon-stantinopel nicht in Wien bestellt wurde, hier verstehen sie, das Imposante schön zu machen, und mit sinnreichen An-spielungen zu versehen. Dort oben auf dem Parlament die bespannten Siegeswagen zeigen an, daß die Parteien, jede für sich nach einer anderen Richtung, auseinander streben, wodurch in der Mitte ein unbekümmerter Platz entsteht." -- „Nein," entgegnete mein Karl, „die vielen Gäule auf dem Dache sollen andeuten, welche Pferdearbeit es ist, ein Land aufzuregen." — „Das glaube ich nicht, da hätte er besser eine Dampfmaschine hinaufgestellt, die doch mehr leistet als die Rösser." — „Die ist kein künstlerisches Attribut." — „Denn nicht."

Wenn ich je etwas vermeide, so ist es das Streiten über Kunst. Was geht Andere an, was mir gefällt oder nicht?

Am Abend waren wir in der Oper, man gab die „Meistersinger". Welche Kluft zwischen der Musik des Orients und diesem Werke; es ist, als wenn Jahrhunderte das Abendland vom Morgenlande trennten. Im alten Burg-theater sahen wir auch spielen. Die Räumlichkeiten waren mehr als bescheiden, aber die Künstler um so berühmter. Man sagte mir, wenn Einer fünfundzwanzig Jahre spielte, wird er Herr „von", das heißt richtig, nicht wie sonst ein Jeder in Wien. Nach fünfzig Jahren wird er Freiherr und nach fünfundsiebzig Fürst, und nach hundert Jahren müssen sie ihn zum König von Böhmen machen. Das ist jedoch noch nicht vorgekommen.

Die Gemäldegalerien, die Ambraser Sammlung konnten wir nur flüchtig durchwandern, denn die Kunstausstellung, die Gewerbeausstellung in der Rotunde und der Prater wollten auch besucht sein. Es war viel zu viel für die wenigen Tage. „Wien muß ich wiedersehen," sagte ich. „Da reisen so viele Leute nach Paris, warum gehen sie nicht ver-nünftiger nach Wien? Hier lebt es sich gemüthlich. Die schöne Stadt mit ihrer herrlichen Umgebung muß ja Jeder liebgewinnen."

Möge sie blühen und gedeihen, die Kaiserstadt an der Donau, in unvergänglicher Jugendfrische. Zwei stolze Töchter hat Germania, zwei Schwestern, Wien die ältere und Berlin die jüngere, die zusammen gehören in guten wie in bösen Tagen. Denn so weit die deutsche Zunge klingt ist das Vaterland.

Die Vaterlandsliebe aber ist die heilige Kraft, der unüberwindliches Leben, Fülle und Segen entsprießt. Das hat mich der Orient gelehrt, dessen Blüthe langsam dahin welkt.

Ende.